한국 외환, 채권시장의 마법사들

나는 대한민국 딜러다

나는
대한민국
딜러다

초판 1쇄 발행 2013년 1월 20일

지은이 신인식
펴낸이 이형도

펴낸곳 (주)이레미디어
전 화 031-908-8516(편집부), 031-919-8510(주문 및 관리)
팩 스 031-907-8515
주 소 경기도 고양시 일산동구 장항동 731-1 성우사카르타워 601호
홈페이지 www.iremedia.co.kr
카 페 http://cafe.naver.com/iremi
이메일 ireme@iremedia.co.kr
등 록 제396-2004-35호

편집 정은아
디자인 에코북디자인
마케팅 신기탁
경영지원 이종아

ISBN 978-89-91998-77-3 13320

• 책값은 뒤표지에 있습니다.
• 잘못된 책은 구매하신 서점에서 바꿔 드립니다.

이 도서의 국립중앙도서관 출판시도서목록(CIP)은 e—CIP홈페이지(http://www.nl.go.kr/ecip)와
국가자료공동목록시스템(http://www.nl.go.kr/kolisnet)에서 이용하실 수 있습니다(CIP제어번호: CIP2012006193).

신인식 지음

딜러로서의 꿈을 펼치다

－김광남(현대선물주식회사 사장)

1996년 코스피200 선물거래가 그리고 1997년에 코스피200 옵션 거래가 한국증권거래소에 상장된 이후 우리나라의 파생상품시장은 급속한 발전을 거듭하여 현재 전 세계 투자자의 이목을 집중시키고 있다. 특히 2008년 금융위기를 겪으면서 파생상품은 기존의 현물상품을 보완하는 투자 대상일 뿐만 아니라 리스크 관리를 위한 효율적인 헤지 수단으로 자리 잡고 있다. 현재 파생상품에 관한 많은 서적들이 국내, 국외에서 발간되어 전문적인 지식을 제공하고 있지만 대부분의 서적이 이론적인 부분에 초점을 맞추고 있어 일반 대중과 투자자들의 입장에서 볼 때는 파생상품이 매우 난해한 상품으로 이해되고 있다.

파생상품은 고도의 통계학과 수학적 기법을 활용한 상품이기 때문에 이론적인 지식이 매우 중요하겠지만 이 책의 저자인 신인식은 파생상품시장 실무자의 시각에서 파생상품시장을 좀 더 쉽게 설명하고 있다. 우리나라의 파생상품시장이 주가지수·코스피200시장을 중심으로 발전하여왔기 때문에 많은 사람이 파생상품 하면 주식시장을 연상하고 있다. 하지만 주가지수시장은 파생상품시장의 일부분에 지나지 않으며 파생상품시장은 외환, 금리 등 전통적인 금융상품뿐만 아니라 각종 커머디티Commodity, 기업이나 국가의 신용을 내상으로 하는 크레딧Credit 부분까지 포함하는 매우 광범위한 시장으로 발전하고 있다. 저자는 파생상품시장의 큰 부분을 차지하고 있는 주가지수, 채권, 외환 부분에 대하여 이론적인 부분보다는 실무자의 관점에서 유용한 지식과 정보를 전달하려는 의도로 책을 출간하였다. 10년 동안 현대선물 대표의 자리에 있는 금융인으로서 일반인들에게 쉽게 접근할 수 있는 투자 방법론을 제시한 이 책을 매우 뜻 깊게 생각한다.

본 저서는 다음 세 가지의 장점을 가지고 있다.

첫째, 선물옵션 등 파생상품을 일반인의 눈높이에서 설명하고 있으며 파생상품을 운용하는 딜러나 트레이더의 경험담, 그들의 운용상품과 운용 전략에 대해서 알기 쉽게 정리하고 있다.

둘째, 이 책은 우리나라 유수의 딜러/트레이더들과의 인터뷰를 통하여 그들이 어떤 준비와 노력을 기울이고 어떤 과정을 거쳐서 오늘날 파생상품시장을 선도하고 있는지를 알려주고 있어 금융권, 특히 금융권에서도 꽃 중의 꽃이라고 하는 딜러/트레이더로 성장하고자 하는 예비금융인들에게 많은 도움을 줄 것으로 생각한다.

셋째, 이 책은 실전에서 딜러들이 어떤 상품을 가지고 어떤 전략과 노하우로 매매를 하는지 구체적인 방법을 제시하고 있기 때문에 일반 투자자들에게도 대단히 유용한 자료가 될 것으로 기대한다.

이 책의 저자는 현대선물에서 3년 6개월이라는 짧은 기간밖에 근무하지 않았지만 그 당시에도 일목파동법이라는 새로운 기술적 분석 기법을 활용하여 많은 투자자 세미나를 주최하며 시장을 개척하여 왔다. 딜러로서의 꿈을 이루기 위하여 현대선물의 둥지를 떠나기는 했지만 현실에 안주하고 않고 끊임없이 도전하고 노력하는 저자의 모습이 아름답고 사랑스럽다. 앞으로 파생상품시장에서의 저자의 큰 활약을 기대해본다.

한국판 '마켓 위저드'

- 구한서(동양생명 대표)

이 책은 미국의 베스트셀러인 『마켓 위저드Market Wizards』(한국어판 『시장의 마법사들』)를 표방한 책으로 한국판 『마켓 위저드』를 만들어보고자 하는 의도에서 기획되었음을 알고 있다. 아직 우리나라에서는 『마켓 위저드』에 등장하는 트레이더와 같은 글로벌한 상품을 운용하고 그 정도의 퍼포먼스를 보여주는 딜러들이 양산되기에는 시기적으로 한계가 있음은 알고 있다.

그러나 대한민국 파생상품시장의 역사가 일천함에도 나날이 규모와 질이 비약적으로 성장하며 양적으로나 질적으로 선진시장에 많이 근접해가고 있다. 이러한 때에 『마켓 위저드』에 등장하는 스타급 딜러가 나오기 위해서는 국내 금융시장에서 활발하게 활동하는 있는 딜러들의 현주소를 여과 없이 소개하고 보여줄 필요가 있었다. 그런 차원에서 신인식 저자가 저술한 이 책이 국내 금융시장을 한 단계 발전시키고 글로벌한 시장으로 내딛기 위한 초석이자 디딤돌 역할을 하기에 충분하다고 생각된다.

이 책은 시중에 나와 있는 기타 이론 서적과 달리 실무 중심으로 꾸며진 책으로 실전 매매를 위해 일반 투자자 및 예비 딜러들이 알아야 할 사항들을 꼼꼼히 소개하고 있다는 점에서 독자들에게 대단히 유용한 정보를 제공할 것으로 기대한다. 또한 인터뷰에 응한 딜러들 역시 자신의 숨기고 싶은 노하우 및 필살기를 독자들을 위해 기꺼이 공개한 점에 대해 높은 찬사를 보내고 싶다.

책의 취지에 맞게 이 책을 읽는 주니어 딜러 및 예비 금융인 중에서 대한민국을 대표할 수 있고 세계 금융시장에서 그 역량을 맘껏 뽐낼 수 있는 세계적인 딜러가 조만간 등장할 것으로 믿어 의심치 않는다. 마지막으로 자신의 분야와 영역에 국한하지 않고 늘 새로운 것에 도전하고 변화를 즐길 줄 아는 저자의 노력과 열정에 아낌없는 격려와 박수를 보내고 싶다.

우리나라 주식시장의 역사만큼이나 많은 주식투자인구로 인해 시중에는 다양한 주식 관련 서적이 있으며, 책의 내용과 깊이 또한 성숙 단계로 접어들고 있다. 그러나 파생상품시장의 경우 1996년, 1997년에 각각 코스피 선물과 옵션이 상장되었고, 1999년이 되어서야 선물거래소가 개장되며 일반인들도 코스피 선물옵션을 비롯하여 외환, 채권선물시장 등에 참여하기 시작하였다. 하지만 역사가 짧고, 그 참여 인구 또한 많지 않아 전반적인 파생상품시장 및 파생상품 딜러에 대해 깊이 있게 다룬 책이 전무한 상황이다. 비록 해외 서적들이 많이 번역되어 출간되었으나, 국내 금융시장의 현실을 제대로 반영하지 못하고 있어 실질적인 도움이 되지 못한다.

그 역사가 길지 않은 만큼 코스피 선물옵션, 외환시장, 국채시장에서 활약하고 있는 금융시장 딜러들이 2,000명도 채 되지 않을 정도로 제도권 딜러의 현주소도 아직 걸음마 단계이다. 또한 일반인들의 참여 역시 초보적인 단계이기 때문에 파생상품 딜러들의 이야기를 다루는 것이 다소는 시기상조처럼 느껴질 수도 있다. 그러나 금융시장이 국제화·세계화되며 해외시장과의 연동성이 두드러지고, 자본시장통합법 이후 금융시장 간의 벽이 무너지며 선진 금융시장에 근접해가고 있어 딜러들에 대한 책의 필요성이 차츰 고조되고 있다. 이런 이유로 다음과 같은 세 가지 취지로 이 책을 출간하게 되었다.

첫째, 일반인들이 잘 모르는 금융상품 딜러들의 세계에 대해 좀 더 쉽고 사실적으로 알려주고 싶었다. 딜러라고 하면 일반인과는 다른 특정 집단이라고 생각하기 쉬운데 그런 편견과 선입견을 없애고 싶었다. 그래서 딜러들의 입을 통해 각 파생상품시장의 특성을 설명하고 딜러들의 일상과 내면의 철학, 인생관 등을 두루 소개함으로써 일반인들에게 가깝게 다가설 수 있기를 바란다. 즉 시중에 주식 관련 펀드 매니저나 슈퍼개미 등 자수성가한 사람들의 이야기를 다룬 책은 많이 출간되어 있으나, 은행, 증권사 등의 제도권에서 파생상품을 운용하는 딜러들의 매매 전반에 대한 내용 및 일상사를 다룬 책은 전무해 이 책의 집필을 결심했다.

둘째, 딜러를 꿈꾸는 젊은이들에게 구체적으로 어떤 준비를 해야 딜러가 될 수 있는지 실질적인 방법을 제시하고 싶었다. 즉 예비 금융인과 금융권에 근무하며 딜러를 꿈꾸는 주니어에게 원론적이고 이상적인 얘기들이 아닌 현실적인 정보와 지식들로 실질적인 도움을 주고 싶었다. 이 글에 실린 딜러들은 짧게는 6~7년, 길게는 15년 이상 딜러로 활동하고 있으며, 지금까지 매매를 하고 있는 현직 딜러들이다. 1세대 딜러의 경우 그들이 딜러가 된 시기와 현재 시기와는 현실적으로 괴리감이 있을 수도 있다. 그러나 신입 딜러들을 뽑고 현장에서 교육을 시키는 입장에 있기 때문에 젊은이들이 귀담아들을 얘기 또한 많을 것이라고 생각한다. 그 외 주니어 딜러를 비롯하여 익명이긴 하나 6개월 신참 딜러의 이야기를 통해 어떤 경로로 딜러가 될 수 있었는지를 상세히 알 수 있어, 딜러를 꿈꾸는 젊은이들에게 실제적인 접근법을 제시할 것이다.

셋째, 성공한 딜러들의 매매 원칙과 노하우를 공개함으로써 파생상품시장에 관심이 있고 향후 직접 매매를 희망하는 예비 투자자들에게 유용한 정보와 지식을 전하고 싶었다. 그들이 장기간 딜러로서 활동하며 안정적으로 자리를 잡고 성공하기까지의 노하우와 전략 등을 공개함으로써 금융시장에 종사하며 성공한 딜러를 꿈꾸는 분들에게도 다양하고 현실적인 롤모델을 제시할 것이라고 기대한다.

일반인들은 딜러라고 하면 상당한 고액 연봉자라고 생각한다. 물론 그런 딜러도 있지만 그렇지 않은 딜러도 많다. 스포츠든 연예계든 어떤 분야에서 두각을 나타내면 고수익이 따라오듯 딜러 세계에서도 두각을 나타내는 선수들이 고액 연봉을 받는 것은 당연한 일이다.

다만 이 책에 실린 성공한 딜러들도 상당수가 처음에는 평범한 직장인 혹은 남들과 비슷한 연봉을 받는 샐러리맨으로 시작해 지금의 위치까지 오른 것이다. 이들의 이야기에서 '아무나'는 아니지만 현실적인 노력을 경주하는 '누구나'에게 성공한 딜러의 길이 열릴 수 있음을 확인할 수 있을 것이다.

구체적으로 이 책에 실린 딜러들 중에는 시장의 변동성이 좋을 때 연봉 30억 원 이상을 받은 딜러도 있고, 4년 연속 10억 원 수준의 연봉을 받는 딜러도 있다. 또한 구체적인 수치를 밝히기를 꺼려하지만 평생 벌 것을 1년에 다 벌었다고 얘기하는 딜러도 있다. 그러나 이 책에 실린 모든 딜러들이 고액 연봉자들은 아니다. 일반 은행과 증권사의 직급 연봉만을 받는 딜러도 있다. 결과와 성과만으로 평가받는 딜러 세계에서 연봉의 수준이 곧 자신의 평가 기준이며, 자존심인 것을 부인할 수 없다. 하지만 평범한 연봉을 받고 있는 딜러들조차 자신의 매매 영역에서는 최고의 자리에 위치해 있으며, 타 금융권으로 이직 시 높은 성과급을 받을 수 있다. 다만 임원 등을 목표로 현 직장에 남아 있거나 기타 다른 이유들로 잔류하는 것이니만큼 그들 역시 성공한 딜러로 손색이 없음을 밝히고 싶다.

이 책에 실린 인터뷰이들은 채권/외환시장을 대표하는 7명의 딜러가 주축이다. 채권시장에서는 국내 증권사 채권 딜러와 외국계 은행 채권 딜러를 비롯하여 채권 현/선물 차익거래 딜러 및 선물사 스타일의 스캘퍼를 포함했다. 외환시장에서는 시중 은행 인터뱅크 딜러와 외국계 은행 FX스왑 딜러를 비롯하여 증권사 외환 현/선물 차익거래 딜러를 포함시켰다.

파생상품시장의 역사가 짧긴 하나 파생상품시장에서의 1년은 타

업계의 평균연수 3~5년에 비교될 만큼 그 흐름과 속도가 빠르고, 세대 교체 역시 빠르게 진행되고 있다. 따라서 1세대라 할 수 있는 40대 후반부터 50대를 비롯하여 파생상품시장의 주축으로 성장한 2세대인 30대 후반부터 40대 중반 그리고 향후 금융시장의 미래를 짊어질 3세대 30대 중반의 젊은 딜러들까지 두루 인터뷰 대상에 포함시켜 그 내용과 스펙트럼을 다양화했다.

이 책에 주축으로 등장하는 7명의 딜러들 외에도 익명이긴 하나 채권 펀드 매니저에서 채권 딜러로 변신한 사례와 채 6개월도 딜링을 하지 않은 신입 딜러를 비롯하여 채권 딜러에서 채권 영업팀 딜커로 변신한 사례도 함께 닮았다.

이 책에 실린 딜러들은 성공한 딜러다. 그러나 평범한 딜러들도 그들의 대열에 합류하기 위해 밤잠을 설치고 장중에 화장실에 뛰어 갔다 오며 점심은 모니터를 보면서 먹는 둥 마는 둥 때우기 일쑤다. 스트레스로 머리가 빠지고 온몸이 쑤시며 장 마감과 동시에 녹초가 되곤 한다. 이렇게 해서 평범한 딜러들이 받는 월급은 몇백만 원 수준이다_{이 수준이 적다는 것은 절대 아니다}.

그러나 주식을 비롯한 파생상품에 투자하고 있는 일반 투자자들에게 최소 평범한 딜러들이 버는 그 이상의 돈을 벌기 위해서 그들만큼의 시간과 땀을 투자하는지 반문해보고 싶다. 직장생활 중 틈틈이 혹은 자영업을 하면서 남는 시간에 짬짬이 모니터 등을 확인하며 수익이 날 때는 마치 내가 시장을 전부 아는 것처럼 착각을 하고 있지는 않은가? 7~8개의 모니터를 보며 최신 정보를 가장 빠르게 접하는 딜러들과 싸우면서 내가 딜러들보다 더 많이 안다고 착각을 하고 있지 않은가?

　이 책을 쓴 궁극적인 목적은 젊은이들이 어떤 노력을 해야 딜러 세계에 입성할 수 있고, 어떤 과정을 거쳐야 성공한 딜러가 될 수 있는지 정보를 주기 위함이다. 이 책을 읽음으로써 과정은 생략된 채 돈을 많이 벌 수 있고, 나도 부자가 될 수 있다는 환상을 갖지 않았으면 한다.

　끝으로 우리나라 파생상품시장의 딜링 역사가 일천하기 때문에 외국의 사례에서 보듯 큰 부를 거머쥐거나 세계 금융시장을 쥐락펴락하는 딜러로 성장한 사례는 아직 없다. 그러나 경험과 실력이 쌓이고 노하우와 매매 기법들이 축적되며 헤지펀드를 비롯하여 외국과 같은 다양한 형태의 자금 모집이 가능해진다면 머지않아 세계적인 딜러가 등장하리라 믿어 의심치 않는다. 한국의 딜러들이 세계 유수의 딜러와 어깨를 나란히 할 수 있는 그날을 위해 작게나마 이 책이 밑거름이라도 되었으면 한다.

　책이 출간되는 데 도움을 준 분들께 감사인사를 전하며 책을 마무리하고자 한다. 책 기획 및 완간에 도움을 준 윤강로 회장님을 비롯하여 집필 과정 동안 살과 피가 되는 충고와 조언을 해준 일간지 기자 권기석과 공인회계사 박길동에게도 감사인사를 전한다. 이 책의 특성상 적합한 딜러들을 섭외하는 과정이 책 완성의 50%를 차지할 만큼 중요했다. 섭외와 편집에 도움을 준 노형걸 님, 박준식 님, 송복란 님, 신기환 님, 이경미 님, 장경식 님, 전진영 님, 최영희 님, 황철우 님, 허웅 님에게 감사의 인사를 전한다. 그러나 무엇보다도 대외적으로 자신의 이야기를 공개하는 것이 자칫 부담스러울

수 있음에도 기꺼이 인터뷰에 응해주고 자신의 매매 원칙 및 노하
우 등을 가감 없이 공개해준 인터뷰이들에게 진심으로 감사를 전한
다. 끝으로 주말도 없이 바쁜 아빠의 빈자리를 의연하게 지켜준 사
랑하는 아이들 지민, 지호와 아내 임소영에게 진심으로 감사하다는
말을 전한다.

—신인식

I am korean dealer

01

외환시장에서
실력과 인지도를
두루 갖춘 대중적 스타

길거리에서 우연히 연예인을 만났을 때 알고 있는 지인인 양 나도 모르게 "안녕하세요?"라고 인사한 적이 있는데 그를 처음 대면한 날 역시 "요즘 잘 지내시죠?"라고 인사를 할 뻔했다. 그 정도로 그는 금융시장에서 외환과 관련해서 매스컴을 가장 많이 탄 대중적인 딜러이기도 하고, 그만큼의 실력과 인지도를 겸비한 스타 딜러이다.

첫인상에서부터 건강하고 에너지가 넘치는 사람임을 알 수 있을 만큼 선천적으로 건강체질이라고 했지만, 취미인 사이클을 꾸준히 타며 체력 관리를 게을리하지 않는 등 부지런한 자기 관리형의 스타일이다. 이는 그가 딜러의 중요한 덕목으로 내세우는 시장에 대한 집중력, 강인한 체력, 철저한 자기 관리 등과 일치한다.

그는 선천적으로 타고난 딜러이기도 하다. 외환 딜러로 활약할 때부터 모니터 7~8개를 집중해서 보고 있지만 파생상품 팀장으로 발령받은 이후로는 코스피 선물옵션과 금리시장의 모든 파생상품들을 다루면서 팀원들까지 진두지휘하고 있다. 그렇기 때문에 모니터를 세분화하여 더 많은 정보와 다양한 시장 움직임을 체크하는 데도 그는 오히려 더 많은 시장을 보고, 더 많은 상품을 운용할 수 있어서 예전보다 더 즐겁다고 했다. 머리가 좋아도 노력하는 사람을 이길 수 없고, 노력하는 사람도 즐기는 사람을 이길 수 없다고 했는데 그야말로 그는 최고의 딜러가 될 자질이 충분했다.

김두현 팀장과의 인터뷰는 크게 세 부분으로 나누어 진행했다.

첫째, 외환은행에 입사해 어떻게 외환 딜러가 되었으며 NDF* 시장에서 어떻게 인지도를 쌓게 되었는지이다.

둘째, 3년 동안의 런던 지점생활에 대해 집중적으로 인터뷰했다. 그곳에서 배우고 경험했던 것 이상으로 인생의 큰 전환점이 되었던 시기이기 때문에 에피소드와 그가 느끼고 생각한 바를 구체적으로 적었다.

셋째, 런던 지점생활을 마치고 국내에 복귀하여 스타 외환 딜러로 활약한 시기와 그 외 인생관, 가치관 등에 대해 인터뷰했다.

김두현 팀장은 2012년 4월 1일부로 파생상품 팀장으로 발령을 받았다. 정확히 얘기하면 트레이딩부 파생상품 운용 데스크 팀장으로 근무중이라고 했는데, 이 글에서는 편의상 김두현 팀장으로 호칭하도록 하겠다.

---

*NDF(Non-Deliverable Forward, 역외 선물환시장) : 본국에서 거래할 경우 생길 수 있는 각종 세제나 운용상의 제반 규제를 피해 조세·금융·행정 등에서 특혜를 누릴 수 있도록 타국에 형성된 선물환시장을 말한다. 보통 역외 선물환·차액결제 선물환시장으로 부르며, 영문 머리글자를 따서 엔디에프(NDF)라고 한다. 이 역외 선물환시장에서는 만기에 계약 원금을 상호교환하지 않고, 계약한 선물환율과 지정환율 사이의 차이만을 지정통화로 정산한다. 싱가포르·홍콩·뉴욕 등의 역외시장에서 거래가 활발하지만, 한국에서 말하는 역외 선물환시장은 통상 싱가포르와 홍콩에 형성된 시장을 뜻한다.

런던 금융시장,
편견과 차별의
벽을 뛰어넘다

런던 지점에서는 빨리 적응했습니까?

────── 지점에서 템스 상까지 가는 가장 빠른 지름길을 저만 알고 있었습니다. 그만큼 답답하고 속상한 일이 많아 자주 템즈 강에 가서 마음을 달래고 왔기 때문입니다. 영국 문화에 적응하는 것이 쉽지 않았고, 외지에서 고생을 하다 보니 큰 결정에 대한 후회도 있었습니다. 나만 바라보고 런던까지 함께 온 가족들에게 본의 아니게 힘든 모습을 보여주게 되어 미안한 마음도 컸습니다.

런던 문화는 일종의 길드 제도처럼 클럽 문화가 발달되어 있는데 아시아에서 온 동양인 딜러를 좋은 시선으로 바라보고 그들 문화에 쉽게 편입시켜줄 리 만무했죠. 심지어 거래를 할 때도 브로커가 일부러 제 가격을 다른 고객에게 알려주어 매매를 방해하거나, 다른 편법을 써서 왕따 아닌 왕따처럼 거래에 참여시켜주지 않았습니다. 당연히 본사에서 요구하는 실적도 올리지 못해 더 힘들 수밖에 없었죠.

그러나 항상 돌파구는 사람에게서 찾을 수 있었습니다. 어렵게 한 사람 한 사람 만나달라고 조르고 설득했고, 결국 한 사람씩 만나면서 문제들을 조금씩 풀어나가기 시작했습니다. 지금도 밑에 직원들한테 일이 안 풀릴 때는 사람으로 풀라고 말합니다. 업무가 꼬이면 업무 담당자를, 고객 때문이면 고객을, 거래 상대방 때문이면 거래 상대방을 만나라고 말합니다.

런던 지점에 가기 위해 기획안을 작성하는 등 사전에 많은 준비를 했겠지만, 막상 가서도 할 일이 많았겠죠?

▬▬▬ 런던 지점 2층에 가보니 달랑 책상과 의자만 있었습니다. 트레이딩을 위한 장비는 전혀 갖춰져 있지 않았죠. IT 부서와의 협조하에 전화기를 놓고 보이스 박스_{Voice Box, 브로커와 딜러 간의 주문 수행을 위한 핫라인 음성통화장치}를 설치하고 로이터 등의 자리배치를 하는 등 매매를 위한 기본적인 작업부터 시작해야 했습니다. 3개월 세팅 기간 동안 현지 중개인들을 만나는 등 매매를 위해 필요한 사람들을 만나는 일도 병행했습니다. 그러나 물리적인 세팅은 시간이 소요될 뿐 시간이 지나면 해결될 부분이지만, 이미 형성되어 있는 런던 NDF시장의 테두리 안으로 제 숟가락을 얹는 일은 상상 이상으로 힘들었습니다. 다행히 본부에서도 준비 기간을 인정해주어 마음에 여유가 있긴 했지만, 중개인들까지 저를 반기지 않은 상황에서 제가 매매를 제대로 할 수 없다는 것은 이미 불을 보듯 뻔한 결과였습니다.

세팅 기간이 마무리되고 매매를 시작하는 데 처음부터 어려움이 있었나 보죠?

▬▬▬ 3개월 후부터 매매를 했는데 서울하고는 다른 분위기가 느껴졌습니다. 일단 제가 런던 NDF시장에 대해 너무 몰랐습니다. 단순히 로이터 등의 뉴스만 보고 매매해서는 안 되고 시장이 돌아가는 스토리를 알아야 하는데 제게 그것을 알려주는 사람이 없었죠. 그리

고 제가 스스로 알 방법도 없었습니다. 환율이 빠지거나 오를 때 왜 내리고 오르는지 서울에 있을 때는 사후적으로라도 알 수 있었는데, 런던 지점에서는 시장 움직임에 대한 이유를 알지 못해 고전을 면치 못했습니다.

같은 코리아 원원화을 매매하는 것이지만, 서울에서는 저만 팔고 있고 다른 딜러들이 매수를 하면 왜 다른 딜러들이 매수를 하는지에 대해 인적 네트워크 등을 통해서 사후적으로라도 알 수 있었습니다. 그런데 런던 NDF시장에서는 시장참여자들이 누구인지도 몰랐고, 기타 다른 사항에 대해 중개인에게 물어봐도 알려주지 않거나 그들도 모르는 부분이 많아 제가 듣고 싶은 얘기를 듣지 못하는 경우가 많았습니다. 이런 수박 겉핥기식의 매매를 3~4개월 정도 했습니다. 당연히 본부에서도 런던에 딜링 포스트까지 개설했으니 서울에 있을 때처럼 어느 정도의 수익을 올릴 것으로 기대했는데, 성과가 나오지 않으니 말이 나오기 시작했죠. 저도 그때부터 스트레스를 받기 시작했습니다.

그래도 궁하면 통한다고 조금씩 실마리를 찾아갔겠죠?

━━━ 아뇨, 그 실마리를 트레이딩에서 찾으려다 보니 매매가 더 꼬였습니다. 성과가 나오지 않는 이유가 트레이딩상의 문제라고 보고 트레이딩 기법에 대해 고민을 하고 시장에 내가 모르는 룰이 있는지를 알아내기 위해 노력했지만, 그럴수록 매매가 꼬여만 갔습니다. 이런저런 시도들을 하면서 매매를 했지만 매매를 많이 한다고 실력이 향상되는 것도 아니고, 악순환이 반복되었던 거죠.

런던에 간 2005년도 첫해는 굉장히 힘들었겠네요?

██████ 짧은 인생이긴 하지만 제 직장생활에서 가장 힘든 한해였습니다. 지금 와서 생각해보면 시행착오를 겪은 것뿐이지만 그 당시에는 끝이 보이지 않는 터널 안에 갇힌 것처럼 암담하고 절망스러운 한해였습니다. 막연하게 잘될 거란 안일한 기대감으로 갔다가 전혀 다른 현실과 결과에 당황하고 힘들어했던 한해였죠. 저뿐만이 아니라 나 하나 믿고 따라온 가족들도 힘들어했습니다. 지금도 아내에게 미안한 것이 외지에 나와서 작은 일 하나도 처리하기 쉽지 않아 저에게 종종 전화를 했는데, 그때마다 친절하게 받아주지 못했다는 점이 후회스럽습니다.

2006년 들어서 돌파구를 찾기 시작했습니까?

██████ 로컬 은행에서는 연초를 맞이하기 전에 심기일전하자는 차원에서 새해 기획안을 만들곤 합니다. 2005년 말에 〈2006년 런던 데스크 운용방안〉을 작성하면서 제가 가지고 있는 아이디어를 쥐어짜기 시작했습니다. 2005년을 뒤돌아보며 제가 그 시기에 매매에서 고전을 했던 것은 테크니컬한 부분이 문제가 아니고, 시장참여자들에 대한 인적 네트워크가 전혀 없다는 최종 결론이 도출되었습니다. 그래서 본부에 경비 신청을 해서 마케팅 비용을 지원받아 인적 네트워크를 만들기 위한 노력에 들어갔습니다.

처음에는 IB뱅크^{해외 투자은행}의 큰손이라는 딜러들을 중심으로 접촉을 시도했습니다. 그러나 한 사람도 만나지 못했고, 커머셜뱅크^{상업은행} 딜러들에게 접촉을 시도했으나 이 역시 여의치 않았습니다. 그도 당연했던 것이 영국 문화는 폐쇄적인 성향이 있는데, 그들 입장에서 보기에 외지에서 온 조그만 은행에서 일하는 동양인에 불과했던 저를 만날 이유가 없었던 거죠. 런던 NDF시장에서 코리아 원을 포함해서 아시아 NDF시장에서 거래를 하는 은행은 크게 12개[12명] 정도밖에 되지 않았습니다.

그럼 어떤 식으로 실마리를 풀어갔습니까?

▬▬▬ 조금씩 실마리를 찾은 것은 도이치, BNP, 스텐차 등의 커머셜뱅크로부터였습니다. 아무래도 IB뱅커들보다 콧대가 높지 않았고 덜 타이트했던 부분도 있습니다. 하지만 결정적으로 IB뱅크들은 서울에 지점이 없었지만, 커머셜뱅크들은 그 당시 웬만한 곳은 서울에 지점이 있어 서울 지점에 있는 커머셜뱅크의 딜러들을 통해 우회적으로 조금씩 접촉할 수 있게 되었습니다.

비록 문화가 폐쇄적이고 외지인에게 거리를 두려는 성향이 강했지만 어차피 사람이 사는 세상이기 때문에 "서울 지점에 있는 누구 알아? 나랑 친한데"라며 접근을 하거나, 우회적으로 커머셜뱅크 서울 지점 딜러에게 런던 지점 딜러를 소개시켜달라고 부탁하여 조금씩 접근할 수 있었습니다. 그렇게 커머셜뱅크 딜러들을 만나 시장 얘기를 들으면서 런던 NDF시장에 대해 알아가기 시작했습니다. 즉 이러이러한 펀드들이 있고, 이러이러한 기관에서 큰 물량을 주고받으며, 갑자기 물량이 3~4억 달러씩 쏟아지면 어느 은행의 누가 미는 것일 수 있으니 조심하라는 등의 구체적인 시장 얘기를 들을 수 있었습니다.

어쩌면 조금 더 빨리 커머셜은행 딜러들이 저에게 호의적으로 다가섰던 이유는 영국 국적을 가지고 있었지만 전통 앵글로색슨족의 백인이 아니었기 때문일 것입니다. 도이치은행 딜러는 튀니지계의 프랑스인이었고, BNP는 대만인이었듯이 비앵글로섹슨족이었거든요.

그후 IB은행 딜러들도 만났나요?

——— 제가 시장에 대해 조금씩 알고 시장에 대해 말할 거리도 생기면서 IB은행 딜러들과 채팅^{로이터} 등을 통해 콘택트를 할 수 있었지만 저녁식사를 하는 등의 친밀한 관계로 발전하지는 못했습니다. 골드만삭스, 메릴린치, 모건스탠리, 리먼 등의 IB은행 딜러들에게는 여전히 제가 관심의 대상이 아니었죠. 나중에 자세히 설명할 부분이긴 하지만 저만의 무기가 생기고 그들의 관심 내로 제가 접근하면서 아이리쉬계였던 모건스탠리 딜러를 비롯하여 여러 딜러들과 친해질 수 있었습니다. 특히 모건스탠리 딜러는 술 마시는 것을 좋아해서 술자리를 통해 친분을 많이 쌓아 시장에 대한 정보는 물론, 그를 통해 아시아 NDF시장의 큰손이었던 RBS 등의 딜러들과 같이 어울릴 수 있게 되었습니다.

RBS 딜러의 경우 인도루피를 4~5억 달러, 원화도 2억 달러 이상을 쉽게 사고팔 만큼 큰손이었죠. 그 정도의 물량으로 사고파는 세력과 시장 플로우에 대한 정보가 없던 제게는 2원 빠지면 많이 빠졌다고 들어갔다가 더 터지고 나올 수밖에 없던 상황이 반복되었던 거죠. 그들과는 비싼 고급 레스토랑이 아닌 한국식 주점이나 편하게 갈 수 있는 펍 같은 곳에서 맥주를 마시며 이야기했습니다. 그들 대부분이 MD^{Managing Director, 전무이사} 정도는 아니었지만 ED^{Excutive Director, 집행이사} 정도의 나이와 직급이었는데 한편으로 미안하고 고마운 마음이 있었습니다.

일반인들이 생각하기에는 외국 은행 딜러들이라고 하면 젊은 사람들이 주축이 될 것으로 생각하겠지만 그 당시 커머셜뱅크 아시아 NDF시장의 딜러들 중 절반 이상은 저보다 나이가 많았습니다. 그렇게 매주 그들을 한 명씩 만나면서 일이 조금씩 풀리기 시작했습니다.

인적 네트워크가 형성되어 시장의 흐름을 읽을 수 있게 되면서 본격적으로 성과를 내기 시작했군요?

━━━ 예, 첫 번째로 런던 NDF시장 참여자들의 성향을 파악하고 플로우를 알게 되면서 시장이 보이기 시작했습니다. 그리고 두 번째로 제가 런던 NDF시장에서 매매하기로 기획했던 처음의 의도와 장점을 최대한 살려보기로 했습니다. 앞의 질문에 제가 저만의 무기라고 언급했던 부분이 있었는데, 바로 런던 NDF시장 참여자들이 모르는 저만의 플로우를 활용해야겠다는 생각을 매매로 옮기기 시작했습니다.

그 비장의 카드가 바로 서울 기업들의 나이트 오더^{심야 주문}를 받는 것이었습니다. 그래서 본사 세일즈팀을 통해서 OO정유, XX중공업 등의 주문을 받아서 그 물량을 바탕으로 매매를 시작했습니다. NDF 아시아 딜러들이 모르는 저만의 플로우였기 때문에 제가 갑자기 50개, 70개를 매수하면 상대방 딜러가 제가 산다는 것을 알고 힘으로 밀어버리기도 했습니다. 워낙 베팅을 좋아하는 딜러들이었고 제 포지션이 그들보다는 작다는 점을 이용한 것이었지만, 저 역시 기업 오더를 체결시킨 것이기 때문에 손해 볼 것이 전혀 없었습니다. 오히려 이런 플로우를 제 네트워크를 통해 소문을 내면서 제가 내는 주문들에 대해 다른 딜러들이 이전과 같이 함부로 대응하려고 하지 않았습니다. 그리고 KEB런던이 물량도 있고 새로운 플로우도 있다는 점에서 시장 딜러들에게 인정을 받기 시작했습니다.

제가 런던 지점에 있었던 3년 동안 환율은 중공업들의 오버헤지성 선물환 매도로 인해 하락 추세가 이어져 시장의 분위기가 매도 일색이었습니다. 그런데 간혹 OO정유 등에서 매수 오더를 받으면 저만 알고 있는 비장의 무기였기 때문에 런던 NDF시장의 딜러들과 겨뤄도 뒤지지 않는 단계까지 가게 된 거죠. 물론 제가 대박을 터뜨린 것은 아니지만 존립 자체가 위태로웠던 시기를 이겨내고 존립 근거와 명분을 찾게 되었습니다.

2006년 하반기부터 본 궤도에 올랐으니 그때부터 조금은 맘 편하게 런던 생활을 했을 것 같습니다.

■■■ 예, 회사 일이 잘 풀리니 가족들도 좋아했고 다른 부분을 챙길 수 있는 여유도 생겼습니다. 즉 런던 지점에 상주했던 한국상사 주재원들과 교류를 하면서 원/달러를 비롯한 국제 외환시장의 위클리 리포트를 만들어주기도 했고, 2007년도 상반기 넘어서는 귀

국 준비도 천천히 진행할 수 있었죠.

딜러의 꿈,
내 꿈은
내가 개척한다

첫 직장을 지하철 한 정거장 사이에서 결정했다면서요?

━━━━ 1996년도 가을학기에 졸업을 했습니다. 그 당시는 IMF 전이라 대기업에 지원하면 웬만해선 모두 서류전형이 통과될 정도의 취업 호황기였습니다. 친구들 중에는 면접비 3~5만 원을 받기 위해서 이미 갈 회사가 정해져 있는데도 다른 곳에 면접을 보는 친구들도 있었을 정도였으니까요. 졸업 당시 저는 은행권보다는 상경계열 졸업생들에게 매력적인 직업군이었고, 저에게는 어릴 적부터 막연한 꿈이었던 사업가의 길과 연결할 수 있는 종합상사에 관심이 더 많았습니다. 그러나 첫 직장이라 신중을 기하기 위하여 제 나름대로 직업군을 종합상사, 종금사, 은행 이렇게 3개의 군으로 나누어 면접을 보면서 자세히 알아보기로 했습니다. 다만 코스모스 시즌^{8월 졸업}이라 모든 기업이 신입직원을 뽑는 것이 아니어서 제가 선택할 수 있는 회사가 제한되어 있다는 단점이 있었습니다.

먼저 종금사군에는 그 당시 하위 그룹에 속했던 아세아종금밖에 신입직원을 뽑지 않아 먼저 드랍^{탈락}시켰습니다. 은행권은 산업은행에 관심이 많았으나 신입직원을 뽑지 않아 외환은행을 1순위로 정했

고, 종합상사는 삼성물산을 1순위로 정해 둘 중 한 곳을 최종 선택
하기로 마음을 먹었습니다. 그러던 중 먼저 외환은행에서 연수를 시
작해서 4주 연수 기간 중 2주 연수가 끝날 때 삼성물산 연수가 시작
되는 상황이었습니다. 그때 막연한 사업가의 꿈보다는 안정적인 은
행생활이 좋아 보였고, 연수기간 동안 세뇌를 받아서인지 결국 외환
은행을 선택하게 됐습니다.

외환은행과 삼성물산 중에서 결정해야 하는 당일 아침 2호선 지
하철을 타고 출근했는데 시청역에서 내리면 삼성물산으로, 한 정거
정 더 가서 을지로역에서 내리면 외환은행으로 가야 하는 상황이었
죠. 그런데 시청역을 그냥 통과해서 을지로역에서 내렸습니다.

공채로 몇 명 정도 뽑았습니까?

────── 코스모스 시즌^{8월 졸업}이라 많이 뽑지 않았습니다. 특채 형식
으로 ROTC군에서 80명을 뽑았고, 나머지 30명을 포함해 총 110명
정도 뽑았습니다. 신입직원들은 모두 지점으로 발령을 냈기 때문에
의당 지점으로 가나 보다 생각하고 있었고, 지점 중에서도 4대문 안
에 있는 지점으로 발령받기를 내심 바라고 있었습니다. 그런데 인천
지점으로 발령받아 적잖이 실망했었죠.

지점에 가면 처음에는 으레 어음 교환이라든가 동전을 바꿔주는
출납 업무 등 잔업을 하게 되어 있거든요. 그러던 어느 날 어머니께
서 지점에 찾아오셨다가 빨간 바구니에 동전을 넣고 다니는 일을 하
는 것을 보고 무척이나 속상해하셨죠.

영업점 근무가 배울 것도 많고 가족 같은 분위기에서 편하게 생

활할 수 있다는 점에서 좋을 수도 있지만, 본사 근무에 대한 기대감 때문에 지점생활 1년이 지난 시점부터 인사부에 본사 근무를 희망한다는 레터건의편지를 보내기 시작했습니다. 그렇게 2년 동안 3번의 레터를 보낸 끝에 인사부에서 본사에 자리가 비었다는 연락이 왔고, 외화 자금부현재 딜링 룸의 전신로 발령을 받았습니다.

성격이 상당히 적극적이네요.

━━━━ 정확히 얘기하면 적극적이기보다는 "아닌 것은 아니다"라는 확고한 가치관이 있어서 어떻게든 아닌 것을 바꿔야 한다는 성격이 강한 편이었죠.

외화 자금부로 와서 처음 어떤 업무를 시작했습니까?

━━━━ 미들 오피스Middle Office, 딜러의 리스크 관리를 담당하는 부서에서 리스크 관리 업무를 시작했습니다. '전문요원고시'라는 내부시험이 있었는데 그 시험에 붙으면 전문요원이라는 타이틀을 줄 만큼 매우 어려운 시험이었습니다. 지점 근무 때부터 본사 발령을 대비해 미리미리 준비해둔 덕에 시험에서 좋은 성적을 거두었고, 외화 자금부에서도 순조롭게 적응할 수 있었습니다. 그 당시 리스크 관리 부서는 데이터 가공과 페이퍼 워크문서 작성 그리고 전혀 모르는 상품에 대한 북*을 분석하는 것이 주 업무였습니다. 리스크 관리 부서가 지금처럼 하나의 부서로 정착이 되기 전이어서 미들 오피스에서 그 업무를 병행했기 때문에 일이 굉장히 많았습니다.

리스크 관리에 성과 측정까지 하다 보니 2년 동안 근무하면서 야근에 주말 근무까지 해야 했죠. 당시에는 굉장히 힘들었지만, 지금 생각해보면 씨를 잘 뿌린 것 같습니다. 딜링 룸에 돌아다니는 모든 북들을 뜯어보고 분석을 해봤기 때문에 그 후로 어떤 북을 보더라도 접근하는 데 그렇게 어렵지 않았습니다.

그리고 드디어 2000년 8월에 딜링 룸으로 발령을 받았습니다. 그때도 저희 팀장님에게 미들 오피스가 아니라 직접 딜링을 하고 싶다고 건의를 하면서 이렇게 말했던 것이 기억납니다.

"제가 인천 지점에서 외화 자금부로 발령받았을 때 자동차로 따지면 운전을 하러 온 것입니다. 그런데 발령 후 2년째 정비만 시키고 있으니 한 번 운전할 기회를 주십시오. 그에 부응하지 못하면 결과에 대해 조건 없이 승복하고 책임지도록 하겠습니다."

딜링 룸에 대한 동경이 강했나 봅니다. 그렇게까지 절실하게 딜링 부서로의 이동을 원했던 것을 보면요?

━━━ 그 당시에는 누구나 가고 싶어 하는 부서였습니다. 중요 수익 부서이다 보니 회사 내 입지나 파워가 상당했습니다. 미들 오피스에서 일할 때도 딜러들에게 모르는 것을 물어보거나 어떤 사항을 확인할 때도 상당히 조심스럽고 송구스러운 마음이 앞섰을 만큼, 딜러들의 위상도 높아 동경의 대상이었죠. 그때 딜링 룸 이동을 건의

하고 나서 책임자가 공석이 생기면 옮겨줄 테니 희망 부서 1, 2, 3지망을 적어내라고 했습니다.

1지망은 IMF 시기에 위상이 떨어지기는 했지만 일반 본드bond, 채권를 비롯하여 파생과 외환 등 여러 시장에 대한 이해와 지식이 필요했던 외화증권계를 써냈고, 2지망은 파생계, 3지망은 외환계를 써서 제출했습니다. 운 좋게 1지망 희망 부서였던 외화증권계로 발령이 났습니다. 그러나 막상 가보니 IMF 이후라 인도네시아, 태국 등의 부실채권을 적지 않게 가지고 있어서 1년 동안 신규 투자는 하지 못하고, 팀 내에서 가지고 있던 부실채권 등을 관리하고 처리하는 데 업무시간의 대부분을 보냈습니다.

1년쯤 지나고 나서 부실채권 등의 사후처리가 어느 정도 마무리되어 본격적으로 신규 투자를 할 수 있게 되면서 상당히 기대를 하고 있었는데, 갑자기 외환계 NDF 딜링 데스크로 발령이 났습니다. 그 당시 외환계 NDF 딜링 데스크에 있던 책임자가 갑자기 퇴사하면서 아무 예고도 없이 3일 만에 외환계로 발령이 났고, 그렇게 외환 업무와의 인연이 시작되었습니다.

외환 딜러,
운명 같은 만남이
시작되다

NDF 딜링 데스크에서는 어떤 업무를 했습니까?

■■■■ 입사 1년 선배가 팀장으로 오고 제가 팀원으로 배정되어 2명이서 처음 NDF 업무를 시작했습니다. 1년 정도 팀장이 트레이딩을 하고 제가 보조 역할을 했죠. 이후 팀장이 SPOT^{스폿, 현물환시장} 데스크로 발령이 나면서 자연스럽게 저 혼자 NDF 북을 운용했습니다. 마침 제가 NDF 북을 맡기 시작했을 때 F/X스왑*시장 규모가 커지고 있었고, 그에 따라 여러 기회들이 보이기 시작했습니다. 지금도 사용하고 있는 F/X스왑 북을 2003년도에 처음 만들었습니다.

이미 그 당시 여러 은행들의 외환 딜러 중 F/X스왑시장에 초기 진입해 시장의 주포^{시장의 큰 세력}로 활약하던 딜러들이 있었습니다. 바로 그 딜러들을 일일이 찾아다니면서 북을 만들고 제도도 정비한 후 2003년도 하반기부터 본격적으로 F/X스왑 트레이딩을 시작했습니다.

제가 맡을 당시 수익이 20억 원 전후에 불과했는데 FX스왑시장

---

*FX스왑(Foreign Exchange Swap, 외환스왑) : FX스왑은 거래의 양 당사자가 현재의 계약환율에 따라 서로 다른 통화를 교환하고 일정 기간 후 최초 계약 시점에서 정한 선물환율에 따라 원금을 다시 교환하는 거래다. 만기가 1년 이내 단기 거래여서 통화 간 금리 차가 선물환율에 반영되기 때문에 이자를 교환하지는 않는다. FX스왑은 거래 상대방과 현물환과 선물환 또는 만기가 다른 선물환과 선물환, 현물환과 현물환 등을 서로 반대 방향으로 동시에 주고받는다. 한마디로 여유 있는 통화를 일정 기간 맡기고 부족한 통화를 차입하는 것이다. 선물환과 마찬가지로 스왑 포인트(선물환율-현물환율)가 가격이 된다.

에 본격적으로 참여하면서 2004년도 수익이 100억 원 가까이 늘어났고, 북 사이즈도 100억 달러 정도로 커졌습니다. 이는 과거에 비해 4~5배 정도 커진 규모였습니다. 북 사이즈를 키워놓고 마켓 메이커[*]들과 같이 움직이면서 수익이 제법 커졌던 거죠.

그러나 저의 또 다른 업무는 NDF시장에서 기존에 거뒀던 성과 이상의 수익을 창출하는 것이었습니다. 그 당시 NDF거래는 현물환 거래를 하면서 그것을 보완하는 역할로서 호가가 나올 때만 가끔씩 거래하던 보조 트레이딩에 불과할 때였습니다. 그래서 F/X스왑시장에 처음 참여할 때처럼 사람으로 풀어보자는 생각을 했습니다. 즉 NDF시장에서 크게 매매를 하는 딜러들을 직접 만나야겠다는 생각을 했던 거죠. 그래서 로이터를 통해서 사전 양해를 구하고 언제 오피스를 방문하겠다는 선약을 잡은 후 동경, 홍콩, 싱가포르로 가서 NDF시장 참여자들을 직접 만났습니다. 외국계 IB Investment Bank, 기업공개(IPO), 증자, 회사채 발행, 구조화 금융(Structured Finance), 인수합병(M&A) 등을 주간하고 자문하는 업무를 한다들, 예를 들면 메릴린치 동경 아시아 NDF 딜러들, 리먼과 골드만삭스 딜러들, 싱가포르 커머셜뱅크 중 빅 뱅크인 씨티, 스텐차드의 주포들을 만나서 준비한 PT 자료도 설명하고 NDF시장에 관련된 자세한 얘기를 들었습니다.

---

*마켓 메이커(Market Maker) : 매도, 매수호가를 항상 유지하고 호가 차익을 추구하는 주체를 말한다. 채권의 시장조성자(Market Maker)는 고객의 매수 주문에 응할 수 있도록 채권 재고를 유지하고 매도 주문에 응할 수 있도록 자금력을 항상 유지해야 한다. 마켓 메이커는 자기가 가격결정 업무를 행하는 재고를 가지고 살 시세와 팔 시세를 공표하고 투자가나 딜러의 조회에 응하며, 늘상 일정액의 매매에 응함으로써 매매의 활성화에 기여한다.

제가 생각하는 한국시장의 환율시장 전망과 그 근거들을 설명하고 대신 그들로부터 NDF시장 전반에 대해 많은 얘기를 들을 수 있었는데, 그 미팅을 반기에 한 번 정기적으로 실시했습니다.

F/X스왑시장 딜러들을 만났을 때처럼 외국까지 출장을 가서 그들을 만났던 것이 직접적으로 큰 도움이 되었습니까?

━━━━━ 귀국 후에도 그때 만났던 NDF 딜러들과 로이터 채팅 등을 통해 지속적으로 연락하면서 아시아 NDF시장에 대해 더욱 자세히 알게 되었습니다. 그러나 무엇보다도 직접적으로 그 딜러들이 저에게 로이터를 통해서 쿼트^{Quote, 가격(시세)를 부르다} 관련 다이렉트 콜^{Direct Call}을 주기 시작했습니다. 기존에 다른 외국계 은행들에게 갔던 쿼트를 저에게도 주었던 거죠. 즉 그들로부터 원/달러 5,000만 달러 가격을 제시하라는 콜^{로이터 딜링 머신을 통한 거래 요구}이 오면 저는 스폿^{spot, 현물환}가격을 참고해서 애스크/비드^{Ask/Bid, 팔자/사자} 가격을 제시해주었습니다.

예를 들어 그들이 저한테 가격 쿼트를 요구하면 제가 7.5/7.8^{팔자/사자, 그들 거래 방향 기준}로 가격을 제시합니다. 만약 그들이 50개 7.8 사자를 확정하면 저는 1,117.80원에 5,000만 달러 쇼트 포지션을 가지게 되는 셈입니다. 그 후 시장 상황을 봐서 바로 스폿시장^{대금과 거래물의 상환 인도가 매매 계약의 성립과 동시에 이루어지는 시장}에서 쇼트 포지션을 커버^{청산}하든지, 시장이 쇼트라고 생각되면 조금 더 시간을 두고 지켜보든지 혹은 공격적으로 제 포지션까지 실어서 2배로 베팅할 것인지를 결정했습니다.

　수급상으로 봤을 때 스폿시장에서 최대 30억 달러 정도 거래되었을 때인데 이들 물량을 두 번만 받아서 돌려도 시장 거래량의 7~8%에 가까웠기 때문에 시장 충격이 상당했죠. 사실 NDF거래 자체가 일종의 수급상 선제적인 정보 역할을 했던 셈입니다. 앞의 내용을 연장하면 7.8원에 50개 쇼트 포지션을 가지게 된 후 제 포지션까지 실어 시장에 매도하면 시장참여자들은 강한 하락 압력을 받는다고 느끼고 손절을 하게 되고, 자연스럽게 밑에서 달러화를 환매하는 심리 게임을 이용하여 비교적 승률 높은 수익을 거둘 수 있는 것입니다.

　홀짝 게임처럼 가격 퀴트를 제시하면서도 상대 기관이 살지 팔지를 미리 알아 맞추려고 했고 물량이 컸음에도 제시 호가 갭도 타이트해 긴장감도 상당했죠(저자 주_시장거래는 촌각을 다투기 때문에 시간절약을 위해서 원/달러 사자 가격이 1,117.80원이라고 하면 관례상 천백십칠 원 팔십 전 사자라고 히지 않고 원 단위로 끊어서 7.8^{칠 점 팔 원 혹은 칠 원 팔십 전 사자}라고 얘기하며 1개는 100만 달러를 가리키기 때문에 50개는 5,000만 달러를 의미한다).

그 정도 물량이면 시장의 마켓 메이커 역할을 한 셈이네요.

──── 기본적으로 물량 자체가 30개, 50개^{3,000만 달러, 5,000만 달러}로 큰 금액으로 들어왔기 때문에 스폿시장에서도 거래를 크게 할 수밖에 없었습니다. 따라서 그들로부터 물량을 받으면 스폿의 움직임을 보고 방향을 판단해서 정리하거나, 뒤집어서 더 애드^{추가}할지를 결정하면서 쿼팅뱅크로서 마켓 메이킹 모델을 만들었던 거죠. 재미도 있었고 수익도 상당했지만 외환은행의 지명도를 대외적으로 높였다는

데 더 자부심을 가지고 있습니다. 그러나 2004년도 중반 들어 재정부가 규제를 풀면서 외국계 은행들의 서울 지점 개설이 러쉬를 이뤘고, 제가 받던 외국계 은행의 거래들이 모두 인 하우스$^{In-House}$ 물량이 되었습니다. 즉 골드만삭스의 서울 지점이 없었을 때는 외환은행을 통해 거래를 했는데, 서울 지점을 오픈하자 당연히 골드만삭스 서울 지점으로 쿼트를 내면서 위에서 설명한 수익 형태는 자연스럽게 줄어들게 됐습니다.

그전 NDF시장에서는 어떤 식으로 매매했나요?

━━━━ 그전 NDF거래는 브로커 회사를 통해 차익거래*식의 매매를 주로 했습니다. 예를 들어 NDF시장 호가가 7원 50전/8원의 사자/팔자인데 스왑 마진**이 2원이라고 하면 5.5원과 6원이 적정호가인 셈인데, 스폿이 5.7과 5.9라고 하면 10전, 20전을 먹을 수 있는 일종의 차익거래 기회가 생길 수 있는 거죠. 즉 NDF시장에서 제 포지션 7.5원 사자가 체결되면, 스폿시장에서 바로 사자 5.7원에 팔자를 체결시키면서 수익을 냈습니다. 그 당시 NDF거래는 이런 형태가 전부였다고 봐도 무방합니다.

---

*차익거래(Arbitrage Trading) : 차익거래는 현물시장과 선물시장 등 양 시장 간에 가격이 괴리를 보여 양 시장 간의 차이가 있는 경우, 즉 현물가격과 선물가격이 어느 한 시장 요인에 의해 일시적 또는 순간적으로 정상적인 가격 구조가 왜곡되어 비정상적인 상태로 괴리되는 경우 이 가격 차이를 이용하여 무위험 이익을 얻고자 하는 거래이다.
**스왑 마진(Swap Margin) : 스왑 마진=선물환율−현물환율로 아웃라이트 선물환거래에서는 현물환과 선물환의 차이를 포워드 마진이라고 하지만 스왑거래에서는 스왑 마진(Swap Margin)이라고 한다.

NDF를 중개하는 브로커 회사들이 많았습니까?

━━━━ 프레본, 튤릿, 아이캡 등이 있었는데 프레본의 경우 지금은 스왑 중개기관으로 더 잘 알려져 있지만, 시작은 원래 NDF 중개를 했던 기관이었습니다. 이렇게 브로커 기관을 통해서 차익거래 위주의 매매를 하던 형태에서 제가 직접 다이렉트 콜을 받아서 거래를 성사시켰다고 보면 됩니다. 물론 JP모건 서울 지점을 비롯한 대형 외국계 은행의 서울 지점에서는 그전부터 이런 식의 매매를 하고 있었지만, 시중 은행에서는 제가 거의 처음 시작했습니다.

그전에는 헤지펀드들이 코리아 원을 거래하고 싶은데 누구와 거래해야 할지 모르니 낭연히 대형 외국계 은행이었던 JP모건 서울 지점 등과 거래를 할 수밖에 없었던 거죠.

그 당시 시장에 이름도 알려졌고 2004년 외국계 은행들의 서울 지점 개설이 러쉬를 이루면서 오퍼가 제법 들어왔을 것 같은데요?

━━━━ 예, 외국계 은행을 제외하고 시중 은행 딜러 중에서 NDF 거래를 그런 식으로 하는 딜러는 제가 유일했고, 신규 개설 외국계 은행이 찾던 외환 딜러가 저와 같은 매매를 하는 딜러였기 때문에 헤드헌터를 통하지 않고 많은 외국계 은행에서 직접 연락이 왔습니다. 결론적으로 이런 상황들 덕분에 제가 런던 지점에 가게 된 계기가 되었던 것 같습니다.

외국계 은행으로의 이직이 아니라 런던 지점으로 발령이 난 셈인데요. 구체적인 설명 부탁합니다.

━━━━ 제 자랑 같아 쑥스럽긴 하지만 외환시장에서 제 영문이름인 제프가 시장에 많이 알려졌고 매매를 잘한다는 소문이 나면서, 2004년도 외국계 은행이 앞다퉈 서울 지점을 오픈했을 때 여러 외국계 은행에서 직접 연락이 왔습니다. 이직 여부를 떠나 같은 시장 사람이다 보니 "한 번 점심이나 먹자"라는 연락이 오면 자연스럽게 만나게 되었고, 그렇게 외국계 은행 관계자들을 만나면서 조금씩 마음이 동요되었습니다. 대신 규모가 작은 중소 외국계 은행이라면 굳이 옮길 필요가 없겠지만, 소위 대형 외국계 은행에서 연락이 올 경우 고민의 여지가 있겠다고 생각하고 있었죠. 그러던 중에 실질적으로 두 군데 톱 티어top-tier, 일류의 외국계 은행에서 오퍼가 들어왔습니다.

그 당시 나이도 젊었고 외환 딜러라면 누구나 대형 외국계 은행에서 매매하는 것을 희망했으니 저 역시 고민이 되었죠. 외환시장에서 딜을 하는 외환 딜러가 많지 않았고 시장 사람들끼리 알음알음 알고 지내는 경우가 많아현재도 외환 딜러는 100명 내외로 추정 제가 외국계 은행으로 이직할 거라는 소문이 본부장의 귀에도 들어가게 되었습니다. 본부장이 어느 날 저를 불러서 진위 여부를 물어보더니 조심스럽게 만류 의사를 밝혔고, 저를 좋게 봐준 다른 팀의 팀장도 직설적으로 아쉬움을 토로하셔서 이직을 진행하지도 못한 채 시간만 흘러가고 있었습니다.

그러던 중 NDF 해외 포스트를 만들어보라는 기획안이 떨어졌고 저 역시 회사를 옮기는 것보다는 해외 지점에 나가 운용 경험을 쌓으면, 그 경험들을 바탕으로 본사 복귀 후 외환 딜러로서 확고한 입지를 다질 수도 있겠다는 생각이 들었습니다. 그리고 가족들에게도 좋은 기회가 될 수 있을 것 같아 이직에 대한 마음을 완전히 접고 런던 지점으로 가게 되었습니다. 2005년 2월에는 런던 지점과는 별도로 NDF 데스크를 만들어 본사 소속으로 저 혼자 NDF 딜링을 했습니다.

스타 딜러,
외환시장의
중심에 서다

3년 동안 런던 금융시장이라는 큰 무대에서 어느 정도 성과를 보여준 후 귀국한 것이기 때문에 금의환향까지는 아닐지라도 딜러로서의 입지와 위상이 한 단계 업그레이드되었을 것 같습니다.

■■■■ 아마도 그 성과가 상당 부분 영향을 미쳐서 귀국 후 외환은행의 얼굴이라 할 수 있는 스폿 주포로 발령이 난 것 같습니다. TV 아나운서를 보면 파리 특파원으로 근무 후 9시 뉴스데스크 메인 앵커로 활약하는 경우가 있는데, 그와 비슷하다고 하면 이해가 빠르겠죠. 또한 운이 좋아서인지 2008년도와 2009년도 리먼 사태*로 변동성이 커지면서 기대 이상의 수익을 거두기도 했습니다.

하루하루가 늘 새롭고 힘들고 즐겁기도 했겠지만, 특별히 지금까지 기억에 남는 매매가 있습니까?

━━━━ 날짜까지 정확히 기억하고 있습니다. 한미 통화스왑이 체결된 2008년 10월 31일 매매가 아직까지 기억에 남습니다. 제가 시장에서 알아주는 '롱돌이_{매수 성향이 강한 딜러를 일컫는 시장 은어. 쇼트돌이는 반대로 매도 성향이 강한 딜러}'였음에도 그날은 시장이 이상하다는 생각에 쇼트 포지션을 17개_{1,700만 달러} 정도 들고 있었습니다. 그날도 밑에 직원과 함께 점심시간에 자리에 앉아 컵라면으로 끼니를 때우고 있었는데 도시락 폭탄처럼 정부가 갑자기 시장에 개입하며 환율이 급락하기 시작했습니다. 가뜩이나 점심시간에 시장참여자들이 적어 받아줄 물량이 없다 보니 더 많이 밀린 거겠죠. 그래서 쇼트 포지션을 모두 환매하고 시장이 과하게 밀렸다는 판단하에 신규로 매수를 했습니다.

그리고 실제로 시장이 반등해서 그 포지션에서도 적지 않은 수익을 거두게 되었습니다. 그날이 저에게 있어 딜 생활 중 가장 많이 벌어들인 날 중 하루이기도 합니다. 그러나 금액상의 다소를 떠나 롱 포지션을 들고 점심시간에 외부에서 점심을 먹고 온 딜러들에게는 그날이 최악의 하루였기 때문에 상대적으로 더 기억이 생생합니다.

---

*리먼 사태(리먼 브라더스 사태) : 2008년 9월 15일 미국 투자은행 리먼 브라더스 파산에서 시작된 글로벌 금융위기를 칭하는 말이다. 리먼 브라더스의 파산은 미국 역사상 최대 규모의 기업 파산으로, 파산보호를 신청할 당시 자산 규모가 6,390억 달러였다. 리먼 브라더스 파산은 서브프라임 모기지(비우량주택담보대출)의 후유증으로, 우려만 무성했던 미국발 금융위기가 현실화된 상징적인 사건이다. 악성 부실자산과 부동산가격 하락으로 가치가 떨어지고 있는 금융상품에 과도하게 차입하여 발생한 리먼 사태의 영향은 전 세계로 급속히 확산되었다.

외환 딜러가 갖춰야 할 가장 중요한 자질은 무엇이라고 생각하십니까?

━━━ '승부 근성'과 '순발력'이라고 생각합니다. 아무리 금융지식과 이론을 풍부하게 갖추고 있다 해도 빠른 시간에 판단하고 매수/매도 결성을 못히면 무용지물입니다. 모니터를 보고 거래버튼을 누르는 데 0.5초를 넘기면 곤란하거든요. 이 '0.5초의 승부'는 거래 금액이 클수록 리스크도 커지기 때문에 순간 판단이 정말 중요합니다. 따라서 외환 딜러는 패기, 승부 근성, 순발력 그리고 시장 경험을 두루 갖춰야 합니다.

딜러로서의 자질 외에 딜링을 하는 데 있어 가장 중요한 매매 원칙은 어떤 것이 있을까요?

━━━ 회사의 일반 업무와 트레이딩 업무의 결정적인 차이를 생각해보면 알 수 있습니다. 바로 스톱-로스_{주가가 떨어질 때 손해를 보더라도 팔아 추가 하락에 따른 손실을 피하는 기법으로 '손절매'라고 한다}라는 제도인데, 이는 트레이딩 업무의 가장 큰 장점이자 단점이기도 합니다. 트레이딩 업무와 기획 업무를 예로 들면 기획 업무에는 스톱-로스라는 것이 없습니다. 일이 잘못되었다 하더라도 중간에 그만 두는 일 없이 일단 하나가 완성되면 그 기획이 잘 되었나 아닌가만 판단하고 끝이 납니다. 그러나 트레이딩 업무는 특이하게 스톱-로스라는 제도가 있습니다.

장점은 리셋이 가능하다는 겁니다. 제가 아무리 판단을 잘못해도 손실 범위가 정해져 있기 때문에 그 이상의 손실은 보지 않습니다. 단점은 하루만 더 참았으면 좋은 결과가 발생할 수도 있었는데 어쩔 수 없이 끊어야 한다는 거죠. 제가 딜러의 매매 원칙을 말하면서 이 부분을 가장 먼저 언급한 것은 반대로 생각해보면 딜러가 얼마만큼 스톱-로스를 잘 지키느냐가 가장 중요한 원칙이 될 수 있다는 겁니다. 예전이나 지금이나 딜러의 가장 중요한 원칙은 스톱-로스를 지키는 거라고 생각합니다. 저 역시 많은 직원을 교육시키고 데리고 있었지만 스톱-로스를 지키지 못하면 처음에는 1차 경고 그리고 두 번째 지키지 못할 때는 바로 아웃시킵니다.

런던 지점에 가게 된 계기가 상당 부분 외국계 은행으로부터의 적극적인 영입 때문이었는데 런던 NDF시장까지 직접 경험하고 온 뒤라 더욱 적극적으로 외국계 은행으로부터 오퍼가 들어왔을 것 같은데요?
—— 실제로 오퍼가 들어왔지만 런던에 가기 전에 고민을 했던 것과는 다르게 귀국 후에는 전혀 갈 마음이 없어 동요도 없었습니다. 런던에서 만난 런던 지점장을 비롯하여 여러 사람들의 얘기도 뇌리에 깊이 남아 있었습니다. 그리고 외환은행이 저를 위해 배려를 아끼지 않은 것에 대한 보은의 차원에서라도 계속 외환은행에 있어야 한다는 마음이 확고했습니다.

초심 : 파생상품으로
운용 영역을
확장하다

런던에서 만난 분들의 이야기 중 아직까지 기억이 생생하다는 그 얘기들을 듣고 싶습니다.

━━━ 당시 런던 지점장은 딜러 1세대로 상당히 유명했던 분이었습니다. 그분이 말하기를 "딜러는 딜러로서의 적령기가 있고, 어느 시점이 지나면 딜링 외의 분야에서 쌓은 커리어가 있어야만 다른 업무로의 전업도 가능하고 은행 내에서 인정을 받을 수도 있어 본인의 꿈을 마음껏 펼칠 수 있는 직급까지 갈 수 있다"라고 말해줬습니다.

제가 가장 힘들었던 2005~2006년 상반기까지 그분과 생활하며 그런 말을 심심치 않게 들었으니 그 말들이 뇌리에 쏙쏙 박힐 수밖에 없었죠. 그리고 저희 은행에서도 아직까지 외환 딜러 출신으로 본부장^{은행임원}까지 승진한 전례가 없습니다. 제 생각으로는 딜링 외에 다른 업무에 대한 커리어를 쌓지 못하면 평생 딜러로 있다가 딜러로 직장생활을 마감해야만 하는 것에 대한 아쉬움이 컸습니다.

제가 알고 있는 은행 딜러 한 분이 "은행에서 딜러는 일종의 소모품처럼 최대한 수익을 창출할 수 있는 40대 중반까지 유용하게 써먹다가 그 이후에는 지점으로 내보내는 패턴이 반복된다"라고 조금은 과장되게 말을 한 적이 있습니다.

━━━ 은행마다 차이는 있으니까요. 다만 저는 소모품이라는 개념보다는 다양한 분야의 업무들을 접해보고 싶었고, 궁극적으로는 향후 은행 내에서 딜러로서의 승부 근성과 베팅력, 치밀함 등을 바탕으로 조금 더 높은 자리에서 제가 생각한 포부를 맘껏 펼쳐보고 싶었습니다. 그래서 2010년부터 자금 부서에서 1년여 동안 일을 했

습니다. 단기 외화 자금 총괄로 외화 자금 차입, 운용 등의 일을 했습니다.

그런데 어떻게 다시 운용 부서로 오게 됐습니까?

━━━━━ 제가 런던에 갈 때 외환 수석 딜러로 있었던 분이 2011년 초에 트레이딩부 부장으로 왔습니다. 그분이 저에게 같이 일을 해보자고 하셨는데 감히 뿌리칠 수 없었습니다. 그분은 IMF 당시 가장 유명한 스타 외환 딜러였죠. 하지만 그것을 떠나 제가 정말로 좋아하고 존경하는 선배이자 제 매매 스타일이나 전략 구상 등 매매에 있어 모든 부분을 그분에게서 배웠고, 저에게는 멘토이자 스승이었기 때문에 그 제안을 뿌리칠 수 없었습니다. 그래서 1년 동안의 외유 끝에 다시 운용 부서로 돌아왔습니다. 2011년 초에 원/달러 데스크 총괄 수석 딜러로 복귀했고, 2012년 4월에 파생상품팀으로 오게 된 거죠.

지금 있는 파생상품 운용팀에 대한 설명도 부탁합니다.

━━━━━ 총 인원은 실장 포함 12명입니다. 퀀트도 3명 있습니다. 스탠포드물리학과 출신과 카이스트 공학도 출신이 2명 있는데, 제가 그 팀의 운용 데스크 팀장이라고 보면 됩니다. 북이 총 5개 있는데 단기 이자율 북과 주식 북은 직접 매매하고, 장기 이자율 북과 통화 옵션 북은 관리만 합니다.

예전 스폿할 때보다는 재미있습니다. 외환은 단순하게 롱 아니면 쇼트인데 파생상품 운용팀에 와서는 다양한 전략을 짤 수 있다는 것이 좋았습니다. 그리고 새로운 상품을 접하며 몰랐던 부분을 알게 되는 것이 재미있습니다. 트레이딩 외에 사람을 조율하고 팀을 꾸려서 운용하는 것이 저에게 큰 도움이 되고 있습니다.

제가 증권사에서 채권을 운용하던 시기에 채권가격이 크게 오르거나 내릴 경우 혹은 변동폭이 컸는데 팀 수익이 만족스럽지 못할 경우 담당 본부장이 장 마감 후 차트를 한 장 가지고 내려오곤 했습니다. 그리고 최고점을 가리키며 "왜 이때 안 팔았어? 이때 팔면 수익이 엄청 났을 텐데?" 혹은 최저점을 가리키며 "왜 이때 안 샀어? 사야 할 거라는 생각 안 해봤어?" 이렇게 추궁하곤 했습니다. 그럴 때 '그럼 당신이 팔고 당신이 사지. 장중에 말 한마디 없다가 꼭 장 끝나고 나면 차트 한 장 달랑 들고 와서 왜 못 벌었냐고 질책만 하는데!'라고 속으로 투덜거리던 생각이 납니다. 아마 많은 딜러가 저와 같은 경험을 해봤을 것이고, 김두현 팀장도 비슷한 경험이 있을 것 같은데요. 이제는 그런 말을 듣는 입장이 아니라 하는 입장이 되었는데요. 이 부분에 대해 한마디 부탁합니다.

━━━ 제가 하는 스폿거래는 단순하게 롱 아니면 쇼트입니다. 혹여 윗분이 "사야 하는 거 아냐?" 혹은 "팔아야 하는 거 아냐?"라고 지나가는 말처럼 방향에 대해 말을 하면 밑의 직원으로서는 어쩔 수 없이 영향을 받게 되고, 매매하는 데 있어 상당한 부담을 가질 수밖에 없습니다. 만약 윗분의 말과 반대로 베팅했는데, 손실이 발생하면 크게 문책을 받을 것이 두려울 수밖에 없습니다. 또한 윗분의 말대로 베팅했다가 손실이 발생한 경우에도 모든 책임은 전적으로 해당 딜러가 져야 하기 때문이죠. 그래서 저는 절대 방향은 말하지 않

는 것을 원칙으로 삼고 있습니다. 단지 딜러의 얘기를 듣고 논리적으로 맞지 않으면 그 부분에 대해 이견을 제시하거나, 그 딜러의 포지션이 시장 방향과 맞지 않는다는 확신이 서면 포지션을 최대로 가져가지 말거나 기간을 짧게 가져가라는 말은 합니다.

구체적인 예로 설명 부탁합니다.

━━━━ 가령 신입딜러가 원/달러 옵션상품에 베팅을 하는데 "시장이 하향 안정화에 접어들고 볼*도 줄어들고 있어 옵션을 팔아서 베가** 쇼트 전략을 취해보겠습니다. 감마***도 쇼트로 가고 있어 반대쪽으로 세타**** 수익을 내보도록 해보겠습니다. 어쩌면 볼 쇼트

---

*볼(Volatility, 변동성) : 주식이나 통화의 시세가 완만하게 움직이는 때도 있지만 단기간에 급등락하는 경우도 있다. 가격이 향후 어느 정도 움직일 가능성이 있는가를 나타내는 척도가 변동성이다. 변동성은 체온계와 같이 대상이 되는 자산은 통화, 주가, 채권, 원유, 돼지고기, 귀금속 등 시장에서 가격이 결정되는 것이면 무엇이든 상관없다. 엔 시세를 예로 들면 선진국 정상회담과 같이 환율에 영향을 미치는 정치 일정을 앞두고 변동성은 상승한다. 또한 변동성은 옵션의 가격을 결정하는 기준이 된다. 향후 가격 변동이 불투명해질수록 시장참여자들에게는 미래에 일정 조건으로 무엇인가를 살 수 있는 권리(옵션)를 가지는 것이 가치 있게 여겨지기 때문이다. 변동성의 수준은 대상 자산의 과거 가격 변동, 즉 실적에 시장참여자가 어느 정도 가격이 변동할 것으로 예상하는가 하는 시장심리가 첨가되어 결정된다. 변동성은 옵션가격의 기준이 될 뿐만 아니라 그 자체가 금융기관 간에 거래되기도 한다. 그런데 주가가 향후 변동할 것 같지만 오를지 내릴지 몰라 살 권리와 팔 권리 중에 어느 것이 필요한지 모르는 경우는 어떻게 해야 할까? 정답은 우선 옵션에 수반되어 거래되는 변동성을 사는 것이다. 향후 옵션가격이 상승할 것으로 예상되면 변동성을 사고, 예상대로 변동성이 상승하면 매각해서 가격 차이를 벌게 된다.

**베가(Vega) : 기초자산의 변동성에 대한 옵션가격의 민감도를 말한다. 베가 쇼트 전략은 결국 변동성 축소에 대한 베팅이다. 베가=옵션가격의 변화÷기초자산의 변동성의 변화

***감마(Gamma) : 기초자산의 가격 변화분에 대한 옵션의 델타 변화분으로 보유한 포지션의 델타값을 일정한 범위 내에서 관리하기 위하여 사용하는 값을 말한다.

****세타(Theta) : 잔존기간이 하루 줄어드는 동안에 시간가치가 얼마만큼 감소하느냐를 나타내주는 지표로서 다음의 식으로 구할 수 있다. 세타=옵션가격의 변화÷시간의 변화

변동성 축소 베팅로 큰 수익을 거두기 어려울 수도 있겠습니다"라고 설명했다고 가정해보죠. 이때 설명하는 과정에서 논리가 안 맞으면 수정을 해주고, 만약에 베가 쇼트로 봐서 변동성 축소에 베팅을 하는 것이 현재 상황과 정말 맞지 않는다는 생각이 들면 "당신의 생각을 존중하지만 나는 생각이 좀 다르다. 그러면 우리 이렇게 하자. 당신 전략대로 베팅을 하되 포지션을 최대한으로 벌리지 말고 짧게 가져가라"는 식으로 얘기합니다.

회의는 매일 합니까?

━━━━ 매일 하고 있고, 매일 할 필요도 있습니다. 스폿거래할 때는 장 시작 전에 했고, 파생상품팀으로 와서는 장 마감 후 4시 정도에 합니다. 회의를 해야 하는 이유는 각 딜러들이 7~8개의 모니터에 집중해서 자신의 시장과 포지션에만 집중하다 보면 자칫 큰그림을 놓칠 때가 있습니다. 회의시간 동안 다른 딜러들의 얘기를 들으면서 거시적인 안목을 키울 수 있고, 그럼으로써 큰 흐름을 놓치는 우를 범하지 않게 됩니다.

생각 : 딜링과
비전에 대해
얘기하다

아무래도 외국계 은행 딜러들과 은연중에 경쟁도 하고 비교도 될 것 같은데요. 외국계 은행과 시중 은행의 외환 딜러로서의 장단점을 듣고 싶습니다.

━━━━ 외국계 은행은 당연히 금전적인 보수 면에서 시중 은행 딜러들을 압도하는 것이 사실이고, 운용할 수 있는 상품이 많고, 한도도 큽니다. 다만 외국계 은행도 하나의 조직이기 때문에 정치적 능력이 중요한 요소로 작용하기도 합니다. 자칫 그렇지 못한 상황에서 실적이 안 좋을 경우 회사를 나가야 하는 경우도 생깁니다. 그에 반해 시중 은행 딜러들은 매매에 실패할 경우 다른 부서로의 이동이나 혹은 지점 등으로의 이동 등 충분한 대안이 있어 심적으로 편안할 수도 있습니다.

책 출간 제의를 받은 적이 있죠?

━━━━ 2009년에 한 번, 2012년도 봄에 한 번, 총 두 번의 출간 제의를 받았습니다. 2008년도 리먼 사태가 터지면서 환율 변동성이 극에 달했고 그러면서 모든 매스컴의 초점이 환율로 쏠려 있을 때 유독 외환은행 딜링 룸에 인터뷰 요청이 많았습니다. 그 중 제가 언론 매체에 자주 노출되다 보니 자연스럽게 일종의 〈김두현의 외환이야기〉처럼 자서전 비슷한 제의가 들어왔습니다. 2012년에 제의가 들어온 것은 환율도 유가처럼 가격 레벨별로 움직였을 때 일상생활의 패턴에 어떤 영향을 주는가를 분석해서 책으로 내보자는 제안이었습니다.

자서전 제의는 아직 나이도 젊고 지금은 아니다라는 판단하에 정중히 거절했고, 두 번째 제의는 큰그림이 그려지지 않았습니다. 환율이 1,200원이나 1,500원, 2,000원일 때 일상생활의 패턴에 어떤 극적인 변화들이 있는지를 파악하는 게 쉽지 않았고, 환율의 레벨별 움직임도 장기간 지속되는 것이 아니기 때문입니다. 리먼 사태 때도 확인했듯 1,000원 수준에서 1,500원 이상으로 움직인 후 다시 1,200 원으로 내려오기까지 채 3개월도 걸리지 않아 일상생활 패턴의 변화를 감지하기에는 시간상 제약이 있다는 생각이 들었습니다. 그래서 그 제의 역시 정중히 거절했습니다.

언론 매체 등의 인터뷰를 보면 말을 논리적이고 조리 있게 잘 하던데 글 쓰는 것도 그 못지 않게 좋아하는 것 같습니다.

━━━━ 성기직으로 〈조선비즈〉에 환율 관련 칼럼을 쓰고 있습니다.

스트레스는 어떻게 풉니까?

━━━━ 어떤 문제가 생겼을 때 그 해결책은 사람에게 있다고 말씀 드렸는데요. 스트레스도 동종업계의 사람들을 만나 수다를 떨면서 스트레스를 풉니다. 어떤 사람들은 퇴근 후 회사 얘기나 일 얘기를 하는 것을 업무의 연장이라 생각해서 의도적으로 그런 대화를 피하려는 사람이 있습니다. 저의 경우에는 시장 사람을 만나 최근 시장 얘기를 하면서 "그때 시장이 왜 그런 거야", "그때 너도 팔았어?", "요즘 시장 힘들지"처럼 서로 공감하고 격려나 위로를 해주면서 스트레스를 풉니다. 물론 딜러에게 있어 체력적인 부분은 상당히 중요하기 때문에 정기적으로 사이클을 타며 체력 관리도 하고 있습니다.

김두현 팀장은 참 바쁜 사람이라는 이야기를 들었습니다. 사람도 많이 만나고 저녁 약속도 많고 야근에 회의에 장 마감 후에도 무척 바쁜 것으로 압니다. 시간은 상대적인 거라 당연히 가족에 소홀할 수밖에 없을 텐데요. 가정에서 가장으로서의 점수는 다소 박할 것 같습니다.

▬▬▬ 제가 2011년부터 실천하고 있는 것이 있습니다. 주중에 반드시 하루는 집에서 가족들과 저녁을 같이 먹는다는 것을 원칙으로 정했습니다. 그러다 보니 그전에는 아빠가 어려워서 하지 못했던 얘기, 예를 들어 비스트 콘서트에 가도 되는지 혹은 학교에서 친한 친구랑 이런 일이 있었는데 어떻게 하면 좋을지 등에 대해 자연스럽게 대화를 하면서 더욱더 친밀해진 느낌입니다. 물론 말도 안 통하고 아는 사람도 없는 외지에서 3년 동안을 우리 가족끼리만 지냈다는 끈끈한 유대감이 있어 가족애가 강하긴 합니다.

코스피시장과 채권시장의 딜러들이 외환 딜러에 비해 장중 스트레스나 집중 강도가 부족하다고 생각해본 적은 없지만, 그래도 장 마감 이후에는 다음날 매매를 위해 휴식을 취하거나 재충전을 위한 시간이 주어진다고 생각합니다. 그에 비해 외환 딜러는 오후 3시 15분 장 마감 후에도 계속해서 런던시장과 뉴욕시장을 비롯하여 NDF시장에서 원/달러가 거래되기 때문에 신경을 안 쓸 수 없는 환경입니다. 상대적이긴 하지만 심적으로 외환 딜러들이 더 힘들지 않을까라는 생각이 드는데요, 어떻습니까?

▬▬▬ 그래서 외환 딜러들이 타 시장 딜러에 비해 상대적으로 수명이 짧은 게 아닌가 싶습니다. 몇몇 예외가 있긴 하지만 외국계 은행 FX 딜러들을 보면 다른 시장의 딜러에 비해 가장 젊습니다. 그 이

유가 강도 높은 업무가 시간적인 단절 없이 지속되기 때문에 체력적인 부담이 커서 그런 것이 아닌가 싶습니다. 다만 경험과 연륜이 쌓이면서 느끼게 되는 스트레스 강도는 둔해지는 것 같습니다. 예를 들자면 초보 운전자일 때 느끼는 시속 100킬로미터와 운전에 익숙해진 후 느끼게 되는 시속 100킬로미터의 체감적인 속도가 다르다는 것에 비유하고 싶네요.

최근 금융권 전반의 환경이 예전과 같이 딜러나 트레이더를 키우는 데 있어 전사적으로 충분한 시간 및 금전적인 여유가 주어지지 않습니다. 특히 증권사의 경우에는 계약직화* 되어 더욱더 여유를 가지고 딜러들을 양산할 수 없는 구조가 되어가고 있습니다 몇몇 대형 증권사는 제외. 그러나 외환은행의 경우 지나친 비약이 될 수 있지만, 오블리스 노블리제처럼 외환시장에서는 한국 시중 은행 중 운용 규모나 시장에 대한 영향력을 비롯하여 여러 면에서 가장 앞서 있는 기관이기 때문에 수익적인 면을 떠나 외환 딜러를 키우는 데 책임감을 가지고 노력해야 한다고 생각합니다.

━━━━ 외환은행에서는 딜러 자원을 육성하는 프로그램이 있습니다. 일명 키즈 KIDS, KEB Internathional Dealing School 라고 해서 1년에 한 번 서류 전형을 거쳐 사람을 뽑아서 7~8개월 정도 칩 딜러들을 중심으로 외환, 파생상품, 증권 등 장 마감 이후에 꾸준히 교육을 시킵니다.

---

* **계약직화** : 신입직원을 뽑을 때 계약직으로 뽑는다는 의미 외에 기존 팀이 정규직이라도 일정 수익을 내지 못하면 운용 한도를 대폭 축소하거나, 아예 없애거나, 기타 지방 지점 혹은 한직으로 발령을 내서 자연스럽게 퇴직을 권유하는 사례를 말한다.

그리고 시험을 통해 성적 우수자들에 대한 명단을 확보한 후 공석이 생기거나 인원의 충원이 필요하면 성적 우수자들 중에서 차출하는 시스템입니다. 그리고 딜링을 맡긴 이후에도 최소 6개월 이상 1년까지는 지켜보려고 합니다. 그런 면에서 보자면 증권사들과는 차이가 있다고 생각됩니다.

외부에서 부러운 시선으로 보는 것이 포렉스클럽^{Forex Club}*인데요. 특권층을 위한 클럽 같다는 생각을 지울 수 없습니다. 혹여 그런 냉소적인 시선이나 부정적인 견해에 대한 의견을 들은 적이 있습니까? 그리고 포렉스클럽은 어떤 모임이고, 어떤 장단점이 있는지 말씀해주시죠.

██████ 순수한 딜러들의 친목모임입니다. 일정 부분 관이나 당국의 영향권에 있는 각종 협의회^{예 : 외환시장협의회, 채권시장협의회 등}와 달리 딜러들 간의 친목만을 위한 순수 모임입니다.

1978년 창립된 이래 매년 정기 세미나, 총회, 송년의 밤 행사를 개최하며 딜러 간 친분 강화와 정보 교환 등에 큰 기여를 했다고 자부합니다. 특히 연말 송년의 밤 행사에는 '올해의 딜러'를 선정하여 시상을 하는데, 동료에게 인정받은 딜러가 선정되는 상이서 그 어떤 상보다 자부심이 강합니다. 저는 행사 주최 측^{포렉스클럽 사무국 총무이사}으로

---

*포렉스클럽(Forex Club) : 전문 외환 딜러들의 사적인 사교기구로서 1955년 프랑스 파리에서 설립되었다. 1956년에 각국의 포렉스 클럽을 국제적으로 통합하여 포렉스 헌장이 동년 3월 17일에 제정되었다. 국제포렉스클럽협회인 Association Cambiste International(ACI)의 본부는 파리에 있다.

서 행사 주관 및 진행을 하는 관계로 아직 한 번도 타보지 못했는데, 꼭 한 번 타보고 싶은 상입니다.

단점이라면 코포레이트 딜러*의 참여도가 낮은 편이어서 인터뱅크 대 코포레이트 딜러 간의 선 긋기 모습을 보이지 않을까 하는 우려가 있습니다. 이 부분은 지속적으로 풀어갈 것입니다(저자 주_김두현 팀장은 2012년 스와프 부분 '올해의 딜러'로 선정되었다).

외환 트레이더 출신으로 본부장임원**으로 승진하고 싶다는 포부를 밝혔는데 본부장이 되고 나서의 포부를 듣고 싶습니다.**

──── 시중 은행에 외환 딜러 출신의 본부장이 거의 없었던 것으로 알고 있습니다. 외환 딜러 출신이 다른 부문에 비해 강점이 있다면 빠른 정보 분석과 판단력이라고 할 수 있습니다. 제가 본부장이 된다면 적어도 딜링 룸 조직은 지금보다 더욱 빠른 의사결정이 가능하도록 만들고 싶습니다. 기존의 규정과 틀에 얽매이지 않고 실무 책임자선으로부터의 결재 및 보고 시간을 최대한 단축하여 빠르게 의사결정을 하도록 만들고 싶습니다.

또한 일선 딜러가 언제라도 간단한 메모 보고를 가지고 본부장실에 들어와 허심탄회하게 시장과 전략에 대해 얘기할 수 있는 장을 마련하고 싶습니다. 거래 상품에 대한 제한을 과감히 풀어 다양한 상품의 트레이딩을 할 수 있는 기회를 많이 주고 싶은데,

---

***코포레이트 딜러**(Corporate dealer) : 기업체의 외환 물량을 받아 처리해주는 업무를 하는 딜러

R&D^{Research and Development, 연구개발} 부문이 따로 없는 딜링 룸의 경우 바로 이런 것이 R&D가 아닐까 싶습니다.

그리고 얘기를 잘 들어주는 본부장이 되고 싶습니다. 지금까지 시중 은행권의 본부장들 이미지가 전형적인 톱-다운식이었다면, 저는 톱-다운과 바텀-업을 적절히 섞은 리더십을 보여주고 싶습니다.

김두현 팀장과의 인터뷰는 그의 포부를 듣는 것으로 마무리하였다. 그러나 인터뷰 후에도 다른 원/달러 딜러를 섭외하는 일부터 외환 관련 인터뷰 내용을 정리하고 수정하는 데 많은 시간과 조언을 아끼지 않았으며, 책이 출간되기까지 여러모로 도움을 주었다. 지면을 빌려 감사의 인사를 전하고자 한다.

- 외지에서 온 딜러에 대해 폐쇄적이며 비우호적이고 의도적으로 거리를 두려는 면이 강하다.
- 인적 네트워크가 형성되지 않을 경우 런던 NDF시장에서는 수익을 내기 어려우머 시장에 끌려 다닐 수밖에 없다.
- 결국 시장참여자들과의 관계 개선을 통해 시장참여자들의 성향 파악과 시장 플로우Flow를 알게 되면서 본격적으로 수익을 내기 시작했다.
- 서울 기업들의 심야 주문을 본인만의 무기로 삼아 런던 NDF시장에서 확고한 위차 점하게 된다.

외환 딜러의 자질

- 승부 근성 : 정해진 한도 내에서 배포 있게 베팅하고 버틸 때는 버틸 수 있어야 한다.
- 순발력 : 0.5초의 승부. 빠른 시간에 시장의 방향을 판단해서 모니터를 보고 거래 버튼을 누르기까지 0.5초를 넘겨서는 안 된다.
- 시장 경험 : 시장참여자의 성향과 시장 움직임을 즉시 파악할 수 있는 축적된 노하우와 경험이 필요하다.

02

증권사 채권 딜러에서
대형 외국계
은행 프랍 딜러로

임채원

임채원 이사를 처음 만난 것은 필자가 현대선물 브로커로 있을 때 어느 채권방 모임에서다. 그 당시 저자는 영업 목적으로 은행, 보험, 증권사 등의 채권 운용역을 중심으로 한 모임을 비롯하여 93학번 모임, 고교동문 금융인 모임 등을 만들었고, 그 외 필자가 가입해서 활동하고 있는 모임도 4~5개 정도 되었다. 그 모임들 중 한 곳에서 그를 처음 만났다.

임채원 이사는 S 증권 지점에서 첫 직장생활을 한 후 채권 운용팀으로 발령을 받아 딜링을 시작했다. 그리고 채권 운용팀에서 운용 실력을 인정받아 대형 외국계 은행에 스카우트되었으며 현재까지 근무 중이다. 외국계 은행의 특성상 대답하기 곤란한 질문도 있었으나 최대한 성실히 답변해주었다. 그와의 인터뷰를 통해 외국계 딜러들의 매매 전반에 대한 정보를 비롯하여 일상생활, 가치관 등 폭넓은 부분을 알게 되었다.

인터뷰는 임채원 이사의 업무가 끝난 저녁 7시를 훌쩍 넘은 시간에 시작되었다. 기존 인터뷰는 장이 마감한 오후 4시 전후, 늦어도 오후 6시 전에는 시작되었으나 그의 업무 특성상 장 마감 후에도 처리해야 할 일이 많았다. 그리고 여러 이유들로 대기 상태에 있어야 했기 때문에 늦은 시간에야 시작할 수 있었다.

외국계 은행,
또 다른 도전이
시작되다

대형 외국계 은행으로 이직하게 된 이야기를 듣고 싶은데요. 저를 비롯한 많은 독자가 외국계 은행이라면 영어를 네이티브^{native}처럼 잘해야 한다는 선입견이 있습니다. 영어는 잘하셨습니까?

━━━━ 학창시절에는 누구나 준비했던 토익^{TOEIC} 정도의 실력이었고, S 증권 재직 중에도 따로 시간을 내서 영어를 공부하지 않았습니다. 지금도 영어를 잘한다고 생각하지 않습니다.

외국계 은행은 업무 능력 이상으로 언어구사능력이 중요하다고 생각되는데요?

━━━━ 당연히 외국계 은행이니까 영어가 필요하고 어느 정도는 해야 합니다. 입사 전 인터뷰도 영어로 하고 문서 처리 및 의사소통이 대부분 영어로 이루어지기 때문이죠. 그러나 본인이 성과가 좋은 트

레이더라고 하면 영어를 잘하지 못해도 외국계 은행에서 적당히 지낼 수 있습니다. 그러나 예를 들어 우리나라 은행에 한국말을 잘 못하는 동남아시아 친구가 취직을 했다고 가정해봅시다. 그 친구가 돈을 잘 버는 능력이 있다면 어느 시점까지는 잘 지낼 수 있을 것입니다. 하지만 어느 위치^{직급}까지 올라갈 수 있을지에 대한 답은 나와 있다고 생각합니다. 외국계 은행에서도 마찬가지입니다. 영어를 잘하지 못해도 실력이 출중하다면 입사하는 데 큰 장애요소가 되지 않겠지만, 그 회사에서 입지를 다지고 어느 위치까지 오르기 위해서는 유창한 언어구사능력이 전제되어야만 합니다.

다만 영어를 많이 쓰는 부서가 있고 그렇지 않은 부서가 있습니다. 또한 성격은 타고 나는 것이기 때문에 어쩔 수 없는 부분이 있지만, 기왕이면 적극적이고 능동적인 성격이 좋습니다.

저도 팀에 매매 관련해서 당일 회의가 없으면 점심 때도 모니터를 보면서 책상 앞에서 끼니를 때우기 때문에 팀원을 비롯하여 타 부서 사람들과도 거의 대화를 나눌 기회가 없습니다. 또한 장중에는 시장에 집중해야 하기 때문에 더욱 얘기할 시간이 없고요. 본인은 회사에서 영어를 자주 쓰는 편입니까?

━━━ 저도 마찬가지입니다. 사내에서는 회의를 해도 한국어로 하고 브로커들과 업무 관련 얘기를 할 때도 한국어로 하기 때문에 영어를 쓸 일이 별로 없습니다. 다만 저희 회사 싱가포르 지점 등에 있는 트레이더와 플로우^{Flow, 현금흐름}가 발생하면 채팅이나 이메일 등은 대부분 영어로 써야 합니다.

앞에서도 잠깐 언급했지만 영어를 잘하지 못하면 핸디캡은 분명히 있습니다. 어느 조직이나 지위가 올라가면 '정치'라는 부분이 상당히 중요해지기 때문에 많은 대화를 필요로 하게 되고, 그러다 보면 언어구사능력이 중요해질 수밖에 없죠. 한마디로 영어를 잘 못해도 외국계 은행에서 살기 어려운 것은 아니지만 잘살기 어렵고 롱런하는 데도 분명 한계가 있습니다.

임채원 이사님도 알게 모르게 영어 때문에 적잖은 스트레스를 받겠네요?

━━━━ 예, 저도 고민이 있습니다. 그래도 먹고 살려면 해야 하니까 말이 잘 안 될 때는 이메일을 쓰기도 하고, 어떻게든 방법을 찾고 꾸준히 공부도 하고 있습니다. 다만 지금 보스Boss도 한국인이고 팀 내 모든 대화를 한국어로 하다 보니 당장에는 큰 필요성을 느끼지는 못합니다.

외국계 은행으로 이직을 결심했을 때 고민을 많이 했습니까?

━━━━ 고민을 많이 했죠. 첫 번째는 S 증권이 첫 직장이었고 9년 동안 근무하면서 제 입지가 나쁘지 않았기 때문에 선뜻 옮길 용기가 나지 않았습니다. 두 번째는 좀 전까지 얘기했던 '영어'라는 부분이 마음에 크게 걸렸습니다. 대학교 때 영어를 유창하게 잘한 편도 아니었고 직장생활하면서 따로 시간을 내서 영어를 공부하지 않았기 때문에 내가 외국계 은행에 가서 말이라도 통할 수 있을까 걱정이 되었죠. 세 번째는 새로운 직장에 적응해서 대인관계를 비롯해서 지금처럼 잘 지낼 수 있을까라는 부분이 걱정되었습니다. 금전적인 면

이 분명 매력적이긴 하지만 회사를 1~2년 다니고 말 것이 아니기 때문에 전 직장에 대한 미련이 강할 수밖에 없었죠.

그런데 어떤 계기로 이직을 결심했습니까?

━━━ 이직 당시 한 회사를 9년 동안 다니면서 매너리즘에 빠져 있었습니다. 일도 다 알고 일과 관련된 사람 및 시스넴을 모두 파악하고 있었기 때문에 매매를 비롯한 모든 일들이 새롭거나 흥미롭지 않았습니다. 그래서 다른 환경에서 일해보고 싶은 욕구가 강했고, 나를 한 번 리스키^{risky, 모험적인}한 상황에 던져보고 싶은 마음도 컸습니다. 그래서 이직을 결심했습니다.

막상 옮기고 나니 생각보다 힘든 점이 많았나요?

━━━ 아무래도 처음 회사를 옮기는 것이라 힘들 수밖에 없었습니다. 일종의 적응 쇼크라고 볼 수도 있고요. 문화적인 차이도 컸고 나만 혼자 이방인인 것 같은 느낌도 버거웠습니다. 그리고 회사를 옮긴 첫해에는 다들 좋은 이미지를 심어주고 싶어 하는데, 시장 환경이 좋지 않아 성과도 만족스럽지 못해 살이 빠질 정도로 많이 힘들었습니다.

낙천적인 성격이 많은 도움이 되었겠네요?

━━━ 예, 아마도 예민하고 부정적인 성격이었다면 견디기 힘들었을지도 모릅니다.

지금은 S 증권에 다녔을 때처럼 익숙하고 편해지셨습니까?

■■■■ 많이 편해졌습니다. 다만 S 증권 때는 막내부터 커온 거지만 현 직장은 '이사' 직급으로 시니어 상태로 이직한 것이기 때문에 문화적으로 흡수할 수 있는 면도 한계가 있고, 그 전처럼 편하게 지낼 수만은 없습니다. 조직 자체도 외국계 은행 특성상 다양한 백그라운드를 가진 사람들이 모인 곳이고 외국계 은행 입장에서는 지점에 해당하기 때문에 S 증권 때와는 차이가 있었습니다.

외국계 은행의 출·퇴근시간은 자유롭습니까?

■■■■ 외국계 은행에 공통적으로 정해진 출·퇴근시간이 있지는 않습니다. 하지만 은행이기 때문에 평균 오전 8시 전에 출근해서 오후 5시에서 6시 정도에 퇴근합니다. 다만 회사마다 차이가 있는 것은 내부 규정이 다르고 보스의 스타일이 다르기 때문이죠.

그러나 외국계 은행은 24시간 긴장의 연속이고 항시 대기 상태입니다. 퇴근 시간 이후에도 본사는 업무가 진행 중이어서 시간에 상관없이 문서 요청이 오거나 기타 업무 관련 연락이 오기도 합니다. 그래서 점심시간에도 매매 관련 플로우가 발생해서 사무실에 남아 있기도 하지만, 본사에서 어떤 연락이 올지 몰라 늘 스탠바이^{Stand by} 상태로 샌드위치 등을 먹으며 대기하기도 합니다.

휴가는 많이 쓰는 편인가요?

■■■■ 정확한 일수를 말씀드릴 수 없지만 국내 기관보다는 휴가 일수도 많고 휴가도 자유롭게 쓸 수 있습니다. 다만 여기도 사람으

로 구성된 조직이기 때문에 시장 상황이 안 좋거나 개인 성과가 좋지 않으면 휴가를 쓰는 게 눈치가 보이죠.

외국계 은행에는 블록 리브Block Leave라는 휴가제도가 있어 의무적으로 짧게는 1주일, 길게는 2주일평균 이상 휴가를 가야 합니다. 그 직원이 휴가기간 동안 자리를 비우는 사이 여러 가지를 체크하기 위한 제도죠. 그 직원이 없을 때 조직이 평상시처럼 유지되는지의 백업Back up 업무를 체크하기도 하고, 사고를 치고 감추는 것이 있는지를 조사해보기도 하는 등 회사에서는 직원에 대한 중요한 점검기간이 되기도 합니다. 그래서 블록 리브 동안은 회사 시스템에 접속해서도 안 되고, 회사에 출근하거나 회사 일을 해서도 안 됩니다.

외국계 은행 딜러들은 11월 중에 북 클로징 Book Closing, 회계연도의 마감, 결산**을 하고 12월에 휴가를 많이 가는 편이죠?**

먼저 북 클로징의 개념이 북을 완전히 닫고 매매를 일체 하지 않는 것으로 알고 있지만, 사실은 그렇지 않습니다. 북 클로징은 12월 시즌 마감이 되기 전에 어느 정도 버짓Budget, 목표 한도을 채운 상태에서 리스크를 최소화하면서 손실 변동폭이 크지 않게 매매를 하는 것을 말합니다. 회사마다 차이가 있기는 하지만 11월 말로 성과평가를 하는 회사가 많고, 12월은 연말이라는 특성상 시장 유동성이 떨어지기 때문에 큰 수익을 기대할 수 없어 휴가를 많이 갑니다. 저 역시 12월에 시장이 조용해지면 주로 휴가를 씁니다.

금융권 종사자라면 딜러에 대한 환상과 오해가 있듯이 외국계 은행에 대한 막연한 동경과 선입견이 있습니다. 외국계 은행 트레이더라고 하면 왠지 세련되고 깔끔한 이미지가 먼저 떠오르고 돈도 상당히 많이 벌고 대우도 좋은 엘리트 집단이라는 생각이 드는데요?

━━━━ 외국계 은행이 효율성을 중시해서 최소한의 인원만 가져가다 보니 주위에 외국계 은행에 다니는 지인이 적어 그런 오해가 생기는 것은 당연합니다. 그러나 그런 이미지들을 차지하고 현실적으로 외국계 은행직원들이 예전에 누렸던 장점과 혜택이 많이 사라졌습니다.

첫째, 예전에는 낮은 조달금리의 펀딩Funding이 가능했습니다. 즉 국내 기관보다 싼 이자로 달러를 많이 빌려올 수 있어서 크레딧Credit, 신용거래을 이용한 비지니스도 가능했습니다. 즉 1990년대 중반부터 리먼 사태가2008년가 터지기 전까지는 크레딧을 이용한 비즈니스가 활성화되었습니다.

둘째, 외국계 은행만이 할 수 있는 세일즈가 많았습니다. 법으로 정해진 것은 아니지만 외국계 은행만이 해본 세일즈이기 때문에 일종의 독점 세일즈를 했습니다. 그러나 지금은 국내 기관들이 너도나도 같은 세일즈에 뛰어들어 경쟁도 치열해지고 마진도 크게 축소되었습니다. 외국계 은행에 근무했던 분들이 국내 금융권으로 이직하면서 몇 년 전부터 국내 증권사에서 크게 유행하고 있는 FICC* 팀을 비롯해서 그런 유사한 외국 시스템들이 대거 도입된 까닭입니다.

셋째, 외국계 은행의 기본 연봉이 높은 것은 사실이지만 과거 10년 동안 크게 오르지 않고 정체되어 있습니다. 반면 국내 금융기관은 증권사를 중심으로 기본 연봉도 높아지고 성과체계도 획기적으로 바꿔서 금전적인 면에서도 큰 메리트를 찾기가 쉽지 않습니다.

추가적으로 간혹 외국계 은행은 직급 인플레가 있어서 입사하자 마자 과장 직급으로 시작하는 경우가 있어 이를 부러워하는 분들도 있습니다. 하지만 회사 내에서 중요한 것은 영문 타이틀이고 금융당국이 올 초^{2012년} 행정 지도를 하면서 이 역시도 없어졌습니다. 직급 인플레의 시작은 세일즈 파트에서 예전 50대의 기업 담당자를 상대하려다 보니 자연스럽게 부장, 이사 등의 타이틀을 달면서부터 시작된 것이죠.

그럼에도 연봉은 높은 편이죠?

━━━━ 외국계 은행에 입사하면 반드시 지켜야 할 룰^{Rull}이 있습니다. 그것이 바로 외부에 자신의 연봉 수준을 노출해서는 안 된다는 것입니다. 만약 외부에 공개되거나 노출되면 그 자체만으로 해고 사유가 됩니다. 국내 금융기관은 같은 팀의 경우 다른 직급이라도 그 사람의 연봉 수준을 어느 정도 알 수 있지만, 외국계 은행에서는 같은 직급이라도 옆에 있는 직원과 연봉이 다를뿐더러 물어봐서도 안 되고 알 수도 없습니다.

---

*FICC(Fixed Income, Currency, Commodity) : 금리, 외환 그리고 원자재 등과 관련된 현물과 파생상품을 개발, 운용, 마케팅을 담담하는 부서를 말한다. 이자율, FX, Credit, Commodity 등을 기반으로 각종 스왑 및 옵션 파생상품을 설계 및 구조화를 통해 맞춤형 상품을 제공하는 업무를 담당한다. 우리투자증권이 지난 2006년 처음으로 FICC를 도입하였고, 2008년부터 다른 대형 증권사들도 FICC를 도입하기 시작하여 최근에는 중소형 증권사로 확대되고 있다.

다만 성과급체계는 대형 금융사와 비슷해서 버짓Budget을 초과하면 초과하는 몇 %를 성과급으로 주는 개인 성과급제가 아니고, 회사에서 알아서 주기 때문에 버짓을 많이 초과해도 성과급을 받지 못할 수도 있습니다. 반대로 회사가 흑자가 많이 나면 버짓을 채우지 못해도 성과급을 받는 경우도 있습니다.

2010년부터 10대 증권사의 경우 금융감독기관의 권고로 인센티브를 2년 동안 유예하며 일정 수준을 주식으로 주고 있는데요, 외국계 은행도 비슷한가요?

━━━━ 외국계 은행은 이미 오래 전부터 성과급의 상당 부분을 주식으로 주고 있습니다. 회사마다 차이가 있지만 많게는 90%까지 주식으로 주는 곳도 있고, 평균 60~70% 이상은 현금 대신 주식으로 성과급을 지급하고 있고 유예기간도 1~2년 이상으로 긴 편입니다. 기본적으로 회사에서 캐시Cash를 지급하지 않으려 하다 보니, 성과급 중 주식 비중이 점점 높아지고 있는 추세입니다. 그래서 요즘 얘기하는 복불복 개념으로 회사가 잘 돼야 직원도 좋아지는 시스템으로 변하고 있습니다. 다만 리먼 사태 이후 금융권에 대한 시선이 부정적으로 바뀌다 보니 외국계 은행의 경우 기본급을 조금 올려주는 대신 성과급을 대폭 축소했습니다.

국내 금융기관의 채권 트레이더 수명이 긴 편은 아닌데, 외국계 은행은 어떻습니까?

━━━━ 단편적으로 외국계 은행 트레이더들의 나이를 보면 알 수

있겠죠. 대부분의 헤드가 40대 초반이기 때문에 그 밑에서 운용하는 트레이더들은 더 젊습니다. 그 위로 지점장이 40대 중·후반이지만 그 수준까지 가려면 트레이딩 외에 정치적 능력 등 외적 요소들이 상당히 중요하기 때문에 트레이딩과는 또 다른 얘기로 생각되고요.

　다만 외국계 은행이 국내에 들어와 정착한 역사가 길지 않기 때문에 선례를 찾기 힘든 점을 감안해야 할 것 같습니다. 제가 아는 몇몇 실례만 들면 돈을 많이 벌어서 외국으로 이민간 분들도 있고, 한동안 국내 증권사로의 이동도 많았습니다. 다만 문화적 차이 등의 이유로 성공한 경우는 많지 않습니다. 집안이 잘 산다거나 돈을 많이 번 경우 퇴직 후에도 경제적으로 여유가 있겠지만, 비즈니스 면에서 뭐하고 사나 봤을 때 확 떠오르는 사람은 많지 않습니다.

이사님도 이제 40세에 가까운데 여러 생각들과 고민이 있겠습니다.

────── 예, 크게 세 가지 길이 있습니다. 첫 번째로 보스가 되고 지점장이 되어 외국계 은행에서 롱런하는 길이고, 두 번째는 국내 금융권으로 이동하여 계속 매매 관련 일을 하는 것 그리고 세 번째는 트레이딩이 아닌 세일즈 등의 관련 업이나 전혀 관련이 없는 직종을 찾아 이동하는 경우죠. 저 역시 이곳에서 지점장까지 갈 수 있겠느냐는 생각과 만약 진급을 하지 못하면 무엇을 할 것인지에 대한 고민이 있습니다. 구체적으로 40대 중반에 국내 금융권으로 이동해야 할 상황이 생길 수도 있는데 과연 옮길 수 있겠느냐는 고민도 있습니다. 그러나 이런 고민들은 국내 금융권에 있는 분들도 마찬가지가 아닐까 싶습니다.

그래도 외국계 은행은 해외 지점보다는 사람을 쉽게 해고하지 못하고 퇴직금 제도도 상당히 좋지 않습니까?

▬▬▬▬ 우리나라는 노동법이 엄격해서 외국계 은행들도 국내 직원들을 쉽게 해고하지 못하고, 꽤 괜찮은 퇴직금 제도도 있습니다. 그러나 그것은 외국의 경우가 극단적이어서 상대적으로 좋아 보이는 거겠죠. 가령 외국의 경우 직원을 해고할 때 아침에 출근하면 인사팀에서 조용히 호출해서 밖으로 불러낸 다음 '해고 통지'를 합니다. 그리고 사무실 내로 들어오지 못하게 한 후, 짐은 택배 등으로 보내주고 끝이죠. 정말 냉정하고 칼같이 해고를 하죠. 그에 비해서 낫다는 거죠.

외국의 사례에 비해서 괜찮은 것이지만, 국내 금융권과 비교하면 외국계 은행의 국내 지점도 상당히 냉정한 편입니까?

▬▬▬▬ 예, 냉정합니다. 추가적으로 언급하고 싶은 것은 40대 초·중반의 외국계 은행 보스들을 보면 국내 금융기관의 그 나잇대나 직급의 분들과 단순 비교해봤을 때는 시간을 쪼개서 정말 열심히 삽니다. 24시간 대기 상태에서 일도 많고 스트레스도 많고 구조 조정을 국내 기관처럼 연초에 한 번 하는 것이 아니고 수시로 하기 때문에 그에 따른 심리적 부담감도 엄청나죠.

또 외국계 은행은 헤드라도 단순히 밑에 직원을 관리하는 것만이 아니고, 자신의 버짓이 따로 있어서 트레이더로서 실적도 거둬야 합니다. 그래서 대부분 지병도 있고 몸도 건강하지 못한 사람들이 많습니다.

다만 저처럼 첫 직장생활을 국내 금융기관에서 시작한 사람에게는 위와 같은 부분이 굉장히 불편하지만, 외국계 은행에서 직장생활을 시작했다면 제가 생각하는 것보다 당연하고 쉽고 편안하게 받아들일 수도 있을 것입니다.

점심은 사무실에서 대충 때우고, 퇴근도 늦어 저녁을 집에서 챙겨먹기가 어렵죠?

────── 집에 도착하면 아무래도 저녁 8시가 훌쩍 넘기 때문에 외부에서 약속을 잡아 저녁을 먹고 들어가거나, 사내에서 간단하게 피자 등을 먹으며 때웁니다. 그래서인지 외국계 은행의 헤드들은 이를 악물고 운동하는 경우가 많습니다. 새벽에 운동하고 출근하거나 점심에 짬을 내서 운동하기도 하죠. 트레이더라는 직업은 체력이 상당히 중요하기 때문에 각자가 알아서 관리하는 거겠죠.

그럼 스트레스는 어떻게 풉니까?

────── 장중에는 당연히 매매 스트레스를 받지만 장이 끝나면 성격적으로 스트레스를 받지 않습니다. 그래도 스트레스가 많이 쌓이는 날에는 옛 친구들을 만나 소주 한 잔 마시면서 얘기하는 것으로 풀곤 합니다.

그럼에도 불구하고 젊은이들에게 외국계 은행의 트레이더는 추천해주고 싶은 직업입니까?

────── 어떤 일이든 자신이 하는 일이 가장 힘든 거겠죠. 제가 힘든

부분만 강조해서 그렇지 단점만큼이나 장점도 많습니다. 일하는 만큼의 금전적 보상도 따르고, 글로벌한 경험을 발판 삼아 더 큰 세계 무대에 도전해볼 수 있는 기회도 주어지며, 여전히 주변사람들에게 가장 큰 부러움을 사는 직장임에는 틀림없습니다. 한국에서는 트레이더라는 풀Pool에 들어오기도 힘들지만, 들어와서도 자신의 북을 가지고 자기 임의대로 매매할 수 있기까지는 상당한 시간이 필요해서 30대 중반은 되어야 가능합니다.

외국계 은행의 장점은 어린 나이에 입사해도 사람이 적기 때문에 국내 금융기관에 있는 비슷한 또래의 트레이더들이 상상할 수 없을 만큼의 사이즈와 리스크로 일찍 매매를 시작할 수 있다는 거죠. 다만 스트레스가 많고 직업 수명도 짧을 수 있음을 받아들여야 합니다. 머리를 혹사시키고 체력적으로도 버거운 일이지만 트레이딩을 정말 좋아하고 내 밑천 없이 샐러리맨으로 돈을 많이 벌 수 있다는 장점을 대가보다 우선시 할 수 있는 사람에게 추천하고 싶습니다.

트레이더는 진입장벽도 높고 트레이더가 된 후에도 생존율이 낮은 것이 사실입니다. 시장에서 살아남을 수 있는 머리와 능력 그리고 집중력이라면 어느 분야로 진출해도 성공할 수 있다고 생각하는데요?

────── 예, 그렇죠. 그 정도 실력이면 어느 기업에 가서도 임원 정도는 할 만한 인재가 아닌가 싶습니다. 비근한 예로 시골 학교에서 1~2등을 해도 강남으로 전학 오면 반에서 10등 하기 힘든 것과 같습니다. 금융권에서 난다 긴다하는 인재들을 모아놓고 그 안에서 트레이더가 되고, 임원이 되고, 롱런하는 것은 힘들 수밖에 없습니다. 평

균수명이 60세면 모를까, 이제 80세 이상이 훌쩍 넘는 상황에서 돈을 많이 벌었고, 안 벌었고를 떠나 사회생활을 왕성하게 할 나이인 40대 중반에 은퇴를 해야 한다는 것은 서글픈 일입니다. 임원을 하면서 50대 중·후반까지 일할 수 있는 것이 금전적으로 큰 차이가 나지 않는다면 다른 분야의 일도 권하고 싶습니다.

외국계 은행은 일반적으로 교포를 비롯하여 외국인의 비중이 높나요?

──── 전혀 그렇지 않습니다. 외국계 은행은 교포 출신으로 외국 국적을 가진 트레이더가 많을 거라고 생각하시는데, 서울 지점 마켓은 일종의 로컬 마켓이기 때문에 외국에서 살다 온 사람들보다는 국내 마켓에 대해 잘 알고 있는 트레이더가 유리할 수 있습니다. 그래서 내국인의 비중이 압도적으로 높습니다.

트레이딩 외에 어떤 일을 해보고 싶습니까?

──── 증권사에서 IB^{Investment Bank} 업무, 즉 기업공개^{IPO}, 증자, 회사채 발행, 구조화 금융^{Structured Finance}, 인수합병^{M&A} 등을 주간하고 자문하는 업무를 해보고 싶습니다. 지금은 수익 모델의 부재로 어려움을 겪고는 있지만 한 번은 해보고 싶습니다.

외국계 은행은 1년 단위로 실적이 평가되기 때문에 연초가 아무래도 중요하겠죠?

──── 매우 중요합니다. 외국계 은행은 국내 금융기관보다 버짓이 크기 때문에 일정 금액 이상의 수익을 거두기 위해서는 그만큼의

리스크를 감수해야 합니다. 그래서 1~2월에 버짓의 30~40%를 벌면 1년 동안 조금은 편하게 매매를 할 수 있지만, 그렇지 못하면 실적에 쫓겨 악순환을 반복할 가능성도 있습니다.

외국계 은행이 합리적인 것 같지만 실질적으로는 성과체계부터 시작해서 모든 권한을 보스가 가지고 있고, 그 보스의 권한은 그 위의 지점장이 모두 가지고 있다고 들었습니다. 그래서 국내 금융사의 경우 성과급을 책정하더라도 이해관계가 얽힌 인사팀, 리스크 관리팀, 경영 관리팀 등이 합의해서 지급하지만 외국계 은행은 1~2명의 결정에 의해 성과급 등 중요사항들이 결정되는 상당히 비효율적인 시스템이라는 얘기를 들었습니다.

━━━ 문화적인 차이겠죠. 그리고 보스나 지점장이 어떤 트레이더에 대해 호불호의 편견을 가지고 평가를 한다고 하더라도 본사에서 알 수 있는 것은 그 트레이더의 실적이기 때문에 기본적으로 트레이더는 돈을 많이 버는 것이 가장 중요합니다.

신입 트레이더가 입사하면 체계적으로 교육을 시킵니까?

━━━ 본인 스스로 알아서 터득하는 거죠. 외국계 은행의 경우 저희 회사처럼 공채 개념으로 글로벌하게 몇 명을 뽑아 일정기간 동안 교육을 시키는 곳도 있습니다. 다만 그런 경우도 형식적인 공채 개념일 뿐 체계적으로 트레이딩을 교육하는 것은 아니고, 국내 금융권과 마찬가지로 P/L^{Profit&Loss, 손익계산서} 작업 등 허드렛일부터 시작하면서 매매는 어깨너머로 배웁니다.

트레이딩이 수학공식처럼 A 상황에서는 B로, C 상황에서는 D로 대응할 수 있는 것이 아니기 때문에 스스로 알아서 돈 버는 방법을 터득해야 합니다.

국내 운용 환경은 점차 열악해지고 있습니다. 증권사의 경우 리스크를 지지 않으려 하고 운용 한도를 축소하는 등 오히려 역주행하는 것이 아닌가 하는 생각이 듭니다.

━━━ 금융시장에 종사하는 사람들이 자초한 면도 분명히 있습니다. 유동성이 풍부하고 시장이 커졌을 때 조금 더 잘했어야 했는데 그러지 못한 면도 있었죠. 개인적으로 향후 두 가지 면에서 변화를 예상하고 있습니다.

첫째는 미국의 '규모의 경제Economies of Scale, 투입 규모가 커질수록 장기 평균비용이 줄어드는 현상을 말한다'처럼 소수의 딜러들이 큰 규모를 운용하는 구조로 바뀔 것으로 기대합니다.

둘째는 기관들의 직접투자시장은 축소되겠지만, 저금리 기조가 고착화되면서 상대적으로 펀드 등의 간접투자시장은 커질 것으로 봅니다. 그러면 은행 등의 프랩*보다는 운용사 등의 간접투자시장이 커지겠죠. 미국에서도 볼커룰**을 비롯하여 프랩 데스크의 운용

---

*프랩(Prop) : 자기 자본으로 사고팔며 수익을 추구하는 매매를 말한다. 증권사와 은행 등 금융기관은 회사 자본을 이용해 주식, 채권, 외환, 원자재 등의 투자에 나서는데 이를 자기소유 유가증권거래(Proprietary Trading)라고 한다. 일반적으로는 영어식 표현의 앞글자만 따 프랩 트레이딩(Prop Trading)이라고 부른다.
**볼커룰(Volcker Rule) : 금융기관의 위험 투자를 제한하고, 대형화를 억제하기 위해 만든 규제를 말한다. 연방준비제도이사회(FRB) 의장을 지낸 폴 볼커가 제안한 것으로 은행이 자기 자산으로 채권, 주식, 파생상품 등에 투자하는 행위를 제한하는 것을 말한다.

한도를 줄이고 있으니까요. 다만 시중 은행은 돈이 넘쳐나다 보니 운용보다는 관리 면이 강조되어 직접투자 비중이 줄어들겠지만, 증권사의 경우는 자통법*으로 운용 라이센스License는 많아졌지만 수익은 나날이 줄어들고 있어 새로운 수익원이 없다면 다시 트레이딩 비중이 커질 수도 있겠죠.

물론 의도된 바는 아니겠지만 그동안 많은 증권사가 뒷북을 치는 경향이 좀 있었습니다. 시장이 좋으면 공격적으로 비즈니스를 확장하고, 시장이 안 좋아지면 지점을 축소하는 등의 모습을 반복적으로 보여주고 있는데요. 지금도 수익이 나지 않아 구조 조정을 하고, 긴축경영으로 가고 있는 분위기입니다. 이것도 결국 뒷북이 아닌가 싶은데요?

━━━ 제가 알기로 모 증권사의 경우 지점의 적자가 심화되자 지점을 대폭 축소한 것으로 알고 있습니다. 예전에 이런 국내 증권사의 행태를 보면 왜 미래를 보지 못하고 이런 악순환을 반복하는지 안타까울 때도 많았습니다. 그러나 외국계 은행의 경우도 경기가 좋으면 수천 명을 뽑았다가 시장이 나빠지면 1년 만에 수천 명을 해고합니다. 인사 관리 면에서 봤을 때는 제대로 된 회사라고 할 수 없

***자통법(자본시장통합법)** : 자본시장규제를 합리적으로 바꿔 증권사 등 금융회사의 대형화, 전문화를 촉진하고 투자자보호를 강화하기 위해 정부는 자본시장관련 법률 16개 중 [증권거래법], [선물거래법], [자산운용업법] 등 7개 법률을 통합하는 것을 주요 골자로 한 [금융투자업과 자본시장에 관한 법률안]을 마련하였다. 이를 추진하기 위해 2007년 7월 증권거래법 등 자본시장 관련 6개 금융법을 통합한 [자본시장과 금융투자업에 관한 법률]이 제정되었는데 이를 줄여서 자본시장통합법 또는 자통법이라고 한다.

죠. 그러나 외국계 기업은 고용시장이 유연하고 금융권은 사람 장사라고 생각하기 때문에 당연하게 받아들이는 분위기입니다.

외국계 은행에 대한 얘기들을 마무리하기 전에 외국계 은행의 특징에 대해 자세한 정리 부탁합니다.

━━━━ 다양한 문화적 배경을 가진 다양한 사람들이 모여서 조직을 형성하다 보니 다양성을 첫 번째 특징으로 볼 수 있습니다. 그리고 그런 다양성으로 인해 추가적으로 파생되는 특징들이 생길 수 있겠죠. 즉 다양한 시장에서 다양한 비즈니스를 하기 때문에 전반적인 의사결정이 글로벌한 시각에서 이뤄지게 됩니다. 따라서 다양한 사람들과의 의사소통을 위해서는 유창한 언어구사능력은 필수입니다. 또한 다양성이 중요시되기 때문에 사람을 평가할 때 주관적 평가가 어려울 수 있어 객관적인 숫자^{성과}상의 결과로만 평가할 가능성이 높습니다.

두 번째 특징은 국내 금융사의 경우 다양한 부서들이 그물처럼 복잡하게 얽혀 있는데 반해, 외국계 은행은 규모는 크지만 비즈니스 조직은 상대적으로 심플합니다. 그래서 의사결정이 빠른 편입니다.

세 번째 특징은 외국계 은행 딜링 룸의 경우 트레이딩을 통해서 수익을 거두는 것도 중요하지만, 그보다 더 중요한 것은 플로우^{Flow}를 많이 만드는 것입니다. 클라이언트^{Client}의 요청이라든지 니즈를 잘 맞춰서 상품을 많이 팔 수 있게끔 도와주는 것이 가장 중요합니다. 즉 내가 혼자 매매해서 혼자 성과를 챙기겠다는 개념이 아닙니다. 클라이언트들에게 어떻게든 좋은 가격을 주고 잘 코디네이트해서 세일즈와의 유기적인 협력을 통해 상품을 팔면서 수익을 창출하는 것이 가장 중요합니다. 따라서 증권사의 순수한 프랍 개념보다는 클라이언트 위주의 의사결정과 플로우 개념이 더 중요시됩니다.

네 번째 특징은 다양한 상품을 딜링 데스크 한 곳에서 운용할 수 있습니다. 저희 데스크 안에 FX하는 딜러도 있기 때문에 저 역시 원/달러를 비롯해서 다양한 상품을 운용할 수 있습니다(저자 주_다만 외국계 은행의 경우 리스크가 큰 에쿼티Equity와 커머더티Commodity를 운용하는 조직은 거의 없다).

평범한 증권사
지점 영업으로
회사생활을 시작하다

첫 직장은 어디서 시작했습니까?

■■■■ 2001년도 S 증권에서 50명 정도 공채로 채용했을 때 입사했습니다. 희망부서는 1지망이 리서치, 2지망이 IB였습니다. 입사할 당시에는 트레이딩에 대해 잘 몰랐고, 펀드 매니저 등에 대해서는 매스컴을 통해 피상적으로 알고는 있었지만 실제로 무엇을 하는 사람인지 그리고 어떤 상품을 운용하는지는 정확히 몰랐습니다.

물론 일찍부터 트레이딩에 관심을 갖는 친구들도 몇 명 있었지만, 대부분이 뭔가 있어 보였고 엘리트 같았던 애널리스트나 M&AMergers and Acquisitions, 기업 인수와 합병 업무 등을 하는 IB 부서에서 일하기를 선호했습니다.

대학 다닐 때부터 증권사 취직을 생각했습니까?

━━━ 경상계열에 입학한 학생이라면 누구나 CPA certified public accountant, 공인회계사 시험에 도전해 회계사가 되려는 마음을 갖고 있습니다. 제 주위에도 CPA 공부를 하는 친구들이 많아서 저 역시 저학년 때부터 CPA 공부를 해보기도 했지만 적성에 맞지 않아 일찍 그만두었죠. 또 외국계 회사가 있다는 것은 알았지만, 어떤 회사가 있는지 어떻게 입사해야 하는지 등을 구체적으로 알지 못했습니다. 그래서 고액 연봉의 안정적인 직장에 취직하는 것을 목표로 잡았습니다. 4학년 취업 시즌에 연봉을 많이 줄 수 있는 회사를 찾다 보니 은행, 증권사, 보험사 등의 금융권에 관심을 갖게 됐습니다. 하지만 은행은 좀 답답해 보였고, 보험은 이미지상 영업 성격이 강해 보였습니다. 그래서 일도 재미있어 보이는 증권사에만 원서를 냈습니다.

취직이 어렵지는 않았나요?

━━━IMF 사태가 지나고 경기가 좀 풀릴 때라 그 전에 10여 명 내외만 채용했다면 저희 때에는 증권사들이 50명 이상씩 사람을 뽑았습니다.

본인이 선호하는 부서로 발령을 받았나요?

━━━ 저뿐만이 아니라 대부분의 동기들이 지점으로 발령을 받았습니다. 저는 명동 지점으로 발령이 나서 2년 6개월간 지점 영업을

했습니다.

제 동기들은 대부분 강남에 위치한 지점을 희망했지만, 저는 당시 학교 근처에서 자취 중이라 지리적으로 가까운 명동 지점을 희망했습니다. 지금은 한류 열풍으로 옛 명성을 되찾았지만, 그때는 인구 유동성이라든지 상권이 조금씩 꺾이기 시작할 때였습니다. 그래도 여전히 부자들이 많았고, 상대적으로 젠틀gentle하지 못한 사채업자 및 개인 사업가도 많아 직·간접적인 사회 경험도 됐습니다.

채권 프랍 딜러,
다양한 전략으로
여러 상품을 운용하다

2년 반 명동 지점 근무 후 순환보직으로 본사로 발령이 났습니까?

━━━━ 아뇨. 채권 운용팀 주니어로 근무했던 사원이 다른 회사의 리서치 부서로 이직하면서 공석이 생겼고, 회사 내부에서 충원하려는 움직임 속에 제가 모집 풀에 들어가게 됐습니다. 대학 때 채권에 대해 배우긴 했지만 자세히는 몰랐죠. 그리고 지점에서도 주식 영업밖에 하지 않았지만 인터뷰를 통해 좋은 이미지를 심어줬는지 운 좋게 2003년 10월에 채권 운용팀으로 발령이 났습니다.

채권 운용팀에 가서 처음에 무슨 일을 했습니까?

━━━━ 어느 부서나 주니어가 처음 발령을 받게 되면 문서 정리 등

의 잡일을 하게 되죠. 조금 지나면서 미들 오피스^{Middle Office, 딜러의 리스크 관리를 담당하는 부서}에 해당하는 리스크 관리 및 P/L 관리하는 일들을 했습니다.

채권 운용팀 인원은 많았습니까?

██████ 본부장이 외국계 은행에서 스카우트된 분이었습니다. 외국계 은행에서 가장 중요하게 생각하는 것이 효율성입니다. 사람을 적게 쓰면서 최대한의 능력을 끌어내 생산성을 극대화시키는 거죠. 저희 팀 인원이 가장 적을 때는 4명밖에 안 됐고, 많아도 6~7명을 넘지 않았습니다. 이직 후에도 이런 시스템이 이어지고 있어 다른 대형 증권사 FICC 팀과 비교하면 인원이 반도 채 되지 않습니다. 프랍, PD[*], RP 업무[**]까지 총 7~8조 원의 자금을 그런 적은 인원으로 운용했습니다.

타 증권사를 보면 PD 업무에 몇 명, RP 업무도 팀장을 따로 두고 몇 명,

---

[*] PD(Pirmary Dealer) : 국채 전문 딜러. 국채시장에서 국채 인수 등에 관한 권리를 부여받는 대신 국채유통시장에서 시장조성자의 의무를 수행하는 국채 딜러를 말한다. 국채유통시장의 활성화를 통해 국채 수요의 기반을 확충하고, 국채시장의 유동성과 효율성을 높일 목적으로 1998년 8월 21일 발표된 '국채 제도 개선 및 채권시장 활성화 방안'에 따라 도입되었다.

[**] RP 업무(Repurchase Agreement) : 채권을 일정기간 후에 일정가액으로 환매할 것을 조건으로 매도하거나 전매한다는 조건으로 매수하는 것으로 채권을 매개로 하여 고객으로부터 빌리거나(조건부 매도) 고객에게 자금을 대여해주는 업무(조건부 매수)이다. 쉽게 설명하면 증권사에 주식 투자를 할때 최근에는 거의 CMA 계좌로 돈이 입금되어 주식을 사게 된다. 이때 주식을 사면 돈이 주식 계좌에서 빠져나가지만 주식을 사지 않거나 팔아서 돈이 들어오면 그 돈이 유휴 자금으로 있지 않고 단기 채권 등을 사서 운용하게 되는데, 이때 이와 같은 성격의 단기 자금 운용과 관련된 업무를 말한다.

프랍은 사이즈에 따라 많은 인원이 배치되기도 하는데 어떻게 그런 소수의 인원으로 그 모든 북을 운용할 수 있었죠?

■■■■ 대답이 적절하지는 않겠지만 하다 보니 소수 인원으로도 운용이 가능했습니다. 처음에는 PD 업무로 장내 채권시장*에 주문을 넣고 거래 돌리기부터 시작했지만, 운용 인원이 적다 보니 곧바로 PD와 RP 업무를 병행하게 됐습니다. 어차피 채권시장이라는 큰 틀 안에서 세부적으로 나눠진 업무들이기 때문에 큰 흐름만 보고 있으면 여러 업무를 병행하는 것이 어렵지 않았습니다. 이렇게 3~4년을 매매하다 새로운 팀장이 오면서 운용 업무 영역을 세분화해 저는 RP 북 위주로 매매를 했습니다. 하지만 이때도 채권현물, 스왑Swap**, 채권선물 등을 매매하며 프랍 업무를 같이 했습니다.

스왑은 언제부터 매매했습니까?

■■■■ S 증권에서는 다른 증권사보다 일찍 스왑을 운용했습니다. 제가 발령받아서 채권 운용팀에 와보니 이미 스왑을 운용하고 있었

---

*장내 채권시장:국채 전문 유통시장을 말하는 것으로 1998년 국채 전문 딜러가 도입되고 이를 활성화하기 위해 정부가 1999년 3월 27일 국채 자기매매인가기관(딜러)들이 국채 보유 물량의 조절을 위해 국채를 대량으로 매매하는 국채 딜러 간 거래시장을 증권거래소에 개설한 것이다. 참고로 전자거래 시스템을 기반으로 하여 스크린 호가만을 통해 익명의 참여자들이 경쟁매매를 하는 곳이다.
**스왑(Swap)거래:거래 당사자들의 특별한 이해(needs)에 부합하도록 자유롭게 설계, 변형할 수 있는 비표준화된 파생금융상품으로 당사자 간에 사전에 약정한 방식에 따라 특정한 현금흐름을 일정 주기로 일정 만기까지 상호교환하기로 한 장외거래 쌍무계약이다 (출처: 『스왑실무강의』, 이용제 저, 8p 참고).

습니다. 그 당시 본부장을 비롯하여 외국계 은행에서 온 분들이 많아 증권사 중에서는 상당히 일찍 시작했습니다.

그 당시 스왑은 접근하기 어렵고 복잡한 상품으로 인식되던 시기였던 것으로 알고 있는데요.
━━━━ 발령받을 때부터 이미 팀에서 매매를 하고 있었고, 팀 내 운용 인력이 적어서 발령 후 곧바로 스왑을 매매했기 때문에 어렵다는 생각은 하지 않았습니다.

스왑에 대해 간단한 설명 부탁합니다.
━━━━ 금융시장에서의 스왑은 현금흐름을 '교환'하는 계약이라고 보면 됩니다. 스왑은 크게 이자율 스왑IRS, Interest Rate Swap과 통화 스왑CCS(Cross Currency Swap)이 있는데, 저 같은 채권 딜러는 이자율 스왑을 주로 거래합니다. 여기서도 간단하게 이자율 스왑에 대해서만 설명하겠습니다. 이자율 스왑은 일정 기간 동안 변동금리와 고정금리를 주고받을 것을 약속하는 금융거래를 말합니다.

고정금리채권과 변동금리채권을 갖고 있는 사람이 앞으로의 금리 동향에 대해 서로 다른 예측을 할 때 거래가 성립되죠. 즉 향후 금리가 떨어질 것으로 예측하는 사람은 고정금리채권을, 오를 것으로 예측하는 사람은 변동금리채권을 가지려 할 것입니다. 그에 따라 금리 상승을 예상하는 고정금리채권 소유자는 변동금리채권으로 바꾸면 더 많은 이자를 받게 된다고 생각하고, 금리 하락을 예상하는 변동금리채권 소유자는 고정금리채권으로 바꾸면 현재 받는 이자율은 유지할 수 있다고 생각해 금리를 맞바꾸는 거래가 이뤄지는 것이죠. 추가적으로 변동금리가 CD금리면 이자율 스왑IRS이 되는 거고, 변동금리가 리보LIBOR*가 되면 통화 스왑CRS이 됩니다.

이자율 스왑을 이용해서 어떤 식으로 수익을 창출합니까?

━━━ 채권과 마찬가지라고 생각하면 쉽습니다. 먼저 매매 구조를 보면 채권을 매수하려면 일정 조달금리로 펀딩을 해와야 합니다. 즉 스왑도 IRS를 리시브Receive했을 때 CD를 페이Pay하게 되는데, 이는 곧 CD금리로 펀딩을 해서 IRS를 리시브했다고 보면 됩니다스왑 리시브(Swap Receive)는 고정금리를 수취하는 것으로 본드(Bond) 리시브 및 KTB futures long의 효과가 있다.

따라서 채권과 마찬가지로 첫 번째는 방향성Direction에 베팅해서 수익을 냅니다. 즉 시장이 강해질 것금리 하락을 예상하면 IRS를 리시브하고, 시장이 약해질 것금리 상승을 예상하면 페이를 합니다. IRS 리시브는 채권 및 채권선물 매수와 같고 IRS 페이는 채권 및 채권선물 매도와 같습니다(저자 주_ IRS 리시브 : 변동금리로 펀딩해서 고정금리를 수취하는 것이기 때문에 금리가 하락하면 조달금리가 낮아져 그만큼 수익이 발생하는 효과를 본다).

두 번째는 스프레드 전략입니다. 다양한 구간의 다양한 스프레드** 전략이 가능합니다. 예를 들어 1년 페이/5년 리시브 등의 일반

---

* 리보금리(London inter-bank offered rates, LIBOR) : 런던의 금융시장에 있는 은행 중에서도 신뢰도가 높은 일류 은행들이 자기들끼리의 단기적인 자금거래에 적용하는 대표적인 단기 금리를 말한다. 리보금리가 유명해진 것은 런던 금융시장이 세계에서 가장 역사가 길고 규모가 큰 금융시장이었기 때문이지만, 현재는 뉴욕시장이 가장 크다. 리보금리는 세계 각국의 국제 간 금융거래에서 기준금리로 활용되고 있다.

적인 전략 외 극단적으로 2.7년 페이/3.2년 리시브 등의 전략도 가능할 수 있습니다.

세 번째는 본드-스왑, 혹은 선물-스왑 같은 일종의 차익거래로 타 상품과 연계한 전략으로 수익을 내기도 합니다. 다만 채권을 매수할 때는 그만큼의 자금이 필요하지만 이자율 스왑과 선불의 경우 대용 증거금과 약간의 현금만 있으면 레버리지Leverage***로 그만큼의 매수 효과를 볼 수 있기 때문에 주요 전략의 하나로 자주 사용되고 있습니다. 예를 들어 이자율 스왑 구간 중 오버슈팅Overshooting****이 강세를 보이는 구간이 있고, 국채선물 저평가선물 저평은 '선물가격 〈 이론가격'인 경우, 즉 이론괴리율 〈 0 인 상태대(선물 고평가 : '선물가격 〉 이론가격'인 경우, 즉 이론괴리율 〉 0인 상태)

가 심화됐다고 판단하면 '스왑 페이Swap Pay+선물 매수'를 엮어서 일

** 스프레드(Spread) : 스프레드는 현물가격의 상승이나 하락보다는 통상 어느 시장에서의 동일한 선물거래 대상 상품의 두 개의 선물, 즉 근월물 선물과 원월물 선물 등 각 결제월 간의 가격 차이를 말한다. 선물시장에서의 스프레드거래는 시장의 흐름과는 관계없이 거래 대상 상품 간의 가격 차이, 즉 스프레드를 이용하여 이득을 얻고자 하는 거래이다. 거래 대상 상품이 동일하지만 결제월이 다른 종목 또는 결제월은 같으나 거래 대상 상품이 다른 선물계약을 거래함으로써 이익을 얻고자 하는 거래이다.
이는 상품 간의 스프레드, 시장 간의 스프레드, 결제월 간 스프레드 등 세 가지가 있는데 상품 간의 스프레드는 서로 다른 종류의 상품 중 결제일이 같은 선물을 동시에 매매하는 것이며, 시장 간 스프레드는 상품은 같으나 서로 다른 시장에서 거래되는 경우 시장 간에 가격 차이가 발생할 때 동시에 사고파는 것이다. 결제월 간 스프레드는 결제월 간의 시간 차이가 발생할 경우 동시에 사고파는 거래를 말한다.
*** 레버리지 : 레버리지는 '지렛대'라는 의미로 금융계에서는 차입을 뜻한다. 빚을 지렛대로 삼아 투자 수익률을 극대화하는 레버리지는 경기가 호황일 때 효과적인 투자법이다. 이는 상대적으로 낮은 비용(금리)으로 자금을 끌어와 수익성 높은 곳에 투자하면 조달비용을 갚고도 수익을 남길 수 있기 때문이다.
**** 오버슈팅(Overshooting) : 경제의 각종 가격 변수가 일시적으로 급등 또는 급락하는 현상을 말한다. 경제에 어떤 충격이 가해졌을 때 환율, 주가, 금리 등의 가격 변수가 장기 균형가격에서 크게 벗어나 급등하거나 급락한 후 시간이 지남에 따라 장기 균형가격 수준으로 회복되는 과정에서 일어난다.

종의 차익거래와 같은 전략을 구사합니다.

전략을 수립하는 데 있어 채권 Bond **대신 이자율 스왑을 활용하는 이유에 대해 설명 부탁합니다.**

━━━ 첫 번째 이자율 스왑은 펀딩 자금이 필요하지 않습니다. 100% 같다고 할 수는 없지만 채권을 매수하는 효과를 볼 수 있기 때문에 자금이 필요한 채권을 사는 대신에 이자율 스왑을 리시브합니다.

두 번째 이자율 스왑은 다양한 커브 포지션이 가능합니다커브 베팅. 만약 채권으로 커브 베팅할 경우 매도 채권을 대차해야 하지만 채권이 없어 빌리지 못할 경우도 있고, 대차 수수료가 비싸서 부담스러울 때도 있습니다.

세 번째 이자율 스왑에도 캐리운용수익-조달비용가 있습니다. 이자율 스왑도 어떤 구간이 저평가되고 고평가되어 있느냐를 분석해서 저평가 구간을 리스브하고 고평가 구간을 페이하면 스프레드Spread 포지션이기도 하지만 캐리 포지션이 될 수도 있습니다.

결론적으로 이자율 스왑을 활용하면 채권과 같은 효과를 누리면서 다양한 구간의 상품을 손쉽게 운용할 수 있고 쇼트 포지션도 쉽게 취할 수 있습니다.

RP를 운용하다 보면 이자율 스왑으로 헤지를 많이 하는데 왜 국채선물이 아닌 이자율 스왑으로 헤지를 하는지 그리고 구체적으로 어떻게 헤지하는지 궁금합니다.

임채원

━━━ 은행 간에서 거래되는 스왑 만기는 다양합니다. 스크린을 통해서 가장 대표적으로 거래되는 구간은 1, 2, 3, 4, 5, 7, 10년이지만 장외거래이기 때문에 스왑 목적에 따라 가장 짧은 구간의 경우 6개월 구간도 거래가 되고_{일반적으로 6개월 만기 상품이 단기 상품 중에서는 실무적으로 거래가 가장 많이 된다} 그 외 1.8년 15년 등 다양한 만기를 가질 수 있습니다. RP의 경우 단기 상품이기 때문에 만기가 길지 않습니다. 그런데 국채선물로 헤지를 할 경우 만기의 미스 매칭으로 인해 헤지 효과가 반감될 수 있습니다. 예를 들어 RP의 만기는 1년 이하고, 국채 3년물 선물의 경우 듀레이션*이 약 2.7년으로 길기 때문에 완전한 헤지가 되지 않습니다. 뿐만 아니라 커브의 미스 매칭으로 단기 시장과 3년물 시장 각각의 수급 및 시장 상황에 따라 반대 방향으로 움직일 때도 있어 상당한 리스크를 감수해야 합니다. 이에 비해 스왑 만기는 1년 미만 상품도 있어 어느 정도 헤지가 가능합니다.

RP 북은 어떤 식으로 운용했습니까?

---

*듀레이션(Duration) : 각 기간의 현금 유입을 만기 수익률로 할인한 현재가치에 장래의 현금흐름이 발생하는 시점까지의 기간을 가중하여 구한 값으로, 현재가치 1원이 상환되는 데 소요되는 평균상환 기간으로 정의할 수 있다. 예를 들어 1년 후 100원의 현금을 상환하는 할인채의 현재가격이 90원이라 하면 듀레이션은 (90×1년)÷90=1년이 된다. 이러한 개념의 듀레이션은 현재까지 채권의 가격 변동성을 측정하는 가장 유효한 수단으로 평가받고 있다. 순수 할인채의 경우 중도에 이자 지급이 없으므로 현금흐름이 발생하지 않아 듀레이션은 만기와 일치한다. 또한 듀레이션 혹은 채권의 금리 민감도는 다른 조건이 일정하다는 가정하에 만기, 수익률, 표면금리, 이표 지급 빈도 등에 따라 다음과 같은 특징을 갖는다. ①채권의 만기가 길어질수록 듀레이션은 증가한다. ②채권의 수익률이 높아지면 듀레이션은 감소한다. ③표면금리가 높아지면 듀레이션은 감소한다. ④이자 지급 빈도가 증가할수록 듀레이션은 감소한다.

━━━ 증권사마다 차이가 있어서 장기 채권을 담는 증권사도 있지만 대부분의 증권사들이 단기 채권을 주로 담고 있습니다. 저희 회사도 평균 듀레이션을 짧게 가져갈 만큼 원칙적이고 보수적으로 매매를 해서 금리 상승기에도 손실 변동폭이 크지 않았습니다.

채권시장에서 가장 빈번하게 사용하는 단어 중 하나가 듀레이션이 아닐까 싶습니다.

━━━ 예, 듀레이션을 비롯하여 일드커브^{Yield Curve, 수익률곡선*}, 확정^{Done, 던} 등의 용어를 가장 많이 씁니다. 듀레이션은 정확히 채권잔존만기는 아니지만 그와 유사하다고 이해하면 쉬울 것 같습니다. 가령

---

*일드커브(Yield Curve, 수익률곡선) : 금리의 만기 구조와 관련된 것으로 종축에 채권의 시장수익률을, 횡축에 만기 시까지의 잔존기간을 각각 대응시켜 채권의 잔존기간과 그 수익률 간의 관계를 나타내는 것이다. 수익률곡선은 일반적으로 우상향하는 모습을 보이나 우하향 또는 수평(flat)의 형태를 보이기도 한다. 이처럼 수익률곡선 형태가 다른 것은 경제 주체의 기대설(Expectations Theory), 유동성 프리미엄설 또는 시장 분할설 등으로 설명된다. 일반적으로 수익률곡선의 형태는 미래의 단기 이자율에 대한 예상(기대설)에 의하여 결정된다.
예를 들어 앞으로 5년간 1년짜리 단기 이자율이 연평균 10%로 예상된다면 5년 만기 채권의 이자율은 연 10%가 된다. 경제 주체들이 미래의 단기 이자율이 현재와 같을 것이라고 예상한다면 수익률곡선은 수평이 되고, 현재의 단기 이자율 이상으로 상승할 것으로 예상한다면 우상향한다. 이와 달리 미래의 단기 이자율이 현재의 단기 이자율 이하로 하락할 것으로 예상한다면 수익률곡선은 우하향하게 된다.
또한 장기 채권은 단기 채권에 비해 위험이 크며 현금화될 수 있는 유동성도 작은 것이 일반적이므로 유동성에 대한 프리미엄을 요구(유동성 프리미엄설)하게 되어 장기 금리가 올라 우상향하는 형태를 취하게 된다. 한편 시장 분할설은 채권시장이 만기에 따라 분할되어 있으며 만기가 다른 채권 간에는 전혀 대체관계가 없다고 가정한다. 즉 만기가 다른 채권의 수익률은 각 채권에 대한 수요와 공급에 의해 결정되며 다른 채권에 대한 기대 수익률 등에는 영향을 받지 않는다고 본 것이다. 이자율과 경기는 같은 방향으로 움직이기 때문에 수익률곡선이 우상향의 기울기를 보인다면 시장참여자들이 이자율의 상승, 즉 경기의 확장을 예상하고 있으며, 반대로 수익률곡선이 우하향한다면 경기의 위축을 예상한다는 것을 의미한다.

5년 국고채는 듀레이션이 5년, 1년 통안채는 듀레이션이 1년이라고 생각해도 일반인들은 무방할 것 같네요.

일드커브는 수익률곡선을 의미하는데 채권시장에서 가장 일반적으로 사용되는 전략 중 하나이기 때문에 그 용어 자체가 많이 사용됩니다. 일드커브 전략은 커브가 플랫flat. 평평한해질 것을 예상하면 장기물을 사고 단기물을 팔고, 반대로 커브가 스팁steep. 가파른해질 것 같으면 장기물을 팔고 단기물을 사서 수익을 추구하는 전략입니다.

확정이라는 용어는 채권 현물시장이 장외시장이기 때문에 브로커들과 거래할 경우 원하는 가격에 사고팔 때 외치는 단어입니다. 다만 스왑에서는 마인Mine, 유어스Yours라는 용어를 사용합니다. 마인은 상대 오퍼Offer. 팔자에 내 비드Bid. 사자를 체결시키는 것이고, 유어스는 그 반대의 경우에 사용합니다. 하루 동안 이 말을 수십 번씩 외치죠.

팀 인원이 적었는데도 수익은 괜찮았나 보죠?

━━━━ 예, 수익이 안 좋았다면 조직을 개편하거나 운용 인원을 충원했겠죠.

매매를 많이 하게 되면 에너지도 많이 소진되고 수수료 비용도 만만치 않아 득만큼이나 실도 클 것 같은데요?

━━━━ 개인적으로 매매하는 것을 즐겼습니다. 그리고 수수료 등의 비용을 계산하면 실이 되는 부분도 무시할 수 없습니다. 하지만 전체적인 그림을 놓고 봤을 때 매매는 많이 하면 할수록 좋다고 생각합니다. 또한 채권 운용은 단순히 방향성 매매 외에도 상대적으로

싼 물건을 사고 비싼 물건을 팔아서 담는 등의 교체 매매도 중요하기 때문에 거래를 많이 할 수밖에 없습니다.

교체 매매에 대해 구체적인 예로 설명해주세요.

■■■■■ RP 상품은 운용사와 마찬가지로 기본적으로 채권을 들고 가야 합니다^{채권 보유}. 그래서 자본 차익의 극대화 외에 캐리의 극대화가 중요해질 수밖에 없습니다. 비슷한 듀레이션의 채권을 보유할 경우에는 상대적으로 캐리 수익이 좋으면서 리스크가 적은 종목을 담는 것이 좋습니다. 커브 안에서 수급이라든지, 여러 다른 이유로 저평가된 종목이 있고 고평가된 종목이 있을 수 있습니다. 예를 들어 고평가된 국채 3년물^{채권}을 팔고 저평가된 국주^{국민주택채권} 3년물을 담을 수도 있고, 같은 국고채라도 지표채권*과 비지표채권의 차이 혹은 바이백**, 입찰 여부로 인해 가격 차이가 발생할 경우 싼 채권을 사

---

*지표채권 : 각 채권시장의 대표 채권으로 풍부한 유동성으로 인해 채권시장에서 가장 활발하게 거래되는 채권을 말한다. 지표채권은 국가가 지정하는 것이 아니라 전적으로 시장참여자들이 정하게 된다. 2000년 5월 국채통합발행(각각 다른 시점에 발행되는 국채의 만기와 이자를 동일하게 발행함으로써 시장에서 동일 종목으로 거래될 수 있도록 한 것이다. 그 결과 국채통합발행에 의하여 발행되는 종목은 일정 수준 이상의 발행 규모를 확보할 수 있었다) 제도가 도입된 이후, 국채 지표물은 일반적으로 통합 발행에 의하여 신규 발행되는 종목으로 결정되어왔다. 흔히 가장 최근에 통합 발행된 종목이 새로운 지표물이 된다는 점에서 지표물을 '최근물'이라 부르기도 하며, 그 전에 발행되어 지표물에서 탈락한 비지표물을 '경과물'이라고 부르기도 한다. 다만 최근물이라도 발행횟수가 적었거나 발행잔액이 이에 미치지 못한 몇몇 경우에 신규 발행 종목이 지표물의 자리를 차지하지 못하거나, 그 이전 지표물과 경합하는 경우도 있었다. 이렇게 거래가 용이하다는 점 때문에 지표채권은 프리미엄을 받게 되어 동일한 채권이라도 지표채권이 되면 가격이 오르고, 지표채권에서 탈락하면 가격이 하락하게 된다. 지표채권 프리미엄에 영향을 미치는 요인은 시장의 유동성 상황, 시장의 불확실성, 기관 투자자의 역할 등으로 풀이된다.

고 비싼 채권을 파는 경우도 있습니다. 이런 식으로 조금 더 액티브하게 매매를 했습니다.

2010년 외국계 은행으로 옮기기 전에 다른 기관 등에서도 오퍼 Offer, 이직 제**의를 받았나요?**

━━━━ 타 증권사나 운용사 등에서 오퍼를 받긴 했지만 S 증권 채권 운용팀은 기본적으로 오퍼가 많이 들어오지 않습니다. 타 회사로의 이직이 많지 않아서 시장에서는 으레 옮기지 않을 거라고 생각하는 경향이 짙습니다.

대형 증권사들은 일반적으로 업무량과 실적에 비해 성과급이 적은 편이죠?

━━━━ S 증권뿐만이 아니라 대부분의 대형 증권사들이 지금도 성과급이 박합니다. 대형 증권사들은 여러 면에서 회사에서 제공해주는 이점들이 있어 성과급이 적을 수밖에 없습니다. 다만 일의 양이 많긴 했지만 저희 팀이 대형 증권사 중에서 운용 인원이 가장 적었

바이백(Buy Back) : 주식시장에서 기업들이 주가 안정을 위해 자기 회사 주식을 사들이는 것과 비슷한 것이 채권시장에도 있다. 채권은 만기가 정해져 있는데 만기가 도래하기 전에 채권을 시장에서 되사들이는 것을 바이백(Buy Back)이라고 한다. 일반 기업들은 자금 운용 차원에서 바이백을 이용한다. 자금에 여유가 있고 현재 금리가 낮은 수준이라면 과거 고금리로 발행했던 회사채를 바이백하는 경우가 많다. 지금 금리가 낮으므로 금리가 높을 때 발행한 회사채를 바이백해서 금융비용을 줄이는 것이다. 정부도 바이백을 하는데, 즉 정부가 발행한 국채를 되사들이는 것이다. 국채 바이백은 정책적인 이유로 이뤄지는데, 재정에 여유가 있을 때 국가 부채를 줄이기 위해 바이백이 이용된다.

음에도 7~8시면 퇴근을 할 수 있었습니다. 그래서 다른 증권사들이 많은 인원을 두고 늦게까지 근무하는 것을 이해하지 못할 때도 있었죠.

그러나 인원이 많으면 경쟁구도가 형성되어 초과 성과를 거둘 수도 있고, 개인 간 시너지도 높일 수 있어 인원이 많은 것이 꼭 나쁜 것만은 아니라고 생각합니다. 다만 사람의 몸과 마음은 주어진 환경에 맞춰가고 적응해가기 때문에 똑같은 일을 5명이 하든 10명이 하든 인원이 적다는 이유로 일이 힘들다고 생각해본 적은 없습니다.

채권 운용팀에 있으면서 기억나는 매매가 있습니까?

────── 지금과는 사뭇 차이가 있지만 그때는 시장에 임팩트^{Impact} 있게 매매를 해야겠다는 생각을 많이 했습니다. 그래서 시장참여자들이 당황할 만한 매매를 가끔 했습니다. 즉 시장에서 예측하지 못한 재료가 나왔을 때 그 재료를 신속하게 분석하고 큰 포지션으로 베팅해서 다른 시장참여자보다 먼저 능동적으로 수익을 내는 경우가 많았습니다.

마켓 메이커^{Market Maker}처럼 시장을 움직여보려는 생각이 있었나요?

────── 트레이더라면 누구나 시장을 움직여보고 싶은 마음이 있을 것 같은데요. 증권사만 참여하는 스왑시장이 커지기 시작할 때 제 사수와 함께 마켓 메이커 역할을 했습니다. 채권시장은 채권의 종목도 많고 시장참여자도 다양해서 장내에서 거래되는 PD 종목 몇 개를 제외하고는 마켓 메이커 역할을 하기가 어렵습니다. 그러나 스왑

증권사 마켓은 초기 시장이고 증권사들의 참여도 많지 않아 마켓 메이커 역할을 충분히 할 수 있었습니다. 투 웨이^{Two Way, 매수/매도} 호가를 계속 내서 체결시켰기 때문에 거래량도 상당히 많았습니다.

마켓 메이커 역할을 했지만 초기 시장이어서 호가도 띄엄띄엄 있고, 시장 참여자도 많지 않아 수익 내기가 쉽지 않았을 것 같은데요?

━━━━ 초기 시장에서 마켓 메이커 역할을 하면서 수익을 냈느냐 못 냈느냐는 부차적인 문제라고 생각합니다. 마켓 메이커 역할을 함으로써 얻을 수 있는 직·간접적인 이점을 생각해보면 초기 손실이 발생해도 향후 상쇄하고도 남는 메리트들이 분명 있습니다. 즉 마켓 메이커 역할을 하면 다른 증권사들의 움직임과 분위기를 파악할 수 있고, 그 시점에서는 시장에서보다 안 좋은 가격에 매매할 수도 있습니다^{은행 간 스왑시장이라는 비교 대상이 있다}. 하지만 손실을 확정하고 매매를 청산하는 것도 아니고, 버텨서 수익을 내거나 그와 연계된 다른 상품에서 수익이 발생할 수도 있기 때문에 직접적으로 손실이라고 보지 않습니다.

지금도 마켓 메이커 역할을 하는 것이 실보다는 득이 많다고 생각합니다. 마켓 메이커를 할 수 있으면 51:49라도 시장을 내가 원하는 방향으로 움직이게 할 수 있다는 점에서 이점들이 많다고 봅니다.

물론 원하지 않는 포지션을 얻어 맞을 때도 있어^{포지션을 취할 때도 있어} 어떤 딜러들은 마켓 메이커 역할을 싫어합니다. 하지만 초기 시장에서 마켓 메이커 역할을 하다 보면 시장이 활성화되었을 때 정보나 시장 대응능력에서 늦게 진입한 딜러들보다 분명 좋은 위치에서 매매할 수 있습니다(저자 주_몇몇 증권사들이 인터뱅크 마켓^{Interbank Market, 은행}
^{간 시장}에서 간헐적으로 스왑거래에 참여하기는 하지만 아직까지는 일반적이지 않
다. 그래서 증권사들만의 스왑시장을 만들어 스왑거래를 하고 있지만 최근에는 스
왑시장 자체의 거래량이 줄어들고 증권사들도 스왑 운용을 소극적으로 하다 보니
증권사 스왑시장이 활성화되지 못하고 있다. 따라서 궁극적으로는 증권사들도 인
터뱅크 마켓으로 편입되어 스왑거래를 하는 방향으로 갈 가능성이 커지고 있다).

시장에서
내 주장을
강하게 하지 마라

**매매할 때는 기본적 분석을 주로 합니까, 아니면 기술적 분석에 많이 의
존합니까?**

━━━━ 기술적 분석은 레인지를 정하기 위해 이평선 정도만 참고합
니다. 저는 주로 펀더멘탈 분석에 의해서 매매를 합니다. 또한 RP 매
매를 오래했던 영향인지 스캘퍼^{Scalper, 가장 짧은 기간 동안 포지션을 갖는 투자자}처럼
단타로 빈번하게 진입/청산하는 매매보다는 한 번 포지션을 잡으면
시간적으로 길게 끌고 가는 편입니다. 또한 펀더멘탈과 함께 당시의
테마를 찾으려고 집중합니다. 지금 테마가 경기둔화면 그에 맞는 포
지션을 잡은 후 오래 끌고 가는 거죠.

포지션을 잡으면 오래 끌고 간다고 했는데, 경우에 따라 다르겠지만 평

균 어느 정도의 기간 동안 포지션을 끌고 갑니까?

▬▬▬▬ 예전 RP 북을 주로 운용할 때는 최소 3~4개월 이상씩 길게 끌고 갔지만, 지금 프랍 북을 운용하면서는 예전처럼 길게 포지션을 가져가지는 못합니다. 또한 은행 내 아시아 지점들의 모든 트레이더 성적이 매일매일 공개되기 때문에 단기적인 성과에 신경을 쓰지 않을 수 없습니다. 그래서 포지션을 잡아도 평균 어느 정도의 기간 동안 유지한다는 개념 자체가 없어졌습니다.

추세가 유지되는 동안은 포지션을 끌고 가지만, 데일리로 어떻게든 조금 더 벌어보기 위해 단기 매매도 많이 하는 편입니다. 예를 들어 수익 포지션이 되면 예전에는 목표가격까지 견디면서 들고 있었지만, 지금은 단기간에 급등하면^{매수 시} 목표가격에 도달하지 못했더라도 일단 차익 실현을 한 후 다음 베팅을 구상합니다. 반대로 손실이 발생할 경우에도 손실 한도까지 기다리지 않고 손실이 커지기 시작하면 일단 포지션을 축소하고 다시 베팅하는 식이죠. 물론 보스의 성향에 따라 조금씩은 차이가 있지만, 어쨌든 S 증권 시절보다는 확실히 그 기간이 짧아졌습니다.

매매할 때 본인이 반드시 지키는 매매 원칙이 있습니까?

▬▬▬▬ "시장에서 내 주장을 강하게 하지 말자"입니다. 시장이 늘 옳다는 생각을 하는 거죠. 내 원칙이 확고하다는 것은 내 주장이 강한 것일 수 있어, 흔히 매매 관련 서적에서 쉽게 접할 수 있는 여러 격언들을 따르기보다는 내가 틀리고 시장이 옳다는 생각에만 집중해서 매매하려고 합니다.

즉 시장이 가는 대로 따라가려고 최대한 노력합니다. 포지션 트레이더처럼 무작정 길게 끌고 갈 수도 없고 손익 관리도 해야 하기 때문에 내 생각과 시장이 반대로 움직이면 내 포지션을 꺾고 그 방향으로 갈아타는 경우도 종종 있습니다.

채권 딜러들은 순수한 방향성 매매 외에도 차익거래 및 다른 상품과 연계된 전략 매매들도 상당히 많이 하는데 본인의 경우는 어떻습니까?

━━━━ 기본적으로 외국계 은행은 대차거래가 용이하지 않습니다. 시스템이 갖춰지지 않은 곳도 많고, 세부 규제 조항들도 많아서 채권 딜러들이 많이 취하는 본드 커브 베팅*도 하기 어렵습니다. 더군다나 매수할 수 있는 채권 종목도 국고채와 통안채 등으로 한정되어 있어 다양한 종목을 매매하기도 어렵죠. 은행채, 회사채, 공사채 등을 담을 수 있는 크레딧 북이 따로 정해져 있는 외국계 은행도 있지만 몇몇 외국계 은행에 국한되어 있을 뿐입니다. 이는 리스크 관리 차원에서 채권을 정부 발행 채권으로 한정시켜놓고 대차거래도 카운터파트^{Counterpart, 거래 상대 기관} 리스크를 따지기 때문에 못하게 합니다.

당연히 커브 베팅도 못하고 차익거래도 할 수 없기 때문에 외국계 은행의 트레이더는 디렉션^{Direction, 방향성} 매매에 집중하는 경우가 많

---

*본드(채권) 커브 베팅 : 일드커브 전략(Yield Curve Strategy)을 말한다. 수익률곡선 기울기에 베팅하는 것으로, 단기물과 장기물의 금리 차가 줄어들 경우 일드커브가 플래트닝(Flattening, 평탄화)되고 금리 차가 커질 경우 일드커브가 스팁핑(Steepening, 가파름)해지는 것에 베팅하는 전략이다.

습니다. 물론 외국계 은행의 경우 스왑과 엮어서 전략 매매를 하는 경우가 많지만, 이 역시 채권 쇼트가 안 되다 보니 전략에 한계가 있습니다.

그런 단점들에도 불구하고 외국계 은행 트레이더로서 장점을 든다면 어떤 것이 있을까요?

━━━━ 가장 큰 장점은 시장을 글로벌하게 볼 수 있다는 거겠죠. 채팅방에서 채팅을 통해 시장 얘기를 하는 트레이더들이 전 세계에 포진해 있기 때문에 글로벌 흐름에 대한 분위기 파악과 정보 수집은 확실히 빠릅니다.

예를 들어 2012년 7월 기준금리 인하 전에 국내 기관 대부분의 채권 딜러들은 콜금리와 역전된 3년, 5년물 채권들을 역마진을 감수하면서 매수하는 것을 주저하고 꺼릴 수밖에 없었습니다. 그러나 국내 금융기관의 조달금리가 콜금리에 가산금리를 더해 3.5% 전후였다면 외국계 투자자의 경우 0% 조달금리도 있고 1% 조달금리도 있기 때문에 국내 기관과 달리 3% 전후의 채권을 매집하는 데 망설임이나 주저함이 없습니다.

또한 유럽이나 미국 등에서 유출된 해외 자금이 아시아시장으로 유입될 때 상당한 사이즈로 일시에 들어오기 때문에 그 영향력과 파급 효과가 상당함을 인정해야 합니다. 이렇게 세계 각국의 트레이더들과 접하다 보면 시장을 글로벌하게 생각할 수 있고 매매에 대한 시각 자체도 상당히 넓어집니다.

두 번째로 트레이딩은 기본적으로 유동성이 풍부하고 변동성이 좋은 시장에서 돈을 버는 것이기 때문에 한국시장이 여의치 않거나 본인이 원한다면 한국 외 다양한 시장의 다양한 상품들을 직접 매매할 수 있다는 장점이 있습니다(저자 주_일반적으로 채권의 수익률곡선은 우상향을 나타낸다. 그러나 이 당시 부정적인 경기 전망이 지배적이어서 채권 수익률곡선이 우하향을 나타내고 있었다).

외국계 은행에 입사를 원하는 대학생들이나 젊은이들에게 한마디 부탁합니다.

━━━ 첫째, 어느 조직이든 장단점이 있습니다. 제가 앞에서 언급한 장단점을 비교해보고 올 수 있다면 오라고 얘기해주고 싶습니다. 다만 주어진 환경에 안주하려 하지 말고 도전정신을 가지고 더 넓은 세계로 진출하라고 얘기해주고 싶습니다. 런던 금융시장과 뉴욕 금융시장은 차치하더라도 아시아권인 싱가포르 금융시장과 홍콩 금융시장도 인도계와 중국계가 거의 점령한 상황입니다. 인도계는 똑똑하고 영어가 되기 때문에, 중국계는 지리적인 이점 등으로 우위를 점하고 있지만 우리나라 트레이더라고 그 시장을 장악하지 말라는 법은 없습니다. 어차피 사람 사는 세상이니까 큰 꿈을 가지고 큰 무대에 도전하라고 말해주고 싶습니다. 더불어 당부 차원에서 일반 샐러리맨 이상으로 버는 만큼 가져갈 수 있고, 글로벌한 기회도 열려 있지만 영화에서 보는 것과 같은 트레이더 세계에는 환상이 없다는 것을 명심했으면 좋겠습니다.

둘째, 기회를 갖는 것이 중요합니다. 예전에 운용이라고 하면 운용사의 펀드 매니저만 알던 시절이 있었지만 조금만 눈을 돌려보면 증권사나 은행의 딜러 외에도 보험사나 연기금 등에서 운용하는 딜러들이 많습니다. 일단 매매를 하고 싶다면 그 분야로 진출하는 게 중요하겠고, 기회가 왔을 때 받아들일 수 있는 위치에 있도록 많은 준비를 하는 것도 중요합니다.

셋째, 외국계 은행은 사이shy, 수줍음이 많은한 사람보다는 어그레시브aggressive, 능동적인한 사람이 적응하기 쉽습니다. 외국인들은 자기 주장이 강하고 자기에 대해 쇼업Show up하는 것이 일반적이어서 그런 사람들과 어울리려면 그에 맞춰가는 게 옳겠죠. 한국에서도 세계적인 딜러가 탄생하기를 희망해봅니다.

임채원 이사와의 인터뷰는 외국계 은행에 입사를 희망하는 젊은 이들에 대한 당부와 격려로 마무리하였다. 국내 증권사에서 9년 동안 근무한 후 외국계 은행으로 이직한 사례이기 때문에 누구보다도 객관적이고 냉정하게 외국계 은행에 대한 생리와 장단점을 분석하고 얘기해주었다.

외국계 은행 트레이더의 단점은 스트레스가 많고, 트레이딩 수명이 짧을 수 있으며, 자기 세계에만 갇힐 수 있다는 점이다. 하지만 이 부분은 모든 트레이더의 단점이기도 하다. 운용 환경과 급여 조건이 달라지지는 않았으나 국내 금융사의 조건이 좋아지면서 격차가 현격히 줄어들어 이제는 상대적으로 큰 비교우위가 되지 못한다. 또한 외국계 은행은 국내 회사가 아니기 때문에 임원의 포지션까지 가기 위해서는 국내 회사보다 몇 배의 노력이 필요하다.

반면 장점은 잘하는 만큼의 보상을 받을 수 있고, 운용에 있어 다양한 상품을 상당한 한도로 운용해볼 수 있다. 또한 세계 각지의 트레이더와 인적 네트워크를 쌓으며 글로벌한 감각을 키울 수 있으며, 실제로 해외 금융시장 진출의 기회도 주어진다. 더불어 자유로운 분위기 속에서 타 금융권보다 많은 휴가를 즐길 수 있다.

상당 부분을 외국계 은행에 대한 이야기들로 채우고 있어 매매 원칙을 비롯하여 매매 전반에 대한 비중이 상대적으로 적었다는 아쉬움은 있다. 하지만 적지 않은 나이에 외국계 은행에 스카우트되었다는 흔하지 않은 이력과 지금도 외국계 은행에서 승승장구하며 만족할 만한 성과를 거두고 있다는 점이 그의 트레이딩 실력을 반증하는 것이라 본다.

그의 매매 원칙은 "시장에서 내 주장을 강하게 하지 말자"이다. 즉 시장이 옳고 내가 틀릴 수 있음을 늘 염두에 두고 매매를 하라는 것이다. 시장은 끊임없이 변하기 때문에 모든 변화들에 민감하게 반응할 수는 없지만, 추세가 형성된다고 판단되면 자신의 뷰^{관점}와 일치 여부를 떠나 그 흐름에 베팅을 하는 것이다.

비록 그의 매매 원칙이 한 줄로 요약되긴 하나 이 짧은 문구 안에 그의 시장에 대한 겸손함과 시장을 있는 그대로 받아들이는 유연함을 읽을 수 있었다. 매매뿐만이 아니라 일상생활에서도 사람에 대한 배려와 겸손함을 잃지 않는 그의 태도가 향후 큰 이점으로 자리매김할 것으로 생각된다.

외국계 은행의 특성

- 다양성 : 다양한 문화적 배경을 가진 다양한 국적의 다양한 개성을 가진 사람들이 조직을 구성한다.
- 플로우Flow : 트레이딩으로 수익을 거두는 것 이상으로 클라이언트의 니즈Needs에 맞게 세일즈와 협력해서 상품을 잘 파는 역할이 중요하다.
- 의사결정 : 전반적인 의사결정이 글로벌한 시각으로 신속하게 이뤄지고, 객관적인 숫자성과로 평가받는 경우가 일반적이다.

외국계 은행의 장단점

장점
- 다양한 상품을 큰 한도로 운용할 수 있다.
- 세계 각지의 딜러들과 인적 네트웍트를 쌓으며 글로벌한 시각을 가질 수 있다.
- 해외 금융시장으로의 진출 기회가 열려 있다.
- 본인의 능력에 따라 상당한 보상을 받을 수 있다.

단점
- 스트레스가 많고 직업 수명이 짧을 수 있다.
- 국내 금융사들의 운용 환경과 급여제도가 개선되면서 외국계 은행이 가졌던 상대적인 이점들이 줄어들었다.
- 외국계 은행은 국내 회사가 아니기 때문에 임원이 되기 위해서는 국내 회사보다 몇 배의 노력이 필요하다.

03

6개월 신참 딜러,
나도 살아남고 싶다!

신참 딜러

1년 미만의 신입 딜러를 섭외하는 것은 쉬운 일이 아니었다. 대형 증권사 운용 부서의 경우 일정 주기로 신입 딜러를 채용하는 까닭에 섭외가 쉬울 수 있었다. 그러나 그런 부서의 경우 1년 미만의 신입 딜러가 하는 일은 미들 오피스를 병행하는 경우가 많고, 실제 운용을 한다 하더라도 한도와 성과에 대한 인센티브가 거의 없거나 미진하다.

1년 미만의 신입 딜러지만 자신의 성과 정도에 따라 타 금융권의 과·차장급 이상의 연봉을 받는 딜러를 섭외하려다 보니 어려움이 있었다. 왜냐하면 2010년에 들어서면서 변동성이 줄어 절대 수익 자체가 감소했으며, 그런 운용팀의 경우 개인 실적제로 성과 배분이 되다 보니 신입 딜러를 뽑아서 키우려 하지 않았기 때문이다.

섭외를 위한 다양한 노력 끝에 탁월한 성과를 보여주고 있지는 않으나 그래도 딜러로서의 생존을 위한 1차 관문인 3개월 이상을 버텼고, 6개월이 지난 시점부터는 실적이 플러스 전환하며 꾸준한 상승세를 보여주고 있는 딜러를 섭외하였다.

신참 딜러의 섭외는 실명이 아닌 익명을 원칙으로 정했다. 6개월 밖에 안 된 신참 딜러를 섭외하는 데 있어 익명을 원칙으로 한 이유는 인터뷰이 본인에게 다음과 같은 부정적인 영향을 미칠까 걱정되었기 때문이다.

첫째, 남자들이 피해야 할 3가지 불행으로 초년출세, 중년상처, 말년무전初年出世, 中年喪妻, 末年無錢을 뽑곤 한다. 어린 나이에 주니어 딜러를 대표하는 1명으로 소개됨으로써 혹여 본인의 실력 여부를 떠나 지나친 자만심에 빠질까 우려되었기 때문이다.

둘째, 어린 나이에 주변의 시선을 의식해서 평소와 다르게 과하게 욕심을 부리거나 몸에 힘이 들어가 매매에 좋지 않은 결과를 유발할까 걱정이 되었기 때문이다. 6개월 경력의 딜러가 매매를 잘해야 얼마나 잘하고 못해야 얼마나 못하겠는가? 이 책에서 필요했던 부분은 어떻게 딜러가 될 수 있었는지와 신참 딜러로서의 생생한 심경이었다.

셋째, 지극히 생존확률이 낮은 딜러 세계에서 1년 미만의 딜러가 살아남을 확률은 10%에 미치지 못한다. 혹여 인터뷰이로 책에 실린 후 딜러 세계에서 퇴출될 시 마치 낙오된 인생처럼 비춰질까 그 부분도 심히 걱정이 되었다.

이러한 이유들로 신참 딜러는 익명을 원칙으로 서면 인터뷰 형식으로 인터뷰가 진행되었다. 이 신참 딜러는 지점 영업으로 증권사 업무를 시작해 회사 내 운용 파트로 이동할 수 있는 내부 프로그램을 통해 운용팀에 첫 발을 내디뎠다. 딜러가 된 지 6개월밖에 안 되었지만, 이 신참 딜러는 다른 선배들처럼 좋은 딜러로 성장하고 싶다고 포부를 밝혔다.

언제부터 운용을 시작했습니까?

──────── 2012년 4월부터 운용을 시작해 현재 6개월이 되었습니다.

대학 때부터 운용에 관심이 있었습니까?

──────── 대학에 다닐 때는 전공이 건축공학이었기 때문에 증권업계에 대해 잘 몰랐습니다. 군 제대 후 복학했을 당시 경제학 강의를 들으면서 주식에 대해 관심을 가졌습니다. 직접 주식 매매를 시작한 지 얼마 안 되어 금융위기2008년 리먼 사태가 오면서 이슈도 많아지고 주식 매매에서 손실도 보면서 증권업계에 관심을 가지게 됐습니다.

증권사 내에서도 운용 파트가 있다는 것을 알았지만 진입장벽이 높다는 사실에 구체적으로 알아보지는 않았습니다. 그래서 증권사에 지원할 때도 상경계열이 아니었고 대학원을 다니지도 않았기 때문에 바로 운용 쪽으로 갈 수는 없다고 생각해서 지점으로 지원했습니다.

지점 근무 중 운용에 대한 관심이 많았습니까?

──────── 지점에서는 개인 영업을 통해 고객의 자금으로 주식 매매를 돕거나 금융상품 판매 등을 했는데 아무래도 주식 매매를 함에 있어서 고객을 설득하는 과정이 쉽지 않았습니다. 그리고 지점에서는 고

객이 지불하는 수수료가 중요하기 때문에 여러가지 제약 조건이 많았습니다. 즉 자신의 견해에 따라 매매를 하고 싶어도 고객을 설득하는 과정이 필요하고 제 판단이 틀렸다는 생각이 들어 손절매*를 하고 싶어도 하지 못하는 경우도 많았습니다.

금융업계 내로 들어왔기 때문에 대학 때에 비하면 운용 파트에 관해 많은 이야기를 들을 수 있었지만, 당장 지점 일을 배우고 영업을 하는 일이 어려웠기 때문에 지점에서 근무할 때는 생각보다 많은 관심을 갖지는 못했습니다.

지점 근무 중 어떤 계기로 운용 파트로 이동하게 됐습니까?

■■■■ 현재 운용팀에서 신입사원 중 1명을 내부에서 충원하기로 했는데 제가 후보로 면접을 보게 되었고, 운 좋게 뽑히게 되었습니다. 결과적으로 제 계획보다 빨리 이동할 수 있게 되었습니다. 입사 당시 저희 회사에 주기적으로 2~3년에 한 번 지점 근무자 중 지원자를 받아서 시험과 면접을 거친 후 몇 달간의 교육을 통해 저희 회사나 다른 계열사 운용 파트로 이동할 수 있는 내부 프로그램이 있습니다. 그래서 착

---

*손절매 : 가지고 있는 주식의 현재 시세가 매입가격보다 낮은 상태이고, 향후 가격 상승의 희망이 전혀 보이지 않는 경우에 손해를 감수하고 파는 것을 말한다. 즉 큰 손해를 방지하기 위해 일정액의 손해를 감수하고 매도하는 것이다. 손절매의 반대되는 것이 물타기라고 볼 수 있다. 즉 매수 포지션을 가진 상황에서 하락할수록 매수 물량을 증가시키는 것이다. 손해가 유발된 종목에 대해 적절한 시점에 손절매를 잘한다면 그만큼 수익 내는 것이 쉬워진다. 주식은 상승과 하락으로 크게 대별해볼 때 상승을 예견해 매입하지만, 예상이 빗나가 하락하는 종목도 있을 수 있다. 따라서 하락이 예상된다면 실패를 인정하고 발빠르게 손절매로 대처하는 것이 현명하다.

실히 준비를 해서 이 프로그램을 통해 운용직으로 이동할 계획을 가지고 있었습니다.

실전 매매 전 연수기간이 있었습니까?

━━━━ 팀에 발령을 받고 3개월 동안 팀원들에게 OJT*를 받았습니다. 모든 팀원들이 일주일씩 교육을 담당해줬습니다. 실제로 OJT 교육을 위해 일주일씩 기간을 할당해 팀원들이 교육을 해주었습니다. 장중에 팀원들의 매매 내역을 보는 것만으로도 큰 교육이 됐습니다. 각 팀원들이 주로 보는 지표나 매매 스타일이 조금씩 다르기 때문에 국채**와 달러시장의 기본부터 시작해서 실전 매매까지 다양하게 배울 수 있었습니다. 또한 기술적 분석*** 위주로 가르쳐주는 분도 있었고, 매매할 때의 마음가짐이나 태도에 대한 내용을 중심으로 가르쳐주는 분도 있었습니다.

---

* OJT(On-the-Job Training) : 직장 내 교육 및 훈련을 말한다. 종업원과 경영자가 직무를 수행함으로써 기업 목적 달성에 기여하는 동시에, 직무에 대한 훈련을 받도록 하는 제도다. 팀워크 조성이나 영향력이 강한 직속 상사가 업무에 대한 지식, 기능, 태도를 포함한 전인교육을 실시함으로써 사풍의 확립과 개인의 능력개발에 대한 성취감을 갖고 체계적 업무 수행능력을 배양하도록 돕는다.
** 국채 : 중앙정부가 자금조달이나 정책 집행을 위해 발행하는 만기가 정해진 채무증서를 말한다. 채권은 정부나 공공기관 및 일반 기업들이 투자자들로부터 자금을 조달하기 위해 발행하는 차용증서다. 국채는 국가가 발행하는 채권으로, 조세와 함께 중요한 국가 재원의 하나이다. 국채는 특별한 경우 외에는 '공공자금관리기금'의 부담으로 재정경제부 장관이 발행하며, 국채를 발행하고자 할 때에는 국회의 의결을 얻어야 한다. 국채는 정부가 원리금 지급을 보장해 기업들이 발행하는 회사채에 비해 안전성이 높다는 장점이 있다. 우리나라 채권시장 규모는 약 1,263조 원에 이르고 이 중 국채 및 통안채시장이 577조 원을 차지하고 있다(기획재정부 국채시장 2012년 9월 기준).

OJT 교육을 진행하면서 모의 매매도 시작했고 모의 매매 내용을 일지로 작성하면서 차트를 보고 기술적 분석을 해보거나 매일매일의 주요 기사를 스크랩하는 교육을 계속 진행했습니다. 교육을 마친 후에는 연수 보고서를 작성하고 팀원들 앞에서 앞으로의 매매에 대해 발표하는 시간을 가지고 피드백을 받았습니다.

실전 매매 시작 후 어떤 종목을 매매했습니까?

━━━ 국채선물과 달러선물을 매매했습니다. 하지만 많이 부족한 상태에서 두 시장을 보면서 거래하려고 하니 양 시장에서 모두 손실이 발생했고, 특히 국채보다 달러 쪽의 손실이 더 컸습니다. 그래서 팀원들과 의논해본 결과 그 당시 유동성****이 좀 더 좋은 국

***기술적 분석 : 증권의 분석에는 일반적으로 기본적 분석과 기술적 분석으로 구분된다. 기본적 분석은 증권의 내재가치를 산출하는 데 초점을 집중시키는 것이고, 기술적인 분석은 내재결정에 영향을 주는 기본적 요인들보다 주가와 거래량의 과거 흐름을 분석하여 주가를 예측하는 것이다. 기술적 분석이란 주가는 수요와 공급에 의해서만 결정되는 것이며 수요와 공급을 기본적으로 중시하는 기본적인 변수 이외에 투자자들의 투자심리, 시장에서의 인기도, 기타 시장 분위기 등과 같이 측정불가능한 요인까지도 반영되기 때문에 주가를 가장 정확히 예측하기 위해서는 주가와 거래량 등을 검토해야 한다. 따라서 기술적 분석가들은 주가 자체 또는 거래 활동 등을 계량화, 도표화하여 그것으로부터 과거의 일정한 패턴이나 추세를 찾아내고 이 패턴을 이용하여 주가의 변동을 예측하고자 한다. 결국 기술적 분석은 다른 방법보다 매매 시점 포착에 중점을 둔 증권분석 방법이라고 할 수 있다.

****유동성 : 경제학 용어로 얼마나 쉽게 교환의 매개 수단으로 바꿀 수 있는지를 나타내는 개념이다. 화폐는 교환의 매개수단으로 유동성이 가장 높은 것이고, 주식이나 채권도 화폐로 교환하기에 비교적 유동성이 높다. 번면 부동산, 미술품은 유동성이 낮다. 유동성이 낮은 것은 거래 빈도도 낮고 투자 자금이 장기간 잠겨 있기 때문에 환가가 어려워 의사결정을 어렵게 한다. 부동산의 유동성을 높인 것이 주택저당채권을 증권이나 채권으로 바꿔 시장에서 거래시킨 것이다. 한편 금융, 실물 등 전 분야에 돈이 과도하게 풀린 상태를 '과잉 유동성'이라고 한다. 이 글에서는 변동성 및 거래량과 비슷한 의미로 사용되고 있다.

채선물시장에 집중하기로 결정하였고, 현재는 국채선물에 집중해서 거래하고 있습니다.

첫 달 성과는 어땠습니까?

━━━ 매매를 시작한 첫날 손실이 크게 발생해서 그 후 만회하려고 했지만 다 복구하지는 못하고 결국 손실로 마감했습니다. 사실 첫날에 과하게 욕심을 부린 면이 있었습니다. 실전 매매는 처음이었기 때문에 조심해서 매매했어야 했는데, 제 한도 대비 큰 포지션*을 들고 매매를 시작해서 결론적으로 손실을 감당할 수 없게 되자 계속 손절을 했습니다. 결국 첫날 큰 손실이 발생하자 다음날부터 심리가 위축되어 굉장히 소극적으로 매매를 했습니다.

몇 달 동안 손실이 발생했나요?

━━━ 6개월 중 4개월까지 월 손익이 마이너스를 기록했습니다. 상당히 오랜기간 마이너스를 유지하고 있었습니다. 한도가 크지 않

---

*포지션 : 선물거래나 주식거래에서 개별 투자자 자산의 현재 형태를 뜻한다. 자산의 상태를 변화시키는 매도나 매수에 대비되는 개념으로 거래한 결과를 나타낸다. 크게 매도 포지션과 매수 포지션으로 나눌 수 있으며, 자금 포지션·유동성 포지션·액추얼 포지션·대외 단기 포지션·오픈 포지션·순수 포지션 등이 있다.
이중 매도 포지션은 매도한 뒤의 자산 상태이므로 대상 자산이 부족해진다. 따라서 채무를 지닌 상태로 쇼트 포지션(short position)이라고도 한다. 이에 비해 매수 포지션은 매수한 뒤의 자산 상태로 롱 포지션(long position)이라고도 한다. 외국환시장에서는 일정한 외환의 매도액과 매입액의 차액으로 환위험(exchange risk)에 노출된 부분을 말하며, 외국환 포지션이라고도 한다. 마케팅에서는 제품이 소비자에 의해 지각되고 있는 모습을 의미한다. 또한 일반 자산에도 사용할 수 있다. 예를 들면 주택 소유자는 주택에 대해 롱 포지션이며, 은행에 융자가 있는 주택이라면 은행에 대해서는 쇼트 포지션이라고 할 수 있다.

았기 때문에 매일매일 생기는 손실은 많지 않았지만 4개월간 누적
되다 보니 적은 손실이 아니었습니다. 그 때문에 생기는 스트레스도
상당했습니다. 나름대로 노력했는데도 손실이 커지자 자신감도 많
이 잃어버리고 심리적으로도 많이 위축됐습니다.

그때가 매매하면서 가장 힘든 시기였겠네요?

━━━━ 예, 당연한 얘기지만 손익이 마이너스를 기록하고 있을 때
는 지속적으로 스트레스를 받았습니다. 특히 누적 손실이 가장 컸던
7월 중순이 가장 힘들었습니다. 더 이상 손실을 늘리지 않기 위해 7
월 초부터 굉장히 보수적으로 매매를 했지만, 잘 되지 않았습니다.
팀원들이 많은 조언도 해주고 옆에서 가르쳐주기도 했지만 손실이
누적되다 보니 답답하기도 하고, 과연 내가 돈을 벌 수 있을지 자신
도 없었습니다.

4개월 연속 손실이면 팀 내에서도 지점 복귀 얘기가 나왔겠는데요?

━━━━ 물론 그런 얘기도 나왔습니다. 초반 성과가 저조했고 조금
씩 손실이 누적되고 있었기 때문에 계속 기다려줄 수도 없는 상황이
었습니다. 매매 시작하고 두 달 반 정도 지났을 때 제 얘기가 나온다
는 걸 알았고, 6개월까지 지켜보고 결정된다는 얘기를 들었습니다.

　사실 저보다 3년 먼저 매매를 시작한 대리들도 초반에 그런 얘기
를 들었다는 사실을 알고 있었기 때문에 대충 예상은 하고 있었습니
다. 일단 살아남는 것이 중요하다고 생각했기 때문에 그 전에 매매
하던 방식을 바꿔서 국채선물에 집중해서 매매를 했습니다. 상당히

보수적으로 매매를 했는데도 한 달 동안은 별로 나아지는 점이 없어서 답답했습니다. 하지만 그렇게 바꾸고 나서 또 한 달이 지난 후부터 조금씩 수익이 발생하기 시작했습니다.

어떤 계기로 조금씩 수익이 발생하기 시작했습니까?

━━━━ 제 손익 그래프를 봤을 때 세 달 반이 지난 시점부터 수익이 발생하기 시작했습니다. 아마도 팀장의 조언과 충고가 큰 도움이 된 것 같습니다. 즉 스캘핑*의 경우 매일매일 조금씩 벌다 보면 수익이 누적되어 어느 시점부터는 편안하게 매매할 수 있다며 욕심을 버리라고 했습니다.

손실이 발생하는 달에도 승률은 50%를 넘었지만 버는 날 얻는 이익보다 잃는 날 손실폭이 훨씬 컸기 때문에 손실이 계속 누적될 수밖에 없었습니다. 그러나 세 달 반이 지난 이후 손실폭이 줄어들고 승률이 올라가면서 수익이 발생하기 시작했습니다.

---

* 스캘핑(Scalping) : 트레이딩은 포지션을 보유하고 있는 시간의 길이에 따라 데이 트레이딩(Day Trading)과 포지션 트레이딩(Position Trading)으로 나눌 수 있다. 데이 트레이딩 중에는 하루에 몇 번만 종목당 거래를 하는 통상적인 트레이딩, 하루에서 5일 정도까지 주식을 보유하는 스윙 트레이딩(swing trading) 그리고 주식 보유시간을 짧으면 단 몇 초, 통상적으로는 2~3분 단위로 최대한 짧게 잡아서 순간적인 매매 차익을 얻는 데 초점을 맞추는 스캘핑이 있다. 스캘핑은 주식 및 선물 등의 파생상품 보유시간을 통상적으로 2~3분 단위로 짧게 잡아 하루에 수십 번 또는 수백 번씩 거래를 하며 박리다매식으로 매매 차익을 얻는 기법이다. '스캘핑(scalping)'이란 원래 '가죽 벗기기'라는 의미로, 북미 인디언들이 적의 시체에서 머리가죽을 벗겨내 전리품으로 챙겼던 행위를 뜻한다. 사람의 피부 중 가장 얇은 피부층으로 이루어진 곳이 머리가죽인 만큼 '박리', 즉 아주 적은 이윤을 챙긴다는 의미에서 스캘핑이라는 이름이 붙었다.

그럴 리는 없어야겠지만 만약 딜러로 살아남지 못할 경우에 대한 생각은 해봤습니까?

━━━━ 물론 생각해봤습니다. 저 같은 경우 누적 손익이 마이너스를 기록하고 있는 기간이 길었기 때문에 특히 고민이 많았습니다. 지점생활을 하다가 발령이 났기 때문에 나시 지점으로 돌아갈 수도 있고 살아남지 못한다면 이직을 할 수도 있지만, 그것이 옳은 결정이라는 생각은 들지 않았습니다.

제 의사에 따라 이동한 것이고 지점에서도 성과를 이루고 이동한 것이 아니기 때문에 이곳에서도 살아남지 못한다면 나 자신에게 크게 실망할 것이라는 생각이 강했습니다. 따라서 일단 최종적인 결정이 나기 전까지는 지금 맡은 일에 집중하자는 생각으로 살아남지 못했을 경우를 구체적으로 생각하지는 않았습니다.

매매하면서 가장 기뻤을 때는 언제 입니까?

━━━━ 월 손익이 처음으로 플러스를 기록했을 때가 가장 기뻤습니다. 그 달의 승률도 가장 높았기 때문에 어느 정도 자신감도 생기고 돈 버는 것이 가능하다는 생각이 들었습니다. 물론 하루에 돈을 많이 버는 것도 중요하지만 스캘핑을 하는 데 있어서는 승률이 가장 중요하다고 생각합니다. 그 달은 승률이 높고 수익도 발생한 달이기 때문에 더욱 좋았습니다.

본인의 매매 원칙은 무엇입니까?

━━━━ 처음 매매를 시작하면서 가장 힘들었던 부분이 손절매입니

다. 가장 기본적이면서 중요한 부분이지만 매매를 시작했을 때는 이를 잘 지키지 못해서 벌 때는 조금 벌고 잃을 때는 많이 잃는 날이 많아서 결과적으로 손실이 커졌습니다. 지금은 조금씩 고쳐나가서 스캘핑으로 1틱을 먹더라도 손실을 입을 때는 1틱 안으로 나오도록 하고 있습니다.

아직 연습해야 할 부분이 많지만 가장 기본적인 원칙부터 지켜나가는 것이 중요하다고 봅니다. 사실 처음 매매를 시작할 때는 팀원들과 다른 매매를 해보고 싶다는 욕심이 있었습니다. 하지만 나만의 원칙도 노하우도 없는 상태에서 결국은 내 마음대로 하는 매매가 돼버렸고 문제점도 드러났습니다. 그래서 팀원들의 매매 방식을 보고 그것을 제 것으로 만들기 위해 노력했습니다.

팀원들과 다른 매매라고 하는 것은 구체적으로 어떤 매매를 말하는 겁니까?

━━━ 일단 저희 팀이 스캘핑을 주로 하고 있었기 때문에 저는 색다르게 추세 매매를 하고 싶었습니다. 즉 차트를 보고 매매하는 걸 선호하기 때문에 제가 주로 보는 지표를 보고 길게 끌고 가면서 매매를 하고 싶었습니다. 다만 국채선물은 시장이 정체되어 있기 때문에 쉽지 않았고 달러선물은 국채선물보다는 어느 정도 변동성*이 있어서 달러선물을 가지고 매매를 했습니다. 하지만 결국 앞에서 말한 것처럼 제대로 된 손절 원칙 없이 매매를 하다가 손실만 입었습니다.

언제까지 매매를 하고 싶습니까?

■■■■ 저는 이제 트레이더로 매매를 시작한 지 6개월밖에 되지 않았습니다. 시장을 본 지 1년도 되지 않은 시점에서 언제까지 매매를 할 수 있을지에 대해 생각하는 것은 너무 앞서 가는 것 같습니다. 흔히 트레이더는 오랫동안 하기 힘들다는 이야기를 많이 듣지만 그 답은 저희 팀 안에서 찾으면 될 듯합니다. 저희 팀에는 20년 가까이 매매를 하는 딜러들이 있는데, 저도 그 딜러들을 롤모델로 삼아 제가 만족할 때까지 매매를 계속 하고 싶습니다.

향후 매매 관련 포부나 계획이 있다면 말씀해주세요.

■■■■ 물론 운용팀에 있으면서 가장 큰 목표는 많은 수익을 달성하는 것입니다. 하지만 아직까지는 배울 점이 너무 많고, 아직 안정적으로 번다고 할 수도 없기 때문에 올해는 살아남는 것이 가장 큰 목표입니다. 그 이후에는 직업적으로 안정적인 레코드를 가지고 싶습니다. 앞으로 몇 년간은 시장이나 주위 분들에게 배울 것들이 너무나도 많습니다.

몇 년이 지나고 어느 정도 안정이 된다면 제 아이디어를 이용한

***변동성** : 일정기간 주식, 채권 또는 상품의 가격이 변동하는 정도를 말한다. 증권가격이 변동성을 갖는 이유는 기업의 장래가 불확실한 경우, 유통 중인 증권의 수가 적은 경우 등 여러 가지가 있다. 기업 자체의 요인에 의해서 증권의 가격이 변동하는 변동성은 알파 요인(alpha factor)에 의해서 측정된다. 예를 들어 알파 요인이 1.25라는 것은 시장 전체의 동향에 관계없이 기업 자체의 가치가 증가하여 증권가격이 25% 상승한 것을 말한다. 시장 관련 변동성, 즉 체계적 위험은 베타계수에 의해서 측정된다.

매매를 해보고 싶은 것이 목표입니다. 하지만 몇 년 뒤에 활용할 매매라고 해도 준비는 지금부터 해야 한다고 생각합니다. 아이디어가 좋고 활용 가능하다고 할지라도 검증하는 과정이나 모의 매매를 통해 확신을 얻기까지는 그만큼의 시간이 필요하기 때문입니다. 하지만 나만의 아이디어로 수익을 낸다는 것은 분명 매력적인 일입니다. 아직 갈 길이 멀지만 지금은 열심히 배우는 것이 최고라고 봅니다(저자 주_ 신참 딜러의 OJT 교육용 자료는 부록으로 실었다).

04

채권시장 최고의
펀드 매니저에서
최고의 딜러로 변신

이철진 팀장의 이름을 처음 듣게 된 것은 2002년 현대선물로 이직한 후 얼마 되지 않아서였다. 필자가 몸 담고 있던 팀은 채권선물 법인 영업팀으로 투신권, 은행, 증권사 등의 펀드 매니저 및 딜러들에게 받은 주문에 대한 수수료 를 주 수입원으로 하는 팀으로, 그 당시 이철진 팀장은 팀 내 가장 많은 주문을 주는 채권 펀드 매니저였다. 채권시장에서는 이미 마켓 메이커 혹은 큰손으로 수많은 소문을 몰고 다니며 각종 채권 펀드의 수익률 상위권을 독차지하고 여러 매스컴 등을 통해서 널리 알려진 스타 펀드 매니저이다. 그의 매매는 시장평균 수익률을 추구하는 벤치마킹Bench Marking형의 소극적인 매매가 아니라 적극적이고 공격적인 스타일로, 채권형임에도 불구하고 금리 상승기채권가격 하락에도 플러스 수익률을 보여줄 정도였다. 타의추종을 불허하는 독보적이고 탁월한 딜링 실력으로 필자로 하여금 딜러의 꿈을 꾸게 했고, 그와 같은 매매 스타일을 추종하게 만든 우상이기도 하다.

이철진 팀장은 교보투신 시절인 2001년부터 2004년까지 매년 펀드 매니저상을 휩쓸다시피 하며, 업계 최고 수준의 채권형 펀드 수익률을 기록했던 펀드계의 스타이다. 2004년 교보증권으로 이직하면서 펀드 매니저에서 증권사 딜러로 변신한 후 또 한 번의 성공 신화를 쓴 유일무이한 채권 운용역이다. 2011년까지 교보증권 재직 후 잠시 B 증권에 몸 담기도 했으나 지금은 신한금융투자 FICC 팀장으로 재직하고 있으며, 이곳을 마지막 회사라고 생각하고 자신의 모든 것을 쏟아붓고 싶다는 포부를 밝혔다.

이철진 팀장과의 인터뷰는 5시간 정도 진행되었으나 그의 이야기는 가장 존경한다는 율리우스 카이사르만큼이나 흡입력이 있고 간결해서 전혀 지루하거나 따분하지 않았다. 오히려 시간이 아쉬울 만큼 진지하면서도 유쾌하고 즐거운 인터뷰였다.

평범한 학생에서
승부사로
거듭나다

매매 스타일을 보면 학창 시절 때도 상당히 특별한 학생이었던 듯싶습니다.

────── 학창 시절^{대학}에는 평범한 학생이었습니다. 다만 성실하고 착한 학생이었다기보다는 친구들 좋아하고, 술 좋아하고, 카드를 좋아하는 노는 학생에 가까웠습니다. 지금 생각해보면 베팅과 관련

된 끼가 있지 않았나 하는 정도로 고스톱이나 카드 같은 내기 게임을 좋아했습니다. 물론 선수만큼 잘했던 기억은 없지만 잃었던 기억도 별로 없습니다.

제 대학 시절 때도 일명 하우스라는 곳을 들락거리며 카드를 치는 그런 친구들이 몇 명 있었는데, 혹시 그런 부류의 학생이었습니까?
▄▄▄▄▄ 그런 불법 형태는 아니었지만 그 정도로 카드를 치러 다녔죠. 새한종금 시절에는 각 종금사에서 카드 좋아하는 사람들 몇몇이 대표로 출전해서 종금사 대항 카드 게임을 한 적도 있었는데, 그때 제가 새한종금 대표 중 1명이었습니다. 지금은 물론 장난 삼아 친구들과 가끔 하는 정도지만, 그 당시에는 노름꾼처럼 3일 내내 집에도 안 들어가고 카드를 할 때도 있었습니다. 여담이지만 그 당시 신혼이었는데, 이혼 직전까지 가서야 정신 차리고 카드에서 손을 떼게 됐습니다.

베스트셀러 『시장의 마법사들 Market Wizards**』에 소개됐던 전설적인 트레이더 빅터 스페란디오가 생각납니다. 그는 한때 전문 도박꾼이었고 도박과 관련된 유명한 일화가 많죠. 그 중에서 "카드 게임과 비슷할 수도 있는 금융거래를 일종의 도박으로 보느냐"는 질문에 "거래에 도박이라는 용어를 붙이는 것은 잘못된 것이라 생각한다. 도박은 예를 들어 복권을 사거나 슬롯 머신을 하는 등의 확률이 불리할 때 위험을 무릅쓰는 행동을 일컫는 것이고, 성공적인 거래는 도박이라기보다는 투기라고 생각한다. 성공적인 투기는 확률이 유리할 때 위험을 감수하는 행동이라고 본다"라고 말했죠.**

━━━ 카드 게임도 분명 금융거래와 상당 부분 비슷하고 거래의 일종으로 볼 수도 있습니다. 다만 사회적 인식이 좋지 않으며 가정이나 주변사람에 피해를 줄 수도 있다는 점에서 도박은 재미가 아니라면 반드시 지양해야 할 놀이라고 생각됩니다.

새한종금 시절 카드와 관련된 얘기를 좀 더 부탁합니다.

━━━ 각 종금사별로 몇 명씩 출전해서 밤 새워가며 카드를 쳤는데, 집 한 채를 샀다는 얘기를 들을 만큼 카드를 잘 쳤던 '카드의 신'도 1명 있었습니다. 저희는 거의 하이로우 게임을 했는데, 그 사람이 일단 출전하면 돈을 잃는 것을 보지 못했습니다. 정당한 룰을 따르더라도 카드도 결국 심리 게임이자 확률 게임이기 때문에 그렇게 늘 따는 사람이 있을 수 있습니다. 매매에 있어 직감이라는 것을 수치화하지 않는 통계라고 봤을 때, 매매가 카드와 비슷한 점은 분명이 있습니다.

카드를 포함하여 다방면에 관심이 많았다고 생각됩니다.

━━━ 정확한 용어는 아니겠지만 저 나름대로는 학창 시절부터 '경험 철학'이라는 것을 원칙으로 삼았습니다. 뭐든지 내가 해보지 않고 경험해보지 못한 것들에 몸으로 부딪치고 도전하는 것을 좋아했습니다. 나중에 매매 영역을 코스피 선물옵션을 비롯해서 다양한 분야까지 확장할 수 있었던 것도 새로운 분야에 도전하는 데 어떤 어려움이나 두려움이 없었기 때문입니다. '일단 몸으로 부딪쳐서 터지면 되지, 못할 게 뭐 있어'라는 생각을 늘 가지고 있습니다.

학창 시절에 공부는 열심히 하셨나요?

━━━━ 고등학교 때는 열심히 공부했습니다. 그런데 대학에 와보니 해보고 싶은 것이 너무 많았습니다. 대학 입학 때 장학생으로 들어갔는데 1학기 성적이 B학점 이상이 아니면 2학기 장학금을 주지 않는다는 규정이 있었습니다. 그런데 1학년 1학기 때 B학점을 넘지 못해 2학기 장학금을 받지 못했습니다. 그 정도로 공부 외 다른 분야에 관심이 많았습니다.

서울대 대학원에 입학하려면 학부 때 공부를 잘해야 하지 않습니까?

━━━━ 학점은 좋지 못했지만, 서울대 대학원에 들어가기 위해 벼락치기로 공부했습니다. 지금도 제가 석사 출신이라는 것을 모르거나 믿지 않는 사람도 많습니다.

대학원 졸업 당시 경기가 좋았고 석사까지 마쳤으니, 원하는 기업에 쉽게 취직했겠죠?

━━━━ 지금은 청년 실업률이 사회 문제로 대두될 정도로 취직이 어렵지만, 그 당시만 해도 그렇게 어렵지 않았습니다. 저의 경우 새한종금과 삼성전자 두 군데만 원서를 넣었고, 둘 중 한 곳을 선택해야 했는데 결국 새한종금을 택했습니다. 대학원 시절 경영학 수업에서 시장이 하락해도 돈을 벌 수 있다는 선물에 대한 강의를 듣고 그것에 심취했던 점이 제가 금융업을 선택하게 된 결정적 계기가 되었습니다.

새한종금 입사 후 어떤 부서로 발령을 받았습니까?

■■■ 처음 발령받은 부서는 투자신탁부입니다. 입사한 지 3개월 만에 3,000억 원 운용 한도를 받게 되어 신입 때부터 바로 채권 운용을 시작했습니다.

입사 1년 뒤 IMF 사태가 터졌는데 그 당시 그런 위기의식은 없었죠?

■■■ 사내 수익이 많다 보니 위기의식이 없었던 것은 사실입니다. 또한 그 당시 종금사는 라이센스 비즈니스License Business*라고 보면 됩니다. 국제 업무, 리스 업무, 단자 업무, 투신 업무 등 모든 영업의 라이센스가 있었죠. 그리고 상대적으로 직원이 적고 회사 수익이 많다 보니 위기의식은 없었습니다.

다소 느슨한 분위기 속에서도 회사생활을 열심히 하셨던 것 같은데요?

■■■ 앞에서 언급한 경험 철학 때문에 직장생활을 열심히 했습니다. 처음 접해보는 업무여서 알고 싶은 욕구도 컸고, 무엇을 시키면 그때 가서 수동적으로 하기보다는 적극적으로 일을 찾아서 했습니다. 무엇이든 하나라도 더 해보려고 했기 때문에 일찍 펀드를 맡아서 채권 운용을 시작하게 된 것 같습니다.

---

*라이센스 비즈니스 : 리스 업무, 단자 업무 등을 할 수 있는 라이센스(허가권)가 있다는 것만으로 어느 정도 수익이 보장된 사업이라는 뜻이다. 그 당시 이러한 업무는 모든 금융권에서 할 수 있는 업무가 아니라 이런 라이센스를 가지고 있는 종금사 등의 몇몇 금융권만 할 수 있는 업무여서 일종의 독점권처럼 일정 수익이 보장되었다.

그 당시에는 연봉도 많았고 라이센스 비즈니스라면 일도 그렇게 어려웠을 것 같지는 않습니다.

━━━ 제 기억으로는 초봉이 4,000만 원 정도 됐습니다. 누적된 회사 수익이 많아서 피복비, 교육비 등의 복지혜택도 좋았습니다. 그 당시 국제부는 신입식원들이 가상 선호하는 부서였는데, 새한종금이 국책 은행인 산업은행의 자회사이다 보니 조달금리가 낮아서 돈 벌기가 쉬웠습니다. 제가 있는 투자신탁부도 산업은행 자회사인 까닭에 혜택을 좀 받았습니다.

새한종금 시절에는 채권평가가 시가평가가 아닌 장부가평가였죠?

━━━ 예, 지금처럼 매일매일 채권이 기준가로 평가받는 시가평가 방식이 아니었습니다. 마크 투 마켓Mark To Market* 방식으로 평가를 받지 않다 보니까, 오늘 3년짜리 채권을 사면 그 장부가격이 시장금리 움직임과 상관없이 3년 동안 그대로 유지됐습니다. 그런데 지금도 보험사나 은행 같은 기관에서는 장부가로 평가받는 계정이 있습니다. 가령 고객이 10년짜리로 어떤 계약을 체결할 경우 그 고객과 매

---

*마크 투 마켓(MTM, mark to market) : 시가평가를 의미한다. 자산가치를 매입가가 아닌 시가로 평가해 장부에 계상하는 것을 말한다. 시가평가가 적용되면 보유 증권의 가격이 떨어질 때마다 곧바로 손실 처리를 하게 된다. 따라서 보유자산평가의 적시성이 높아지는 장점이 있다. 그러나 자산가치 하락 시 손실폭이 커지면 궁극적으로 자본이 줄어들어 금융회사가 대출자산을 축소시키는 요인으로 작용하기도 한다. 시장 위주의 금융제도를 운영 중인 미국은 시가평가제를 채택하고 있어 금융자산가격의 등락에 따라 금융회사의 건강 상태가 좌우되고 있다. 최근 미국발 금융위기로 인한 금융자산의 시장가격 하락이 전 금융회사에 동시에 영향을 준다는 점에서 시가평가제도는 유동성 위기 발생 배경 중 하나로 지목받고 있다.

칭시키기 위해서는 10년짜리 채권으로 장부가평가를 할 수밖에 없습니다. 굳이 매일같이 시세가 변하는 시가로 평가해줄 이유도 없기 때문이죠.

장부가평가라면 어떤 의미로는 진정한 펀드 매니저라기보다는 자금 관리 부서 중에서 채권을 관리하는 일종의 후선 부서 같은 성격이 짙어 보이는데요?

━━━━ 그 당시에는 자금 관리 성격이 강했습니다. 또한 회사등급도 은행 보증이냐 기타 보증이냐 두 가지로 나뉠 뿐이었습니다. 즉 허름한 벤처기업과 삼성전자가 똑같은 은행 보증이라면 두 기업 모두 같은 금리로 거래되던 상당히 초보적인 시장이었습니다. 물론 그 당시에도 신용평가사가 있었고 신용등급이라는 것이 있었지만 그것과 상관없이 은행 보증이면 좋은 금리로, 보증 보험 등의 기타 보증이면 그 아래 수준의 금리로 거래됐습니다.

채권 펀드 매니저로
화려하게
비상하다

1996년 2월 새한종금 입사 후 3년 만인 1999년 2월에 교보투신으로 옮기게 되었죠?

━━━━ 직장생활 내내 저는 운이 좋았습니다. 제가 입사할 당시 영

어를 특출나게 잘하거나 입사 성적이 우수했던 동기들은 국제부나 리스부로 발령을 받았습니다. 그러나 IMF가 터지고 나서 리스업*은 완전히 사장되는 분위기였고 국제부도 예전 같지 않았습니다. 그래서 그 부서로 발령을 받은 동기들은 종금사가 퇴출될 때 갈 곳이 많지 않았습니다. 반면 저는 그 당시 투신사^{투자신탁회사} 수요가 낳아서 직장을 구하는 데 어려움을 겪지 않았습니다. 당시 몇 개월 전 교보투신으로 옮겼던 새한종금 시절 사수가 저를 불러서 교보투신으로 옮기게 됐습니다.

교보투신 입사 후 얼마 안 있어 사직서를 내고 MBA에 가기 위해 준비를 했죠? 그리고 6개월 만에 다시 재입사했는데 그 당시 이야기를 자세히 부탁합니다.

─────── 그 당시 분위기가 미국 등으로 MBA를 많이 갈 때였고 교보투신에도 많은 MBA 출신이 입사하는 상황이어서 부러움 반, 욕심 반으로 공부를 하고 싶어 무작정 사표를 던졌습니다. 그 당시 결혼을 하고 아내가 둘째 아이를 임신중이어서 현실적으로 쉽지는 않았습니다. 하지만 아내와 아이를 처갓집에 보내놓고 무작정 하버드 대학교 옆에 있는 보스턴에 하숙을 구해서 GMAT^{미국·유럽의 경영대학 진학에}

***리스업** : 어떤 물건을 사용료를 받고 타인에게 빌려주는 일로 사법상의 임대차를 말한다. 본래는 어떤 자산(토지, 선박 등)의 소유자가 일정기간 사용료를 받기로 하고 타인에게 그 자산의 사용이나 수익권을 주는 것을 의미했으나, 오늘날 산업용어로서는 각종 동산을 포함해서 임대업을 영업으로 하는 개인 또는 회사가 사용료를 받고 일정기간 어떤 물건을 임대하는 것을 말한다. 이러한 임대업을 영업으로 하는 회사를 리스회사, 이러한 산업을 리스산업이라고 한다.

필요한 입학시험부터 공부하기 시작했습니다.

학교에서 어드미션admission, 입학 허가을 받기도 전에 일단 사표부터 제출하고 미국으로 떠난 거네요. 대단한 각오였을 것 같은데, 왜 돌아왔습니까?

━━━ 한마디로 공부가 잘 안 됐습니다. 3년간 직장생활을 하면서 친구들과 어울리던 시절이 그리웠고, 무엇보다 가족이 보고 싶어 공부가 제대로 손에 잡히지 않았습니다. 또 운 좋게도 저는 바로 공부를 접고 교보투신에 재입사할 수 있었습니다. 교보투신의 문화 자체가 한 번 퇴사한 직원은 쉽게 받아들여주는 분위기가 아니었는데, 예외적으로 재입사도 쉽게 됐습니다. 더욱이 제가 혹시 MBA에 갔었더라도 3~4년 뒤에 귀국해서 더 좋은 직장을 구한다는 보장이 없었습니다. MBA에 갔었던 인력들이 몇 년 뒤 대거 귀국하면서 그들이 노력한 만큼의 직장을 구하지 못하는 것을 봤기 때문입니다. 만약 그때 MBA에 남아 있었다면 지금의 저도 없었겠죠.

우여곡절 끝에 교보투신에 재입사하고 2001년부터 2004년 교보증권으로 옮기 전까지 그야말로 펀드 매니저로서 전성기였죠. 매년 시상하는 채권 펀드 매니저상을 휩쓸다시피 했고 한경 등 언론 매체에도 자주 등장하며 상당한 주목을 받았죠?

━━━ 예, 그랬습니다.

교보투신으로 이직 후 승승장구할 수 있었던 본인만의 장점이 있다면 어떤 점을 들 수 있습니까?

━━━━━ 군이 장점이라면 제가 남들보다 한발 먼저 생각하려 했고, 그 당시 분위기와 흐름에 편승하지 않고 독창적으로 생각하고 행동하려는 성향이 강했습니다. 교보투신 시절 현물 대비 선물 저평이 120틱, 많게는 200틱까지 벌어질 때도 있었습니다. 그럴 경우 3개월 만기 기준 부대비용을 제한다 하더라도 같은 듀레이션의 경우 현물을 매수하는 것보다는 선물을 매수하는 것이 적게는 100틱 이상의 추가 수익이 발생할 수 있었습니다. 다른 펀드 매니저들이 그 점을 간과하고 있을 때, 저는 채권현물 대신 채권선물을 샀습니다. 1999년 국채선물이 상장된 이래 투신사, 은행 등의 기관 투자자들은 대부분 선물을 헤지 수단으로만 생각할 뿐 매매 방법으로 활용하지 못했습니다. 초창기 시장이 그렇듯 어수룩한 면도 있었고, 다른 시장참여자들에게는 그런 개념조차 없을 때이기도 했죠.

그 당시 제가 현대선물에서 채권선물 법인 영업을 할 때 상당수의 채권 매니저들이 채권현물을 담고 있으면서 선물로 헤지를 많이 했습니다. 그러나 시장이 가격 상승 추세를 보일 때 선물 매도를 하고서 헤지 물량이니 괜찮다는 말을 하곤 했습니다. 제 입장에서는 그런 모습이 일종의 변명으로밖에 보이지 않았습니다.

━━━━━ 보는 시각에 따라 차이가 있을 수 있습니다. 다만 당시 약관 자체가 채권 펀드 매니저에게 자유롭지 못했습니다. 채권형 펀드의 경우 반드시 70~80%의 채권을 펀드에 담고 있어야만 했습니다. 그 당시 분위기도 펀드 매니저들이 시장에 적극적으로 대응한다기보다는 시장 수익률에 펀드의 수익률을 맞추려는 노력들을 많이 했

습니다. 아마도 가격 상승 추세에 선물을 매도했던 펀드 매니저들이 바로 손절 환매를 하지 않은 것은 펀드가 목표 수익률에 어느 정도 근접했기 때문일 수 있습니다.

그 당시에는 약관 등의 이유로 채권 펀드 매니저들이 적극적인 매매를 할 방법이 전혀 없었습니까?

━━━━ 아닙니다. 지금은 약관에 전체 펀드에서 채권이 차지해야 할 수량뿐만 아니라, 세세한 조항들이 모두 들어가 있습니다. 그러나 그 당시에는 듀레이션^{채권잔존만기} 규정조차 없었습니다. 시장가격이 하락한다는 확신만 있으면 듀레이션이 긴 채권을 팔고, 짧은 채권을 사면 됐습니다. 저의 경우 펀드에 늘 채권이 70~80% 이상씩 채워져 있었지만 채권가격 하락이 예상되면 긴 채권을 팔고, 짧은 채권을 사거나 혹은 통안채 등 짧은 채권을 산 후 국채선물 매도를 통해서 듀레이션을 극히 짧게 만들었습니다.

본인의 경우 자유롭게 매매할 수 있었던 특별한 이유가 있었습니까?

━━━━ 그 당시에도 전략팀이 있었고 벤치마킹 대상도 있었지만 제 성향 자체가 공격적이었고, 첫해에 한 펀드에서 타의추종을 불허할 만큼의 좋은 수익을 거두면서 규정상 유연성이 많이 생겼습니다. 즉 시장에 제 펀드와 제 매매에 대한 소문이 나면서 그런 성향을 추구하는 고객^{수익자}들이 저를 보고 일부러 찾아왔습니다. 지금으로 보면 일종의 헤지펀드처럼 절대 수익 추구형의 펀드였고, 그런 펀드를 선호하는 고객이 주였기 때문에 당시에는 다른 펀드 매니저들이 할 수

없을 만큼 공격적으로 매매하는 것이 가능했습니다. 특히 금리 상승기에 다른 펀드들이 큰 손실을 보고 있을 때 제 펀드 기준가는 플러스가 나는 경우도 있어서 적극적으로 매매하는 제 펀드의 경우 금리 상승기에 더욱더 주목을 받았습니다.

4년 동안의 전성기 내에서도 운용했던 파워 채권 펀드에서 손실이 많이 날 때도 있었죠? 2003년 여름 당시 금리가 3%를 찍고 급등하던 시기에 선물 매수 포지션을 많이 들고 있어서 아픈 기억이 있었던 것으로 압니다. 구체적인 얘기를 듣고 싶습니다.

━━━━ 예전 기사를 다시 보니 제가 외인 매도 포지션 수천 계약을 받았고, 이후 만회하기 위해 들어갔다가 다시 깨진 후 일주일 동안 휴가를 냈다고 적혀 있더라고요. 좀 더 자세하게 설명을 드리고 싶지만 기억이 잘 나지 않습니다. 그 당시에는 일주일 정도는 아니지만 2~3일 정도 휴가를 내는 것은 일상다반사였고, 손실이 크게 나거나 심신이 힘들면 바로 쉬곤 했습니다. 또한 제 자신이 스트레스에 둔감하고 스트레스를 오래 가지고 가는 체질이 아닐뿐더러 안 좋은 기억은 금세 잊어버리기 때문에 기사를 다시 읽어봤는데도 기억이 나지 않았습니다. 제가 시장을 잘 보거나 분석적이고 논리적이지는 않지만 지금까지 시장에서 살아남을 수 있었던 첫 번째 이유는 50: 50의 게임에서 손실이 날 때 적게 나고 벌 때 많기 벌기 때문입니다. 두 번째 이유는 장 마감하는 3시 15분이면 벌든 터지든 매매에 대한 모든 것을 잊어버려서 스트레스를 적게 받는 체질이기 때문입니다 (이 내용은 2004년도 인터뷰 기사를 바탕으로 재질문하였다).

상당수 딜러들이 점심 때도 마찬가지고 장 마감하고 잠자리에 들기 전까지도 수시로 해외시장을 확인하고 국내 뉴스를 확인하는 등 하루 종일 매매 및 시장에서 벗어나지 못하는 것이 사실입니다.

━━━━ 물론 각자 매매하는 스타일과 성격이 다르다 보니 이것이 옳다 그르다고 말할 수는 없습니다. 다만 저는 확실히 그런 스타일은 아닙니다.

선천적인 것인지 아니면 의도적인 훈련에 의해서 그렇게 된 것인지 알고 싶습니다.

━━━━ 노력한 부분도 있지만, 선천적인 성격이 그렇지 않은데 시장에 대해서 의도적으로 신경을 쓰지 않으려고 하면 할수록 시장이 더욱 궁금해지지 않겠습니까?

선천적인 면이 큰 부분을 차지한다고 했지만 딜러로서 장 마감 후 매매와 시장에 관련된 모든 것을 잊어버릴 정도로 본인이 의도적으로 훈련한 부분은 어떤 것이 있을까요?

━━━━ 오해의 소지가 있어 거듭 말하지만 장 마감 후 수시로 해외시장 등을 확인하는 딜러들이 그렇다는 것은 절대 아닙니다. 저 스스로는 매매 순간이든 매매 후든 "내가 책임지면 되지"라고 마음을 먹기 때문에 장 마감 이후에는 시장 및 매매와 관련된 모든 것을 잊어버릴 수 있습니다. 즉 제 주변에 상당수 딜러들이 손실이 발생하면 시장 탓을 하거나, 회사 정책을 탓하거나, 내가 아닌 남을 탓하는 경우를 심심찮게 봅니다. 내가 아닌 남을 탓하다 보니 장 마감 이

후에 안절부절 못하거나 마음을 편하게 가지지 못하게 됩니다. 비단 책임을 진다는 것은 스트레스와 관련된 것만이 아니라 딜러로서의 자질과도 깊이 연관되는 중요 덕목이라고 생각합니다.

제가 현대선물에서 펀드 매니저와 딜러들한테 제일 많이 듣는 얘기가 바로 남을 탓하는 것입니다. 수익이 날 때는 "내가 시장이 오를 줄 알았어", "이 상황에서는 당연히 가격이 내려야지 누구나 알 수 있는 거 아니야?"라고 은근히 자랑을 하면서도 시장이 자신의 포지션과 반대로 움직일 때는 "지금 왜 올라?", "왜 내려?"라고 시장을 탓하고, 금융 정책 관련자를 탓하고, 더 나아가 자신이 시장 방향을 물어보았던 수많은 브로커와 애널리스트를 탓하는 것을 무수히 봐왔습니다.

━━━━ 자신의 매매에 대해서 전적으로 자신이 책임지는 것은 딜러의 자질이자 기본입니다. 그런 책임 의식이 있다면 남을 탓할 이유도 전혀 없습니다.

악담은 아니지만 그런 펀드 매니저나 딜러치고 성공한 운용역을 별로 보지 못했습니다. 그러나 간혹 시장에 오래 살아남는 경우 매매 실력이 아닌 정치적인 이유나 운도 한 몫 하는 것 같은데요.

━━━━ 브로커를 비롯하여 남 탓을 하는 동료 운용역들을 상당수 봤습니다. 그것은 대부분 자기 위안이거나 자기 책임 회피 정도밖에 안 되는 바람직하지 않은 태도입니다. 책임을 지려는 자세는 제가 원칙으로 삼는 로스컷Loss Cut, 손절매, 인내 그리고 유연성에 우선되는 가장 중요한 덕목입니다. 그런 기본 자세가 갖추어져야 딜러로서 성

공할 수 있습니다.

시장에 오래 살아 남기 위한 덕목으로 책임 의식과 함께 어떤 요소를 들 수 있을까요?

━━━ 덕목은 아니고 제가 시장에 오래 살아남을 수 있었던 비결을 말씀드리겠습니다. 채권시장에서는 저보다 돈을 많이 버는 분이 많습니다. 즉 그때그때 시장 상황에 따라 크레딧물^{공사채, 회사채 등 신용에 기반한 채권} 등으로 많은 돈을 벌기도 했습니다. 하지만 수익을 많이 내기 위해 포지션을 크게 쌓았다가 유동성이 받쳐주지 않아서 한순간에 돌이킬 수 없는 손실을 보는 경우를 종종 봤습니다. 그래서 저는 오래 살아남기 위해 지표물 위주의 유동성이 있는 종목만 매매하게 됐습니다. 체질적으로도 손절하고 싶을 때 바로 손절할 수 있는 매매를 선호하고, 손절을 하고 싶은데 손절이 어려운 매매는 피했습니다. 일종의 유동성 있는 종목으로 매매를 특화시킨 것이 오래 살아남게 된 비결이라고 생각합니다.

채권 딜러로
또 한 번의 비상을
하다

펀드 매니저 정상의 자리에서 증권사 프랍으로 옮긴 이유가 궁금합니다.

━━━ 직접적인 계기는 교보투신 사장이 교보증권 사장으로 내정

되면서 저를 스카우트해서 데리고 갔기 때문입니다. 그러나 그 전에 펀드 매니저가 온실 속의 화초라면 증권사 프랍은 야전과 같기 때문에 그 안에서 내가 살아남을 수 있을지 도전해보고 싶은 마음이 있었습니다. 그래서 옮기게 되었습니다.

교보투신에서 마켓 메이커로서 큰 포지션을 운용할 때와 교보증권으로 옮기고 나서 작은 포지션으로 매매할 때의 차이점에 대해 듣고 싶습니다.
━━━━ 교보투신 시절 운용을 크게 한 것은 사실이지만 물량을 가지고 인위적으로 시장을 만들겠다고 생각해본 적은 없습니다. 가령 물량을 가지고 내가 한 번 시장을 올려보겠다, 밀어보겠다고 생각하고 매매하면 100% 깨진다고 생각합니다. 그 당시에도 저 외에 큰 주포들 몇몇을 알고 있었고 그분들 중 시장을 한 번 만들어보겠다고 매매하는 딜러들도 있었지만 물량이 많았던 교보투신이나 포지션이 작았던 교보증권에서 순리대로 따라가려는 매매를 했습니다. 물론 물량하고 상관없이 어떤 분기점에 왔을 때 의도적으로 차트를 만들어보겠다는 생각으로 남들보다 먼저 신속하게 매매에 가담하는 것은 필요합니다.

차트를 만들어보겠다는 것은 구체적으로 어떤 의미입니까?
━━━━ 차트를 만들어보겠다는 것은 시장에 역행해서 만들어보겠다는 것이 아닙니다. 예를 들어 시장이 강하게 지지를 받고 있으면 조금씩 매수 가담을 한 후 누구보다도 빠르고 확실하게 당일 신고점 등에서 매수 강도를 높이는 방법이라고 생각하면 됩니다. 기본적

으로 '물타기^{주식을 팔 때는 시세가 오름에 따라 점점 파는 수를 늘리고, 살 때는 내림에 따라 사는 수를 차차 늘려 매입 평균단가를 낮추거나 매도 평균단가를 높이는 투자 기법}'는 심적으로 쫓기는 매매이기 때문에 해서는 안 되고, 수익이 나고 있을 때 수익을 극대화시키기 위한 '피라미딩 기법^{Pyramiding Strategy, 추세 발생 시점을 기다려 자금의 일부를 진입한 다음, 추세가 강화되면 자금을 추가로 투입하는 방식으로 추세에 따라 투자 자금을 늘려가는 기법}'을 선호한다고 보면 됩니다.

매매할 때도 상당히 집중력 있게 할 것 같은데 따로 보는 지표나 참고하는 분석 기재들이 있습니까?

━━━ 저는 직감으로 매매합니다. 차트도 일봉만 보고, 한마디로 추세를 보고 매매하려고 노력합니다. 매매할 때 가장 중요한 것은 시장의 힘을 느끼는 거라고 생각합니다.

얼핏 듣기에는 이해가 가지만 독자들은 상당히 애매한 표현이라고 생각할 것 같습니다. 조금 더 자세한 설명 부탁합니다.

━━━ 구체적으로 말로 설명하기 어려운 부분이 있습니다. 제가 교보증권 팀장 시절에 밑에 직원들을 많이 뽑기도 하고, 데리고 있어보기도 했습니다. 매매를 잘하지 못해서 결국 퇴사하는 직원들을 보면 제가 옆에 앉혀놓고 저만의 비법이라든가, 노하우를 가르쳐주고 싶은 마음이 굴뚝 같았습니다. 그런데 막상 앉혀놓고 가르쳐줄 만한 것도 없었습니다.

그런 감각이나 본능 등이 길러지는 데 어떤 요소들이 직·간접으로 영향

을 미쳤을 거라고 생각합니까?

━━━━ 같은 대답밖에 드리지 못해 저 역시 안타깝기도 하고 한편으로는 딜레마라는 생각이 듭니다. 아마도 제가 처음 채권 매매를 배울 때부터 누구한테 체계적으로 배우지 않고 처음부터 감으로 매매했기 때문인 것 같습니다. 이해를 도와드리기 위해 오늘 했던^{2012년 5월 11일} 매매를 예로 들겠습니다. 최근에 금리가 많이 내려 어느 정도 가격 상승 추세가 형성됐습니다^{금리와 채권가격은 반대 방향}. 전일 금통위 때 한은 총재가 평소하고는 다르게 금리 인하는 없다는 식의 뉘앙스를 시장에 강하게 내비쳤습니다. 평소 시장 방향과 관련된 어떤 멘트나 암시를 하지 않고 항상 애매히면서도 시장 중립적인 멘트를 해서 전일 장 마감 후에 모 딜러는 총재께서 총명탕을 드셨나 보다라는 농담을 할 정도였습니다. 그래서 시장^{가격}이 어느 정도 하락했고, 어쩌면 더 밀리는 것이 자연스러운 것이라고 생각했습니다. 그런데 오늘 시장이 개장하고 나자 생각했던 것만큼 시장이 밀리지 않았고 오히려 강하게 지지되는 모습이어서 오전부터 채권 10년물을 담았습니다^{매수}. 그리고 결국 오늘 종가가 고가로 마감되며 모처럼 괜찮은 수익을 올렸습니다.

감으로 매매를 하지만 본인이 정해놓은 매매 원칙은 있죠?

━━━━ 물론 매매 원칙은 있습니다. 앞에서도 잠깐 언급했지만 첫 번째가 철저한 로스컷이고, 두 번째가 수익이 발생할 때 그 포지션에서 최대의 수익을 올릴 수 있는 인내력 그리고 세 번째가 유연성입니다.

로스컷은 상당히 중요하죠. 첫 번째 원칙과 더불어 인내와 유연성에 관한 구체적인 예가 있습니까?

▬▬▬▬ 교보투신 시절 펀드 설명회를 하면서 이러저러한 펀더멘탈상의 이유로 채권금리가 올라갈 것이라는 전망을 한 바로 다음날부터 금리가 폭락^{가격 상승}하기 시작했습니다. 매도 포지션을 들고 있다가 큰 손실이 발생한 거죠. 내가 잘못된 거래를 했다는 것을 깨달은 즉시 그 거래에서 빠져 나왔습니다^{손절매}. 그리고 동시에 주저 없이 180도 반대로 매수 포지션을 잡아서 오히려 큰 이익을 봤습니다. 이것이 유연성입니다. 그리고 그 반대 포지션을 끝까지 끌고 가서 큰 수익을 올렸는데, 이것이 인내라고 말할 수 있습니다.

다만 이때도 목표가격을 정하거나 어떤 시나리오를 정해서 무작정 버티거나 정리를 하지 않습니다. 시장에 늘 집중해서 그때그때 시장 상황을 판단하고 행동을 취합니다. 어차피 시장은 오르든 내리든 그 확률은 50:50이고, 제가 신도 아닌데 매일같이 그 방향을 맞추기는 어려운 일이죠. 다만 손실이 발생할 때는 신속히 정리하고, 수익이 발생할 때는 그 수익을 길게 가져가려고 노력할 뿐입니다.

시장금리에 영향을 미치는 많은 요소들 중에서도 가장 중요한 영향을 미치는 요소는 금융 당국의 정책 방향과 경제 전반의 펀더멘탈 그리고 수급이라고 생각합니다. 그런데 본인 얘기를 들어보면 꼭 그렇지만도 않은 것 같습니다.

▬▬▬▬ 물론 위의 요소들이 가장 중요하고 저도 관심을 가지고 늘 체크하는 부분입니다. 다만 정답은 늘 시장에 있다는 거죠. 예외의

경우도 있겠지만 사람이 큰 병이 걸리기 전에 이상 징후나 안 좋다는 여러 시그널을 계속 몸에 보내는 것과 같습니다. 시장도 마찬가지입니다. 가령 시장이 강한 추세를 보여줄 때 예고도 없이 갑자기 움직이는 경우는 많지 않습니다. 늘 어떤 시그널을 넌지시 보여주거나 암시해주죠. 그러나 많은 시장참여자들이 당국의 정책 방향에 집착하거나 경제 펀더멘탈만을 맹신하면서, 그런 시그널들이 지속적으로 노출되어도 보지 못하거나 어쩌면 보지 않으려고 합니다.

사람은 어느 정도 아전인수격으로 자신이 듣고 싶은 것만 듣고, 보고 싶은 것만 보려는 성향이 대단히 강하기 때문에 자신의 포지션이 롱이면 롱 재료만을 보려고 하고, 자신의 포지션이 쇼트이면 쇼트 재료만을 보려고 하는 거죠. 그래서 내가 틀리고 시장이 늘 옳다는 전제하에 유연한 사고방식을 갖는 것이 무엇보다 중요합니다.

같은 채권을 운용하는 것이지만 투신권의 펀드 매니저와 증권사의 채권 딜러는 매매하는 성격이 전혀 다르다고 생각합니다.

▬▬▬ 전혀 다른 스타일의 운용입니다. 교보증권 운용 팀장으로 있을 당시 밑에 운용역을 최대 18명까지 데리고 있어봤습니다. 채용했다 이직을 한 직원까지 감안하면 족히 30~40명은 됩니다. 그 중 상당수의 펀드 매니저 출신들이 적응하고 수익을 내는 데 몹시 어려워했습니다.

조금 더 구체적으로 설명을 부탁합니다.

▬▬▬ 증권사 딜러도 두 가지 부류로 나눌 수 있습니다. RP 운용

을 하면서 정규직처럼 안정적으로 운용하는 딜러와 맨땅에 헤딩하고 야전에서 치고받으면서 살아남을 수 있는 계약직과 같은 성향의 딜러로 구분할 수 있습니다. 후자의 경우를 증권사 딜러라고 정의하고 말하도록 하겠습니다. 일반적으로 기업체에서 유로, 환율 등으로 큰돈을 벌었다거나 선박회사에서 BDI^{Baltic Dry Index, 발틱운임지수라고 한다. BDI 지수란 쉽게 말해서 운송료다. 배를 타면 가격을 지불하듯이 배로 화물을 수송할 때 내야 하는 운임이다} 등으로 돈을 벌었다는 직원들을 뽑아서 성공한 경우는 한 건도 없었습니다. 모두 100% 벌지 못하고 퇴사했습니다.

BDI 등을 매매하는 딜러를 채용했다는 얘기는 금융시장에 있는 저조차 처음 듣는 얘기인데요?

■■■■ 교보증권에서는 해외 상품이건 다른 상품이건 돈이 될 수 있는 것은 무엇이든지 매매를 했습니다. BDI를 매매하는 직원을 채용한 것도 돈이 될 수 있기 때문이었죠. 대형 해상운송회사에서는 환율 매매와 함께 BDI도 크게 매매합니다. 그러나 이런 큰 회사 말고도 중소 운송회사의 경우 오히려 투자회사 비슷하게 BDI나 환율을 적극적으로 매매하는 회사도 많습니다. 그런 중소 운송회사에서 2,000억 원을 벌었다고 소문난 직원도 채용해봤는데, 증권사 매매하고는 성격이 맞지 않아서인지 수익을 내지 못했습니다.

투신권에서 채권 펀드 매니저를 하다가 증권사 딜러로 옮긴 분들의 생존 확률은 어느 정도입니까?

■■■■ 일반 기업체 등에서 데리고 온 딜러들처럼 100% 실패는 아

니지만 70~80%가 실패할 만큼 펀드 매니저들 역시 생존확률이 높지 않습니다. 다만 다른 증권사에서 매매 경험이 있던 딜러들의 생존확률이 그나마 가장 좋았습니다.

같은 채권을 운용했었고 회사만 바뀐 것인데 채권 펀드 매니저의 실패 확률이 그렇게 높은 이유는 무엇입니까?

━━━ 투신사에서 온 펀드 매니저들이 분석을 못하거나 시장을 못 보는 것은 아닙니다. 다만 투신사에서 펀드 관리를 하다가 증권사에 오면 손실 한도도 다르고, 매매 방식과 성격이 전혀 달라 적응하는 것이 쉽지 않습니다. 펀드 매니저의 경우 전략팀에서 펀드 포트폴리오를 미리 짜주면 그 전략대로 대응할 뿐이지, 시시각각 변하는 시장에 능동적으로 신속하게 대응하도록 훈련이 되어 있지 않기 때문입니다.

교보투신 시절 스타 펀드 매니저로 있으면서 2억~2억 5,000만 원 정도의 고액 연봉을 받은 것으로 알고 있습니다. 교보증권에서도 연봉^{성과급 포함}은 높았습니까?

━━━ 교보투신에서보다는 좋았습니다. 다만 2004년 교보증권에 이직할 때만 해도 채권시장 딜러의 성과급률이 좋지 않았습니다. 더불어 순수하게 매매한 캐피탈 게인^{Capital Gain, 매매 차익}만 인정해주고 순수한 캐리^{Carry}는 인정해주지 않았습니다. 즉 방향성 매매만 인정해주고 차익거래 등은 인정해주지 않았지만, 제가 지속적으로 성과를 보여주어 채권 딜러로서는 처음으로 주식 파생 딜러들의 성과급률

을 받을 수 있었습니다.

특이하게도 채권 펀드 매니저 출신으로 교보증권 근무 당시 코스피 선물도 매매를 했죠. 채권쟁이로서 코스피 선물을 병행해서 운용하는 것이 쉽지 않았을 텐데 어떤 계기로 시작하게 됐습니까?

▬▬▬▬ 시장이 박스권일 때 제가 수익을 내지 못했습니다. 2006년 도에 처음으로 3억 원 정도 마이너스가 났습니다. 그 당시 채권시장은 완전히 갇힌 박스권장이었죠. 그래서 그 대안으로 2007년부터 코스피 선물을 같이 운용하기 시작했습니다. 그러나 적응하는 데 상당한 시간이 걸렸습니다. 3년 동안 수익을 내지 못하다가 2010년에 가서야 수익이 발생하기 시작했습니다. 다만 지금도 그런 생각에는 변함이 없지만 코스피시장은 상당히 어렵습니다. 가령 상승 추세라 하더라도 2p 상승하다가 아무 이유 없이 1p 밀렸다가 올라가기 때문에 버티거나 견디기가 너무 어려웠습니다. 매매를 많이 하는 스타일도 아니고 추세에서 수익을 내는 스타일인데 말 그대로 추세에서 버티지 못하니 수익을 내기가 쉽지 않았던 거죠. 요즘 채권시장도 코스피시장을 따라가는 것이 아닌가 싶을 정도로 시장도 어려워지고 추세도 되돌림이 많아졌습니다.

신한금융투자에 와서 코스피시장과 결별을 했는데 아쉬움은 없습니까?

▬▬▬▬ FICC 팀에서는 Fixed Income^{이자율 상품}, Currency^{통화}, Commodity^{상품}만 운용할 수 있고 Equity^{주식 관련 상품}는 운용할 수 없습니다. 당연히 코스피 선물을 매매하지 못하는 것이 아쉽기는 하지만 시장

은 연동되어 움직이는 것이기 때문에 코스피 대용으로 유로 혹은 유가 등 다른 상품을 운용하면 됩니다. 다만 같은 증권사라도 교보증권과 신한금융투자에서의 매매는 성격적으로 큰 차이가 있습니다. 교보증권은 중소형사였기 때문에 몇십억 원을 버는 것이 의미가 있었지만 신한금융투자는 대형사이기 때문에 운용 규모도 상당히 크고 벌어야 할 금액도 만만치 않습니다. 따라서 단타를 치거나 적은 수량으로 매매하는 것은 의미 없고, 전략적으로 시장에 대응해서 수익을 내는 방법을 모색해야 합니다.

신한금융투자에 입사하는 것을 상당히 주저했다고 들었는데, 그 이유를 알고 싶습니다.

━━━ 누구나 이직을 하고 싶지는 않겠지만, 저는 부득이한 경우가 아니면 처우조건에 따라 예민하게 회사를 옮겨다니지 않았습니다. IMF로 회사가 파산하여 새한종금을 나왔고, 교보에서는 계열사로 전근하였으므로 제 의지에 의한 이직은 이번이 처음이었습니다. 그러나 좀 더 큰 북Book을 가지고 대형사의 시스템적 접근을 가미하여 투자해보는 것이 나쁜 선택은 아닐 것이라고 판단했습니다. 그리고 신한금융투자 담당 본부장이 기존에 친분이 있었던 분이고, 저를 믿어주고, 영입하기 위해 조직 개편을 하면서까지 정성을 쏟아줘서 옮기게 됐습니다.

대형 증권사의 매매가 중소형 증권사의 매매와 다르다는 점을 잠깐 언급했는데, 선물사 성격의 B 증권에서의 매매도 교보증권과는 전혀 다른 성

격의 매매였습니까?

━━━━ 선물사에서의 매매는 데일리 트레이더 중에서도 초단타 매매인 스캘핑Scalping입니다. 오버나잇이 없이 하루 종일 장중에 치고 빠지는 매매입니다. 교보증권중소형 증권사에서의 매매는 주로 스윙Swing 스타일의 매매였습니다. 시장의 힘에 편승하여 2~3일, 짧게는 하루 오버나잇을 하여 승부를 보는 매매입니다. 반면 대형사의 매매는 전략을 수립하여 그에 맞는 포지션을 구축하여 좀 더 긴 기간을 투자하는 매매입니다. 물론 장중 변동성에 따라 포지션을 조정합니다. 이렇듯 증권사의 규모에 따라 매매 스타일이 다를 수 있습니다. 따라서 딜러는 선천적으로 타고 난 자신만의 리듬, 템포를 찾아 그에 맞는 매매 스타일을 만들어야 성공 확률을 높일 수 있습니다.

일상으로 돌아와 평범한 가장을 꿈꾸다

체질적으로 스트레스를 받지 않는다고 했는데, 그래도 스트레스가 쌓이면 어떻게 풉니까?

━━━━ 주로 휴가를 쓰거나 책을 읽습니다. 휴가는 워킹 데이로 1년에 30일 정도는 쓸 정도로 휴가를 자주 쓰는 편입니다.

개인적인 재테크는 어떤 식으로 하고 있고 성적은 괜찮습니까?

━━━━━ 재테크 성적은 100점 만점에 0점이라고 말하고 싶습니다. 주식은 안 하고 부동산 위주로 투자하는데 최근 성적을 보면 모두 마이너스입니다. 물론 과거 부동산시장이 좋을 때 아파트와 골프 회원권이 2배 이상 오르기도 했지만 그 후부터는 성적이 형편없어요. 베트남 펀드도 5년 지났는데 반 토막 났고, 그 외 다른 펀드들도 모두 마이너스입니다. 영종도 아파트도 반값이고, 이촌동 아파트도 상당한 손실이고, 골프 회원권과 콘도 회원권 등도 반 토막 난 상황입니다. 그 외 7년 동안 부은 변액 연금마저 10% 마이너스여서 개인 재테크 성적은 한마디로 말해 저조합니다.

본인은 시장에서도 책 마니아로 소문이 자자한데요. 어떤 책을 주로 읽습니까?

━━━━━ 역사와 인물에 대해 관심이 많습니다. 『도쿠카와 이에야스』도 몇 번 읽었고, 『삼국지』를 10번 읽지 않은 사람과는 대화를 나누지 말라고 했는데 저는 10번 넘게 읽었습니다. 그 외 『태백산맥』, 『토지』 등 대하 장편소설을 반복해서 읽는 것을 좋아합니다. 읽을 때마다 느낌이 다르기 때문입니다. 『로마인 이야기』도 5번 읽었는데 어제부터 6번째로 다시 읽기 시작했습니다.

　『로마인 이야기』에서는 특히 율리우스 카이사르라는 인물에 완전히 매료되었습니다. 그는 당시 여자, 돈, 정치, 언변술, 글 등 모든 방면에서 뛰어난 천재 중의 천재입니다. 로마원로원 600명 중 1/3에 해당하는 여자들을 애인으로 삼으면서도 헤어진 여자들한테 어떤 원망도 사지 않았다는 점이 그 사람의 매력을 단적으로 보여주

145

는 것이라 할 수 있습니다. 또한 돈 문제는 지금 화폐 단위로 환산하면 빚이 몇천억 원 정도 되지 않을까 싶은데 돈을 빌려준 사람들조차 그 인물에게 매료되었을 정도입니다. 제 사견으로는 인간적인 매력에 있어서는 역사적으로 가장 뛰어난 인물이라고 생각합니다. 연설도 간결했고 말 한마디로 청중을 사로잡는 능력이 있었을뿐더러 그가 쓴 『갈리아 전기』도 문체가 아주 간결하고 설득력이 있습니다.

율리우스 카이사르가 했던 말 중에 아직까지 기억하고 있는 명언이 있습니까?

━━━━ 아직까지 가슴에 새기는 말이 있습니다. "보통사람들은 자신이 보고 싶은 것만 본다. 보기 싫은 것은 의도적으로 피한다." 저는 이 말을 매매에 자주 적용해봅니다. 내 포지션에 따라 보고 싶은 것만 보고, 믿고 싶은 것만 믿으려고 하는 것은 아닌지 자주 반문해보는 것입니다.

딜러들에게 있어 체력이라는 부분도 상당히 중요한데 운동은 하고 있습니까?

━━━━ 골프를 무척 좋아합니다. 실력은 그렇게 뛰어나지 않지만 싱글도 한 번 쳤고, 주말에 몇 시간씩 걸으며 탁 트인 필드에 나가 신선한 공기를 마시고 오는 것을 좋아합니다. 운동 자체뿐만이 아니라 매매와의 연관성도 깊어서 더 좋아하는 것 같습니다.

골프와 매매에 어떤 연관성이 있죠?

──── 골프는 멘탈 게임입니다. 기본적으로 전략과 전술이 있어야 하고 롱 게임과 쇼트 게임을 모두 잘해야 합니다. 스윙에 들어가면 단순하게 아무 생각 없이 자신만의 스윙을 해야 합니다. 매매도 자기에 맞는 매매 방식을 찾아 단순하게 해야 합니다. 그리고 가장 중요한 것은 스윙에 힘이 들어가면 안 되고 유연해야 하는데, 매매노 절대 힘이 들어가면 안 되고 유연해야 합니다.

마지막 질문입니다. 살아오면서 제일 잘한 일은 무엇입니까?

──── 조금은 일찍 30세 전에 지금의 아내를 만나 결혼한 것이 가장 잘한 일입니다. 친구 좋아하고 술 좋아하고 노는 것을 좋아하는 스타일인데, 그 당시 친구들이 빚내서 흥청망청 놀러 다닐 때 저는 아내 덕에 많이 자제할 수 있었습니다. 아내를 초등학교 때 만나 대학에 들어가자마자 사귀기 시작했습니다. 지면을 빌려 아내에게 진심으로 감사하다는 말을 전하고 싶습니다.

그는 국채선물 5,000계약을 매도했을 때도 두렵지 않지만 아내는 여전히 무섭다는 얘기를 농담 삼아 했다. 더불어 경상도 사나이로서 아내한테 다정한 말을 건네본 적도 없는데 진심은 그렇지 않음을 알아줬으면 좋겠다는 얘기를 꼭 책에 실어달라는 부탁까지 했다.

이철진 팀장은 실력에 대한 평가만큼이나 시장에서의 인간적인 평가도 괜찮은 딜러다. 그가 그런 평판을 받는 이유는 매매에 있어 '남 탓'을 하지 않는 책임 의식에 기인하며, 그런 자신감과 책임 의식이 사람들로 하여금 그에게 매료되게 만드는 부분일 것이다.

그가 시장에 대한 분석과 공부를 게을리 하는 것은 아니나, 자신을 감에 의존하는 모멘텀 딜러라고 소개할 정도로 감각적인 부분을 중시한다. 그러나 그가 말하는 매매 원칙인 로스컷Loss Cut, 손절매, 유연성 그리고 인내는 그 중요성을 알면서도 상당수의 딜러들이 실천하기 어려운 부분이다. 그에 반해 이철진 팀장은 자신이 말하는 원칙을 몸으로 체득하여 기계적으로 매매에 실천하고 있다.

미련과 고집으로 상당수의 딜러들이 로스컷 원칙을 지키지 못하는데 반해 그는 로스컷과 함께 시장이 반대로 움직인다는 확신이 들면 반대 포지션에 과감히 베팅하는 유연성을 보여준다. 더불어 그 포지션에서 최대의 수익을 거두고 나오는 인내력도 갖추고 있다. 이것이 그가 최고의 펀드 매니저에서 최고의 딜러가 될 수 있었던 이유라고 생각한다.

이철진 팀장은 필자의 첫 번째 인터뷰이는 아니지만, 처음으로 섭외에 응해주었고 책에 대한 구상과 계획을 얘기했을 때 적극적으로 지지와 격려를 해주었다. 딜러로서 필자의 롤모델이기도 한 이철진 팀장의 격려와 응원은 큰 힘과 용기가 되었다. 지면을 빌려 감사의 인사를 전한다.

증권사 프랍 트레이딩Prop Trading

- 자기 자본으로 사고팔며 수익을 추구하는 매매를 말한다.
- 증권사와 은행 등 금융기관은 회사 자본을 이용해 주식, 채권, 외환, 원자재 등의 투자에 나서는데, 이를 자기 소유 유가증권 거래Proprietary Trading라고 한다.
- 다른 운용역과 다르게 증권사 프랍 트레이더는 야전의 승부사와 같다.

딜러들이 갖춰야 할 자질

- 책임 의식 : 매매의 모든 결과에 대해 전적으로 본인이 책임진다는 자세이다. 변명을 하거나 남 탓을 하지 않음으로써 매매에 온전히 집중할 수 있다.
- 로스컷Loss Cut : 손절매. 딜러에게는 가장 기본적인 매매 원칙이다.
- 유연성 : 율리우스 카이사르는 "보통사람들은 자신이 보고 싶은 것만 본다. 보기 싫은 것은 의도적으로 피한다"라고 말했다. 평범한 투자자들은 자신의 포지션이 롱이면 시장을 롱으로, 자신의 포지션이 쇼트이면 시장을 쇼트로 보려고 한다. 시장에서 살아남기 위해서는 자신이 보기 싫은 것도 보고, 인정하고 싶지 않은 것도 인정해야 한다. 이것이 곧 유연성이다.
- 인내 : 자신의 분석과 논리가 시장과 맞는다면 이익을 최대한 확보해야 한다. 추세가 형성된다고 판단할 때 작은 파동에 흔들려서는 안 된다.

05

채권 현/선물
차익거래의
일인자

김태연 차장과의 인연은 2002년 겨울로 거슬러 올라간다. 금융시장이 사람 장사라는 말이 있을 정도로 금융시장 내에서는 인맥이 절대적으로 중요하다. 그래서 학연, 지연 그리고 각종 인연의 끈으로 서로 돈독한 관계를 유지하는 경우가 많다. 그와 처음 만난 것은 모 대학 채권인 모임에서다. 채권인 모임은 채권 분야에 종사하는 은행, 투신사, 증권사, 자문사 등을 포함한 전 금융권에 종사하는 채권 딜러, 펀드 매니저, 애널리스트, 브로커와 기자들까지 모 대학 출신의 모든 채권 관련 종사자들이 한 자리에서 만날 수 있는 학연을 바탕으로 한 모임이다. 학연을 매개로 한 모임은 졸업 후에도 특유의 끈끈함으로 현재 채권시장의 강자로 자리매김 하고 있는 K대 모임을 비롯한 여러 대학 모임들과 강남에 위치한 S 고등학교 등 여러 고등학교 모임도 활성화되어 있다. 또한 토끼띠나 금남의 모임처럼 특정 연령이나 성별로 모임이 형성되기도 하는데, 김태연 차장과는 모 대학 93학번 모임을 통해 각별해진 관계이다.

김태연 차장은 입사할 당시 지점 리테일^{Retail, 증권사 지점에서 개인 고객의 주}식위탁과 자산 관리 업무 채권 업무를 담당했던 평범한 샐러리맨이었다. 그러나 이후 채권현물과 선물 차익거래에 독보적인 위치를 차지하고 시장에 이름을 알린 후 2008년 솔로몬증권으로 스카우트되어 2008년부터 지금까지 매년 연봉 10억 원을 받는 소위 잘나가는 딜러로 성장했다.

인터뷰 첫날은 심신이 무척 피곤하여 인터뷰에 집중하기 어려울 수 있다는 양해를 구했다. 인터뷰 직전에 솔로몬저축은행 사건[*]이 터지면서 솔로몬증권도 상당히 어수선한 분위기였고, 팀에서 주식 관련 사채[**]에 투자를 했는데 연이은 주식 하락으로 손실이 크게 발생해 팀 전체 손익이 인터뷰하는 날 마이너스로 돌아섰기 때문이다. 또한 개인적으로 투자하고 있는 주식에서 인터뷰 당일 증시가 대폭락하며^{62p 하락} 적지 않은 손실을 입음으로써 재테크 성적도 최악의 상황을 맞이한 날이기도 했다.

1차 인터뷰는 5시간 이상 진행되었으나 김태연 차장이 인터뷰에 집중하기에는 마음이 편치 못했고 친구를 만나는 기분에 사적인 이

---

[*]**솔로몬저축은행 사건** : 2012년 5월 6일 오전 6시를 기준으로 솔로몬, 한국, 미래, 한주 총 4개의 저축은행이 영업정지 처분을 받았다. 솔로몬저축은행은 총자산 5조 원, 거래자 수 33만 명 등 업계 1위의 저축은행으로 그 파급 효과가 상당했다. 2008년 부동산 경기 침체로 부실이 발생하기 시작해서 2010년까지 2,500억 원이 넘는 손실을 입고 결국 퇴출 명단에 오르게 되었다. 영업정지 처분 후 정상화 성과가 보이지 않아 결국 매각 처분되었다.
[**]**주식 관련 사채** : 주식 관련 사채는 CB와 BW처럼 주식으로 전환하거나 신주발행을 청구할 수 있는 권리가 붙어 있다. 적정 수준보다 낮은 가격에 이를 인수한 투자자는 주식으로 바꿔 많은 이익을 남길 수 있다. 기존 주주의 이익을 해칠 가능성이 크기 때문에 엄격한 기준에 따라 발행되는 게 일반적이다.

야기를 많이 하다 보니 책에 옮길 수 없는 내용들이 많아 한 달 후 2차 인터뷰에서 업무와 관련된 본격적인 인터뷰가 진행되었다. 2차 인터뷰 전일2012년 7월 13일 금통위금융통화위원회, 한국은행이 기준금리를 결정하는 곳으로서, 통화신용정책을 수립하고 한국은행의 운영에 관한 주요 사항을 결정하는 정책결정기구의 기습적인 금리 인하로 변동폭이 급격하게 확대된 후라 장중 집중 상노가 너 높았다. 또한 KTB 3년 선물을 LKTB 10년 선물로 착각하여 베팅한 500계약 매도 포지션에서 큰 손실이 발생하는 바람에 또 한 번의 심리적 타격을 입은 날이기도 하다머피의 법칙처럼 원하지 않는 포지션에서는 꼭 손실이 발생한다. 다만 두 달 만의 손실이고 대세에 큰 지장이 없기 때문에 2차 인터뷰는 차분하게 진행되었다.

샐러리맨으로
샐러리맨을
뛰어넘다

연봉 얘기부터 시작할까요? 동양증권에서 인센티브를 포함해서 7,000~8,000만 원 정도의 연봉을 받다가 7년 만인 2008년부터 매년 연봉 10억 원 정도를 받기 시작했죠. 직장생활을 시작하면서 그 정도의 연봉을 받을 수 있을 거라 생각했습니까?

────── 전혀 생각하지 않았습니다. 운이 좋았습니다. 채권현물과 선물을 연계한 차익거래 업무를 시작하게 된 것도 운이 좋았고, 정규직 팀에서 성과급률이 높은 계약직 팀으로 이직하게 된 과정도 운

이 좋았고, 무엇보다 훌륭한 팀원들과 새로운 팀을 구성할 수 있었다는 점에서 행운아라고 생각합니다.

그 과정은 차후 천천히 얘기하도록 하고요, 먼저 재테크에 관련된 얘기를 먼저하고 싶은데요. 수입은 주로 어디에 투자합니까?

━━━━━ 안전자산인 예금보다는 주로 부동산과 주식에 투자합니다. 금융시장에 종사하는 제 친구의 경우 리스크를 굉장히 싫어해서 본인이 살고 있는 집 외에는 주로 은행 등에 예금합니다. 정부에서 보장해주는 한도가 5,000만 원이다 보니 최악의 경우를 상정해서 이자까지 감안하여 4,500만 원 정도만 정기예금에 투자하고 있습니다. 지금까지 통장을 31개나 만들었다고 하니 그 친구도 경제적으로는 성공한 친구죠.

저는 주식에 상당 금액을 투자하고 있는데 최근 증시가 급락하면서 적지 않은 손실을 봤습니다. 2008년부터 큰 금액으로 주식 투자를 했는데 누적으로 봐도 손실입니다. 다른 직장인들은 딜러들이 장중에 시시각각 변하는 주식시장에 신속하게 대응할 환경이 갖춰져 있고 남들보다 고급 정보를 접한다고 생각하여 수익률이 좋을 거라 생각합니다. 하지만 장중에는 본업인 매매를 하느라 주식시장을 볼 여유도 없고 고급 정보만큼이나 옥석을 가리기 힘든 정보와 루머가 난무해서 오히려 역효과를 볼 때도 많습니다 차익거래 얘기를 풀어가기 전에 매년 그 정도의 수입을 어디에 투자하는지 개인적인 호기심이 발동하여 재테크 이야기부터 꺼냈다.

2008년부터 본격적으로 주식 투자를 했다면 그 당시 리먼 사태로 증시가

1000선이 붕괴되고 바닥을 다진 후 상승 국면으로 접어들 때로 생각됩니다. 수익이 괜찮았을 것 같은데 오히려 마이너스라고 하니 주식 성적은 좋지 못한 것 아닙니까?

—— 주식이 1200p선으로 반등하는 시점부터 큰 금액으로 주식시장에 뛰어들었습니다. 주식이 2000p까지 갔을 때는 수익이 괜찮았고 다시 1750p선까지 밀린 후 2200p선까지 반등할 때 추가적으로 상당한 수익을 거두기도 했습니다. 그동안 중간중간 조정은 있었으나 증시가 상승기라 돈을 번 것 같습니다. 2200p선 부근에서 지금 1800p가 붕괴되긴 했으나 1200p에서 주식 투자를 했다는 점을 감안할 경우 누적 손익이 마이너스로 전환된 것을 보면 심리가 무너진 상태에서 감정적으로 매매하다 손실폭을 키웠다는 생각입니다.

제 지인 중에서도 코스피 선물옵션 합성 매매로 지점에서 고객들 돈을 위탁받아 매매하고 있는 증권사 지점 직원이 있는데 한 달 평균 4~5%의 수익을 꾸준히 내고 있습니다. 그런데 본인 돈은 한 푼도 매매하고 있지 않아 그 이유를 물어보니 "내 돈이 들어가면 자꾸 힘이 들어가서 손절을 해야 할 때 고집을 부리거나 마음을 비우고 정리하고 나와야 할 때 조금 더 욕심을 부리는 등 원칙을 자꾸 어기게 되어 자신의 돈으로는 매매를 하지 않는다"라는 얘기를 했습니다.

—— 첫 번째는 자신의 돈이다 보니 감정이 개입될 수밖에 없습니다. 두 번째는 제 경우 장중에 주식시장에 집중하지 못하고 소극적으로 대응만 하다 보니 수익률이 좋지 못한 것 같습니다. 만약 주식시장만 하루 종일 쳐다보면서 집중해서 매매할 수 있다면 이야기

는 달라질 수도 있을 거라고 봅니다. 즉 차익거래를 하는 것처럼 치밀한 전략이 있고, 시나리오대로 매매를 한다면 주식시장에서도 승부를 걸어볼 만하다고 생각합니다.

증권사 딜러들이 주식을 매매해도 됩니까?

■■■■■ 세부적인 조항들이 있긴 하지만 자통법 실시 이후 자신이 다니는 증권사의 계좌로 매매를 할 경우 예전보다 상당히 자유로워져서 주식 투자하는 데 큰 어려움이 없어졌습니다(저자 주_자기 명의로 증권사 한 곳을 선택해 하나의 계좌로 매매하고 분기마다 내부에 보고하는 선에서 허용한다).

주위에서 돈을 얼마나 버는지 대부분 알 정도로 연봉을 감추지 않는데 돈을 많이 번다는 이유로 좀 곤란한 경험을 한 적은 없습니까?

■■■■■ 평범한 샐러리맨으로 시작해 연봉이 30배 이상 늘어났으니 주변에서 곤란한 부탁이나 혹은 주식 관련 정보를 이용해 같이 돈을 벌어보자고 하는 지인들이 많아진 것은 사실입니다. 그러나 제 신념이 돈 관계가 발생하면 아무리 가까운 친구라도 거리가 생긴다고 믿고 있어 상대방은 섭섭하겠지만 되도록 돈을 빌려주지 않습니다. 또한 회계사나 IB^{Investment Bank, 기업공개(IPO), 증자, 회사채 발행, 구조화 금융(Structured Finance), 인수합병(M&A) 등을 주간하고 자문하는 업무를 말한다}를 담당하고 있는 지인들이 고급 정보를 이용하여 투자를 권유하거나 수익의 얼마를 분배하자는 식의 제안이 들어온 적도 있지만, 항상 끝이 좋지 않은 것 같아 저는 정중히 거절합니다.

본인을 포함하여 다른 딜러들도 재테크 성적은 안 좋은 것 같습니다.

■■■■■ 일에 있어 매매와 개인적인 재테크는 별개의 영역이라는 생각입니다. 금융시장은 먹이사슬입니다. 논리 싸움보다는 힘의 논리에 의해 지배되는 약육강식의 세계처럼 먹고 먹히는 관계라는 뜻이죠. 지금 주식시장은 철저하게 외국인들의 힘의 논리에 의해 지배되는 시장입니다. 개인이 이 시장에서 돈을 벌기는 어렵다고 봐야죠. 역으로 제가 몸담고 있는 채권시장에서는 힘의 논리를 알고 힘의 작용을 어느 정도 이용할 수도 있기 때문에 제가 외국인과 같은 위치에 준한다고 볼 수 있어 꾸준한 수익이 가능하다고 생각합니다.

첫 직장은 어디입니까?

■■■■■ 2001년 6월에 동양증권 채권 운용팀으로 입사했습니다. 그 당시 동양증권에서 운용직열 6명, 지점직열 30여 명, 관리직열 10여 명 정도 뽑았는데 저는 운용직열 지원했습니다. 합격 후 운용팀 중 채권 운용팀으로 발령을 받아 첫 직장생활을 하게 되었습니다.

그 당시에도 운용직열은 상당히 경쟁이 높았을 것 같은데요?

■■■■■ 예, 지금은 경쟁이 더 치열해진 것으로 압니다만 그때도 운용직열에 들어가기가 쉽지는 않았습니다. 대학교 졸업학점을 3.3 정도 받았으니 나쁘지 않은 학점이긴 했으나, 그래도 뛰어난 학점은 아니었죠. 그보다 저는 면접에서 후한 점수를 받아 뽑힌 것 같습니다. 그 당시 면접관이었던 팀장이 대학 시절 운동권에 깊이 빠졌던 경험이 있어 학점보다는 제가 장수생이고 대학 시절에 다양한 경험

을 해봤다는 점을 높게 평가해줬습니다.

구체적으로 어떤 다양한 경험들을 했습니까?

━━━━ 면접까지 올라온 운용직열 서류전형 합격자들의 학벌과 스펙은 다들 좋을 수밖에 없습니다. 그러나 비슷한 질문에 대부분 대학 때 어떤 준비를 했고 어떻게 공부했다는 등의 모범답안들만 제시하다 보니 면접에서 차별화된 관심을 받지 못했습니다. 저와 같이 뽑힌 채권 운용역 동기 3명 중 1명은 S대 야구부 출신으로 대학 때 야구에 심취했던 친구고, 1명은 S대 출신 CPA 합격자인데 회계 전문가로 뽑혔고, 저는 댄스동아리 활동을 비롯하여 남들이 하지 않았던 분야에 열심히 매진했던 점이 높은 평가를 받아서 뽑힌 것 같습니다. 학구파로 공부만 파고 들었던 학생들의 경우는 매매에 있어서도 원칙에만 충실한 나머지 시장에 순응해서 때론 카멜레온같이 변해야 하는 유연성이 부족할 수 있다고 판단했던 것 같습니다.

처음으로 맡은 일은 어떤 업무였습니까?

━━━━ 지점 리테일 채권 상담을 했습니다. 대학 때 재무관리 시간에 듀레이션 정도를 배웠을 뿐 채권에 대해서는 기초적인 지식도 없었고, 증권회사에 취직한다고 하면 주식 관련 일을 할 것으로 기대했는데 채권 분야로 발령을 받아서 다소 실망한 것은 사실입니다.

지점 리테일 상담 업무에 대해 구체적인 설명을 부탁합니다.

━━━━ 기간상으로는 2년 넘게 했습니다. 채권에 대해 기본부터 배

울 수 있었고 어찌 보면 채권에 대해 이론부터 실무까지 전문가 수준에 가깝게 만들어줬던 업무였습니다. 지금도 유용하게 사용하는 엑셀을 이 업무를 하면서 자유자재로 다룰 수 있게 되었습니다. 지금은 증권사마다 그 중요성이 강조되어 채권에 대한 교육과 학습이 체계적으로 실시되고 있지만, 그 당시 지점 직원들은 채권에 대한 기본 지식과 정보가 부족했습니다. 가령 지점에서 채권을 팔면 그 채권을 분석해서 고객들에게 설명을 해줘야 했는데 증권사 직원들이 그것을 못했습니다.

그래서 지점 직원들 대신 채권 관련 업무를 도와줄 부서가 필요했고 그 부서가 리테일 부서라고 보면 됩니다. 예를 들어 만기 분석의 경우 채권에 투자를 하면 수익률Yield*과 이자락Ex-Interest**을 고객에게 알려줘야 했는데 그런 기본적인 부분도 시스템화되어 있지 않아 제가 엑셀로 산식을 만들어 한 장으로 출력될 수 있는 프로그램을 지점에 제공하였습니다. 지금은 HTS상에서도 고객들이 실시간으로 채

---

*수익률(Yield) : 증권의 소유로 인하여 얻을 수 있는 모든 수익(이자 또는 배당금과 매매 혹은 상환손익 및 환차손익)에 대한 증권 매입가격(투자원본)의 비율을 말한다. 예를 들어 채권의 경우 이율이 액면에 대한 이자의 비율이라면 투자원본에 대한 수익의 비율을 수익률이라고 한다. 수익률이라면 통상 만기 수익률을 의미하는데, 투자자가 최종 상환기간까지 채권을 보유할 경우 이자와 상환손익 등을 포함하는 1년 단위의 수익 대비 투자원본의 비율을 말한다. 만기 수익률은 이론적으로 채권 소유로부터 얻을 수 있는 모든 장래 소득의 현재가치(Present Value)를 현재 유통가격과 일치시키는 할인율(Discount Rate)이라고 할 수 있다.

**이자락(Ex-Interest) : 채권에서 이자 지급 시기의 경과로 이자를 받을 권리가 없어지는 것을 말한다. 이자를 수령할 권리를 표창하는 이표가 붙어 있는 이표채의 소지인은 당해 채권의 발행 조건에 정해진 이자 지급일에 이자를 지급받게 된다. 따라서 이자 지급일 이후에 당해 채권을 새로이 취득하는 자는 당해 이자에 대한 권리가 없어진다. 거래소는 이와 같은 내용을 투자자들에게 주지시켜 공정한 채권가격의 형성과 투자자 보호를 도모하기 위하여 이자락 조치를 취하고 있는데, 이자락은 이표채의 경우에만 발생한다.

권 정보를 파악할 수 있지만, 그때는 그런 전산 시스템이 없었기 때문에 제가 엑셀로 그런 프로그램을 만들어 지점에 제공했습니다.

어떤 분야든 기초가 가장 중요하다고 생각되는데요. 어찌 보면 상당히 귀찮고 힘든 일이었겠지만 그 팀에서의 업무가 채권에 대한 이론적인 지식과 실무 그리고 엑셀 습득능력까지 극대화시켜준 시기인 것 같네요?
━━━━ 예, 지점이 한두 군데도 아니고 많은 직원의 다양한 질문과 생각하지 못했던 궁금증까지 설명해주고 이해를 시켜주면서 채권 전반에 대한 지식과 소양이 단단하게 다졌습니다.

현/선물
차익거래에서
기회를 읽다

인생에 있어서 현/선물 차익거래 업무와의 만남은 지금의 김태연 차장을 있게 한 역사적인 사건으로 얘기될 수 있을 정도로 본인에게는 중요한 사건이었는데요. 언제부터 현/선물 차익거래 업무를 맡게 된 겁니까?
━━━━ 그 당시 조직 시스템이 순환보직이어서 지점 리테일 업무를 2년 반 정도 한 후, 2003년 겨울에 입찰과 호가 제시 등 시장조성 Market Making, 유가증권의 모집 또는 매출을 원활히 하기 위해 모집 또는 매출한 증권의 수급을 상장 후 일정 기간 조성하는 것 업무가 주인 PD 업무와 차익거래를 함께하는 부서로 이동했습니다.

2003년 차익거래를 할 당시 이미 선물거래소가 1999년에 설립되었고 국채선물*이 매매되기 시작한 후 5년이나 지난 시점이기 때문에 시장에서 차익거래가 활발하게 이뤄졌을 것 같은데요?

─────── 국채선물은 이미 하나의 시장으로 자리를 잡았지만 차익거래를 하기 위해서는 중간에 차입자와 대여자를 연결해주는 공신력 있는 금융기관이 필요했습니다. 그러나 2002년 말에 가서야 증권금융에서 처음으로 수수료를 받고 대차 업무를 하기 시작했기 때문에 그 당시 차익거래 시장은 걸음마 단계에 불과했습니다. 채권의 기본 단위가 100억 원이기 때문에 차입자를 보증해줄 수 있어야 하고 채권을 빌리면서 다른 채권 등으로 담보를 맡겨야 했는데 차입기관과 그 담보채권을 관리해주는 시스템을 증권금융에서 처음 만든 거죠. 제가 2003년 말에 차익거래를 시작할 때 3~4군데 다른 증권사에서도 차익거래를 했지만 그 규모 자체가 상당히 작았고, 동양증권에서도 제가 이 업무를 맡을 당시만 해도 전담 운용역 없이 PD 업무를 하는 딜러가 차익거래 업무를 부수 업무로 생각하고 병행할 정도로 규모가 크지 않았습니다.

---

*국채선물(Korean Treasury-Bond futures) : 한국거래소 파생상품시장에서 거래되는 3년 만기, 10년 만기의 대한민국 국고채에 대한 선물이다. 대한민국의 유일한 채권선물거래로 3년 만기 국채선물이 1999년 9월 29일부터, 5년 만기 국채선물은 2003년부터 한국선물거래소에 상장되어 있고 2008년 2월에는 10년 만기 채권선물(Long-Term KTB)의 거래도 시작되었다. 3년 만기 및 5년 만기 국채선물(KTB)은 표면금리 8%의 이표채를 대상으로 하면서 만기일 실제 국고채를 인수도결제하지 않고 가격 차만을 현금으로 결제하는 방식이다. 10년 만기 국채선물(LKTB)은 표면금리 5%의 잔존만기 5년 6개월 이후인 국고채를 실물결제하는 방식이었으나, 2010년 10월 25일부터 최종 결제 과정을 단순히 하고, 투자자의 실물 인수도 부담을 없애기 위해 현금결제 방식으로 변경하였다.

구체적으로 300억 원, 600억 원 정도의 최대 2바스켓^{Basket, '통으로 묶}다' 라는 뜻으로 KTB 3년물 바스켓은 국고채 3년물 2개 종목과 국고채 5년물 1개 종목을 혼합하여 3종목으로 구성되고, LKTB 10년물 바스켓은 국고채 10년물 2개 종목으로 구성된다 정도만 매매되고 있었습니다. 일반인들이 생각하기에는 큰 금액이라고 생각할 수도 있지만 채권은 기본 단위가 100억 원이기 때문에 채권 분야 종사자들이 흔히 얘기하듯 채권 3개 내지 6개 정도만 매매하고 있었습니다.

채권 현/선물 차익거래에^{매도차익거래} 대한 기본적인 설명 부탁합니다.

━━━━ 차익거래 순수익은 수익에서 비용을 차감하면 쉽게 예상이 가능합니다. 3-5년 스프레드의 변화가 없고 담보 물건이 미치는 영향이 미비하다고 전제하면 고정비용은 '대차 수수료, 중개 수수료 및 현/선물거래 수수료와 역마진비용' 등으로 예측 가능합니다. 예를 들어 100계약 기준 만기까지 3개월이 남았다고 가정하고 차익거래를 엮을 시 '대차 수수료, 중개 수수료'를 합쳐서 7bp^{*1년 기준 대차 수수료 26bp, 중개 수수료 2bp 가정 28÷4=7bp}, 거래 수수료 2bp, 역마진비용이 6bp^{담보 채권금리가 대차 채권금리보다 높을 시 수익이 발생할 수도 있으나 평균비용을 3개월 기준 6bp로 가정}가 발생한다고 하면 총비용은 15bp입니다.

그렇다면 수익도 손실도 '0'인 적정 저평은 3개월 잔존기준 15틱에서 형성되어야 하지만, 시장참여자들의 이해관계와 시장의 여러 변수들로 인해 실제 저평은 그보다 높거나 낮게 형성됩니다. 그래서 잔

---

*bp(basic point) : 한국 금융시장에서 금리나 수익률은 나타내는 데 사용하는 기본 단위로 100분의 1%를 의미한다.

존 기간을 감안한 저평이 적정 저평보다 높게 형성되면^{저평가가 심화되면} 매
도 차익거래를 엮고, 저평가 정도가 회복되어 차익이 발생하거나 추
후 기회가 다시 올 것으로 기대되면 기존 엮었던 매도 차익거래를 풀
게 됩니다(저자 주_증권사에서는 주로 매도 차익거래를 엮는다. 첫 번째 이유는 선
물의 저평가가 일반적인 현상이기 때문이고, 두 번째는 매수 차익거래의 경우 채권을
매수하기 위한 자금이 필요하기 때문이다).

**차익거래 업무를 맡고 나서 6개월 만에 한도가 5,000억 원까지 늘어났는
데요, 그 과정을 자세히 설명해주시죠.**

━━━━━ 제가 와서 보니 차익거래는 차익거래인데 정말 단순한 차익
거래를 하고 있었습니다. 채권선물의 경우 3개월마다 근월물이 만기
가 되고 원월물이 본격적으로 거래되면서 차익거래도 3개월 단위로
청산이 됩니다. 그리고 청산과 동시에 3개월마다 새롭게 차익거래가
다시 시작됩니다. 단순한 차익거래라고 하는 것은 3개월 단위의 원
월물이 근월물로 대체되는 만기 시점 전후로 채권현물과 채권선물
을 엮은 포지션을 3개월 내내 유지하고 있다가 3개월이 지나 다시 근
월물이 만기가 되는 시점에 저평이 제로에 가깝게 수렴될 때 청산하
는 매매를 말합니다. 그런데 저는 한 번 엮은 차익거래를 만기 시점
부근에 정리하는 것이 아니라 한 달 한 달 구간을 나누어 분석한 후
평균 저평 레인지에서 벗어나면 적극적으로 매매에 가담했습니다.
즉 첫달에는 적정 저평이 30틱이라고 할 때 저평이 갑자기 10틱으로
줄어들면 기존에 엮었던 차익거래 포지션을 모두 정리하고, 다시 저
평이 20틱으로 늘어나면 다시 차익거래를 엮는 매매를 했던 거죠.

　　진입과 청산 시점을 3개월 단위로 끊어서 매매한 것이 아니라 3개월이라는 기간 동안 저평의 움직임을 분석해서 한 달 단위로 진입과 청산 시점을 늘려서 수익을 극대화한 거죠. 기존 차익거래보다 수익이 크게 향상되고 팀장이 나름 매매 감각이 있다고 판단을 했는지 3개월 만에 한도를 3,000억 원까지 늘려줬고, 그 후 3개월 만에 다시 5,000억 원으로 한도가 늘어났습니다. 그리고 그 즈음부터 PD 업무를 병행하지 않고 차익거래 전담 딜러로 활동하기 시작했습니다.

저도 2010년까지는 차익거래를 했습니다. 그런데 지금은 차입자로서 대여자를 찾아서 물건을 빌리기도 어렵고 저평도 수익을 기대할 수 없을 만큼 줄어들어 차익거래를 하고 있지 않습니다. 그 당시에는 초창기 시장이어서 차익거래하기가 수월했죠?

━━━━━ 그 당시에는 지금처럼 투신사, 은행 등이 차익거래를 비롯하여 대차 매매*를 하지 않았던 시기였고 국민연금 등의 큰 기관에는 지표채권들이 쌓여 있었습니다. 대여 시 수수료 수입까지 챙길 수 있었기 때문에 빌려주려는 기관들은 많았지만, 빌리려는 기관은 적어서 상대적으로 수수료도 저렴했습니다. 당연히 물건을 빌리기도 쉬웠고 차익거래를 저처럼 큰 한도로 엮는 기관들이 생기기 전이라 저평도 일정한 패턴을 가지고 움직여서 매매하기도 쉬웠습니다. 그래서 한도가 5,000억 원이라도 지금은 5,000억 원을 모두 차익거

---

*대차 매매: 증권금융 등을 통해 채권을 빌린 후 시장에서 매도하여 다양한 수익을 창출하고자 하는 매매를 말한다. 대표적으로 차익거래와 일드커브(Yield Curve, 수익률곡선) 전략 등이 있다.

래로 엮기가 쉽지 않은데 반해 그 당시에는 한도까지 엮는 것이 그
다지 어렵지 않았습니다.

저평이 일정한 패턴을 갖는다고 했는데 구체적인 설명을 부탁합니다.

━━━━ 돈을 벌기 위해서는 어떤 시상이든 흐름과 패턴을 분식해
서 규칙을 찾아내는 것이 가장 중요합니다. 차익거래의 경우 선물
이 3개월마다 만기가 돌아왔기 때문에 그 3개월 동안 한 달 한 달 어
떤 패턴을 가지고 저평이 움직이는지를 파악하기 위해 노력했고, 비
용 분석도 철저하게 했습니다. 시간이 흘러가면서 채권가치가 상승
할 수도 있고 비용도 증가할 수 있기 때문에 수익과 비용이 될 수 있
는 변수와의 관계를 파악하려고 노력했습니다. 예를 들어 가령 3월
셋째 주 화요일이 만기라고 하면 만기 시점 전후로 새로운 차익거래
를 엮게 되는데 3월을 첫 번째 달이라고 하고 만기가 6월에 돌아오
니 만기 달을 넷째 달로 규정하고 설명하겠습니다.

첫 번째 달 차익거래를 엮을 때는 20~25틱 전후로 저평이 시작됩
니다. 두 번째 달에 가면 기관들의 선물 매도 수요가 많아져 오히려
저평이 35틱 수준까지 늘어납니다. 그리고 세 번째 달과 네 번째 달
에 저평이 줄어들어 만기에 저평이 '0'으로 수렴되는 일정한 패턴을
보여주었습니다. 2003년도 말부터 2005년까지는 차익거래 시장참여
자들이 적어서 이런 정직한 패턴이 유지되었습니다.

근월물과 원월물이 교체되는 시점의 저평보다 오히려 시간이 경과한 두
번째 달 저평이 높아진다는 것이 쉽게 이해되지 않는데요?

━━━━━ 국채선물을 헤지 등의 목적으로 장기간 보유해야 하는 모든 기관들은 선물 만기가 3개월이기 때문에 근월물을 정리하여 원월물로 교체하는 롤오버*를 해야만 합니다. 기간이 많이 남아 있을 때는 저평을 생각하지 않던 기관들이 롤오버 시기가 되면 저평을 계산하고 근월물과 원월물의 스프레드 그리고 채권 바스켓 종목이 바뀌는 것에 대한 종목 간 스프레드도 모두 감안해서 미세하게 튜닝하고 대응하기 때문에 합리적 가격인 적정 저평 25틱 전후로 롤오버가 됩니다. 그러나 롤오버가 끝나면 또다시 선물만기가 3개월이나 남아 있고, 특히 금리 상승기에는 선물 헤지 수요가 많이 발생합니다.

또한 외국인의 경우 현물을 매수하지 않고 선물시장에서만 주로 매매했기 때문에 저평을 생각하지 않고 선물을 매도해서 이들의 매매 영향으로 저평이 50틱 수준까지 벌어지기도 했습니다. 세 번째 달 정도 되면 20틱 수준까지 줄어든 후 다시 만기달인 네 번째 달로 접어들면 10틱 수준으로 급격하게 줄어든 후 마지막 날에 저평이 '0'으로 수렴되는 양상을 보였던 거죠. 그래서 차익거래 딜러들이 그 3년 동안 편안하게 돈을 벌 수 있었습니다.

2006년부터 차익거래 시장참여자들이 크게 늘어났습니까?

━━━━━ 2005년부터 시장참여자들이 본격적으로 늘어났고, 2006년

***롤오버**(Roll-Over) : 채권이나 계약 등에 대해 당사자 간의 합의에 의해 만기를 연장하는 것을 의미하거나 선물계약과 연계하여 차익거래 등의 포지션 등을 청산하지 않고 다음 만기일로 이월하는 것을 말한다.

들어 증권사들의 차익거래 한도가 크게 증가하기 시작했습니다. 그 때는 증권사 운용팀뿐만이 아니라 인센티브를 40% 수준까지 주는 증권사 계약직 영업팀까지 공격적으로 차익거래를 하기 시작했습니다. 처음 시작한 것은 아니지만 동양증권이 차익거래를 적극적으로 하기 시작했고 돈도 많이 벌고 있다는 소문이 퍼지면서, 다른 증권사에서도 외부에서 사람을 영입하든 내부에서 인원을 충원하든 전담 직원을 두고 차익거래를 시작하게 된 거죠. 그전부터 차익거래의 강자로 소문이 나기도 했지만 S 증권 채권 영업팀의 경우 차익거래 한도가 1조 원까지 늘어났습니다.

2006년도 이후 시장이 어떤 식으로 변했습니까?

▬▬▬▬ 다음 세 가지 정도로 압축할 수 있습니다.

첫째, 저평이 예전보다 현격히 줄어들었습니다. 증권사 운용팀을 비롯해서 영업팀까지 너도나도 차익거래시장에 뛰어들기 시작했고 2006년부터 은행들과 투신사가 차익거래시장에 참여하면서 차익거래 시장참여자들이 많아졌습니다. 그러다 보니 저평이 큰 폭으로 늘어나기 전에 합리적 적정 저평 수준에서 차익거래를 엮게 되면서 저평이 예전같이 벌어지지 않게 됐습니다.

둘째, 비용이 많이 늘어났습니다. 초창기에는 차입자가 대여자에게 주는 수수료가 1년 기준 15~20틱 수준이었습니다. 즉 1년에 100억 원을 대차로 빌릴 경우 한 달 기준 150만 원 전후의 부담 없는 수준이었습니다. 그런데 2010년 대차 채권 품귀현상^{특정 현물채권을 빌리려는 기}

관은 많고 그 지표물의 발행 물량이 적어 기관이 빌려줄 수 있는 물량도 제한되어 있어 상대적으로 수수료가 많이

오르는 현상을 말한다. 흔히 배추파동과 같은 현상이 채권시장에서도 자주 발생한다이 있었을 때는 70

틱 수준까지 늘어난 적이 있습니다. 한 달에 500만 원 이상씩을 대차 수수료만으로 주게 되어 상당히 부담스러웠죠.

셋째, 대차 채권 빌리기가 어려워졌습니다. 초창기에는 증권금융 대차 담당직원이 일일이 대여자와 차입자를 찾아다녔습니다. 당시 에는 대여자는 많았으나 차입자가 적어 대차 채권을 구하기도 쉬웠 죠. 더불어 예탁원이 후발 대차 중개기관으로 참여하면서 더욱더 수 월하게 대차 채권을 확보할 수 있었습니다. 동양증권이 그 당시 차 입기관 중에서는 큰 기관이었기 때문에 대차 물건을 동양증권에 우 선적으로 빌려주기도 했습니다. 그러나 차츰 차익거래기관이 많아 지고 한도도 대폭 확대되어 대차 채권에 대한 수요가 늘어나면서 대 차 채권 구하기가 어려워졌고 어느 순간부터는 차입자가 직접 대여 자를 찾아서 대차 채권을 빌려야 했습니다. 예탁원과 증권금융의 경 우도 예전 소위 갑을관계의 을이 아니게 되었습니다. 즉 차입기관을 선정하지 않고 중개기관에 들어온 대차 채권의 경우 차입기관들이 서로 대차 채권을 확보하기 위해 경쟁을 하다 보니 중개기관 담당자 에게도 잘 보이려고 노력하는 단계까지 가게 된 거죠.

그 말을 들으니 제 경험도 생각이 납니다. 구체적으로 중개기관명을 말할 수 없으나 대차 담당직원과 친해지기 위해 술도 마시고 연락도 자주 했 습니다.

■■■■ 증권사를 비롯하여 은행, 투신권 등도 차익거래시장에 뛰 어들면서 물건을 빌리려는 차입자가 늘어나다 보니 자연스럽게 물

건을 빌리려는 영업시장이 생겨나기까지 했습니다. 일부이긴 하지만 현물 브로커들이 물건을 빌려올 경우 얼마의 수수료를 요구하는 사례까지 있었다고 들었습니다. 다만 순수하게 영업 목적으로 자신의 고객이 차익거래를 위해 대차 채권이 필요할 경우 자신의 또 다른 고객을 통해 대차 채권을 빌린 후 차익거래기관에 다리를 놓아주는 식으로 또 다른 영업시장이 형성된 것은 사실입니다.

여담이지만 후발주자였던 예탁원의 경우 예탁부를 볼 수 있었기 때문에 어느 기관에 어떤 지표물이 얼마만큼 있는지를 확인할 수 있어서 증권금융과의 대차 시장점유율을 역전시킬 수 있었습니다. 저역시 초창기 증권금융을 이용하다 예탁원 담당자가 적극적으로 영업을 하기도 했고, 시스템적으로도 잘 갖춰져서 그 후로는 예탁원을 주로 이용하고 있습니다.

2006년도 이후 저평은 예전과 다르게 일정한 패턴이 없어졌죠?

━━━━ 2006~2008년까지는 일정한 패턴도 없어지고 처음에는 저평이 20틱 안팎에서 시작해서 10틱으로 줄어들더니 그 양상이 심해지면서 2007년 말에서 2008년 초에는 저평이 5틱으로 출발하기 시작해서 3개월 내내 이 수준에 머물기도 했습니다. 평균비용이 15틱인데 차익거래를 할 이유가 없어진 거죠. 또한 이 시기가 금리 상승기여서 담보 채권으로 사두었던 채권에서 큰 손실이 발생하면서 조금은 안일하게 시장에 진입한 기관들이 차익거래를 접기 시작했습니다. 그리고 2008년 리먼 사태가 터지면서 기존의 선수들 빼고는 대부분 퇴출됐습니다. 그 후 역사는 반복된다고 다시 저평이 벌어지

기 시작했습니다.

요약하자면 각 기관마다 차익거래 전담 딜러들이 대거 등장했으나 철저한 분석과 위기 상황에 대처하기 위한 시나리오도 없이 돈 버는 시장이라는 말만 듣고 안일하게 차익거래에 참여했습니다. 그러다가 시장금리 상승기에 손실이 났고 결정적으로 리먼 사태 때 큰 손실이 발생하면서 대부분의 기관이 차익거래를 접었다고 해석이 되는데요. 리먼 사태가 터지고 나서는 오히려 기준금리가 계속 인하됐는데 왜 손실이 발생했던 거죠?

━━━━━ 크레딧 리스크Credit Risk, 금융거래의 상대방이 계약에 명시된 의무의 이행에 대한 요구를 충족시키지 못할 위험을 말한다가 발생하고 본드Bond–스왑*시장이 무너지면서 손실이 발생했습니다. 본드–스왑 스프레드 레인지가 5년물 기준 20~40bp가 적정 수준이었는데 80bp까지 벌어졌죠. 본드–스왑 딜러의 여러 전략 중 채권을 매수하고 스왑으로 쇼트 포지션을 가져가야 자신의 스프레드 포지션이 완성되는 경우가 있는데, 스왑시장이 무너지면서 스왑으로 쇼트 포지션을 가져가지 못하니까 국채선물로 매도를 하게 된 거죠. 그러다 보니 5년물 현물은 강세가 지속되는데 선물가격만 밀리게 되고, 저평은 늘어나는 것 같지만 그 안의 내용을 보면 5년물이 강세를 보이고 있어 실질적으로는 손실을 입

---

*스왑(Swap) : 거래 당사자들의 특별한 이해(Needs)에 부합하도록 자유롭게 설계하여 변형될 수 있는 비표준화된 파생금융상품으로, 당사자 간에 사전에 약정한 방식에 따라 특정한 현금흐름을 일정 주기로 일정 만기까지 상호 교환하기로 한 장외거래 쌍무계약을 말한다.

게 됩니다.

또한 크레딧 리스크로 단기물이 약해지다 보니^{담보물 손실} 금리 상승기에 나타나는 단기물 약세 현상도 지속된 거죠. 기존에 매도 차익거래^{현물 매도-선물 매수}를 엮었다면 5년물 현물은 강해지고 선물은 약해졌으니 불가피하게 손실을 입게 되고 손질로 지평이 더 벌어지면서 또 손절을 유노하게 되었습니다. 국고채 3 5년물 스프레드가 그때 10bp 초반까지 좁혀졌습니다. 그 후 차익거래에서 발을 빼는 기관들이 많아지면서 다시 저평이 늘어나기 시작했습니다. 그러나 저평이 30틱으로 벌어져 수익 룸이 생겨도 차익거래를 엮는 것이 예전처럼 쉽게 돈을 버는 구조가 아님을 몸으로 경험했기 때문에 그 후부터는 섣불리 다른 기관들이 차익거래에 가담하지 못했습니다.

차익거래를 직접 해보지 않으면 이해하기가 쉽지 않아 독자들을 위해 제가 만들어놓은 교육용 자료는 부록으로 첨부하도록 하겠습니다^{부록 321페이지 현/선물 차익거래}. 다만 위의 내용을 좀 쉽게 풀어드리면 차익거래 현물 바스켓이 3년물 200개^{억 원}와 5년물 100개^{억 원}로 구성되어 있는데 현물을 매도하고 선물을 매수하는 매도 차익거래를 엮을 시 5년물만 강해지고 3년물이 약해지면서 저평이 변하지 않을 경우 5년물이 강해지고 3년물이 약해지는 스프레드 차이만큼 손실을 입게 됩니다. 차익거래를 엮은 후 손익에 가장 큰 영향을 미치는 변수로 위와 같은 바스켓 종목 간 스프레드 변화와 담보 물건 금리 변화를 꼽을 수 있습니다.

크레딧 리스크에 대해서도 자세한 설명을 부탁합니다.

━━━━ 크레딧 리스크는 금융거래의 상대방이 계약에 명시된 의무의 이행에 대한 요구를 충족시키지 못할 위험입니다. 지금은 기축통화가 달러이기 때문에 달러를 제외한 우리나라를 포함한 아시아 채권, 아시아 주식 등의 모든 자산이 크레딧 리스크라고 보면 이해가 쉬울 것 같습니다. 리먼 사태가 터졌을 때 우리나라 주식이 폭락하고^{주식 약세} 국고채 금리를 비롯하여 채권금리가 폭등하고^{채권 약세} 환율도 1,500원 이상으로 폭등^{환율 약세}했던 예에서 알 수 있듯이 크레딧 리스크 때문에 모든 자산이 약세로 돌아선 거죠.

리먼 사태 전후로 손실을 입지는 않았습니까?

━━━━ 저 역시 손실이 발생했습니다. 그런 구조에서 손실이 나지 않기란 쉽지 않았죠. 다만 저의 경우 조금 더 빨리 시장에 대응해서 손실을 최소화했기 때문에 그다지 큰 타격은 없었습니다. 또한 바스켓물에 대한 구성비율에 대해서도 심각하게 고민하기 시작했습니다. 그래서 그 전까지는 바스켓물 3종목을 원칙대로 100억 원씩 가져갔으나 리먼 사태 이후로는 시장 상황에 따라 그 구성에 적극적으로 변화를 주었습니다. 2009년부터는 3-5년물 스프레드가 더욱 크게 움직였기 때문에 그때부터는 저평의 움직임 이상으로 바스켓 스프레드 구성비율에 대한 베팅이 더 중요해지기 시작했습니다. 그래서 리스크를 감수하면서 스프레드 전략을 적극적으로 활용한 매매를 하기 시작했습니다.

야전에서
딜러 인생을
다시 설계하다

그 변화의 시기에 동양증권에서 솔로몬증권으로 이직했는데요. 동양증권에서 인정받고 정규직으로 조금은 안정되게 근무힐 때라 돈을 벌 수 있다는 확실한 보장도 없이 중소형 증권사 채권 영업팀의 계약직 운용역으로 이직하는 것이 쉽지 않았을 것 같습니다.

██████ 그때 결정적 계기가 있었습니다. 골드만삭스에 근무했던 분이 부사장으로 오면서 조직에 변화가 생겼습니다. 그 당시 수익 보전 차원에서 채권 영업팀으로 발령받아 그 부서에서 차익거래를 하고 있었는데, 부사장이 오더니 차이니스 월Chinese Wall*이라고 차익거래를 하지 못하게 했습니다. 제 입지가 애매해져서 어쩔 수 없이 몇 달간 영업을 하긴 했으나 저와 스타일이 맞지 않았습니다. 제가 그 당시 할 수 있었던 것은 영업을 계속 하거나 운용을 위해서는 다른 회사로 옮기는 것밖에 없었습니다. 그러던 중 친분이 있었던 현 팀장이 솔로몬증권에서 팀을 새롭게 만든다고 해서 합류하게 됐습니다.

만약 운용팀에 계속 있었거나 영업팀이라도 차익거래를 계속할 수 있었

---

*차이니스 월(Chinese Wall) : 차이니즈 월은 중국의 만리장성을 말하며, 만리장성이 구획을 가르는 견고한 벽인 것처럼 내부거래의 정보 교환을 철저히 금지하는 정보 방화벽을 의미한다. 즉 영업팀에서는 영업 관련 업무만 해야 하고 운용 관련 업무를 하지 못하게 하는 것을 뜻한다.

다면 회사를 옮기지 않았을 것처럼 들리는데요.

━━━ 예, 맞습니다. 자존심이 워낙 센 성격이라 영업이 체질에 맞지 않았습니다. 그리고 동양증권에서 차익거래를 그대로 할 수 있었다면 굳이 다른 회사를 찾아서 옮기지 않았을 겁니다. 왜냐하면 지금도 아침이면 "오늘 내가 과연 수익을 낼 수 있을까?"에 대한 의구심과 두려움이 앞서는데 그 당시에는 이직해서 돈을 벌 수 있을지 더 불안한 때였습니다. 매매에 대해 부연 설명하자면 운용하는 사람들 중에서도 저는 무척이나 예민하고 섬세하며 상당히 철두철미한 성격입니다.

장중에 매매를 하면서 시장 상황에 따라 새로운 시나리오가 짜이고 늘 그 시나리오대로 매매를 하려고 합니다. 가령 "내가 장내 채권시장에서 매수를 하게 되면 장내 채권시장의 움직임은 어떻게 변하고 그에 따라 채권선물시장은 어떻게 움직일 것이고 만약 그렇지 않으면 나는 이렇게 정리하거나 손절할 것이다" 이런 식의 시나리오를 장중 내내 그려가면서 매매합니다. 저는 직감에 의존해서 매매한 적이 없습니다. 항상 전략과 전술을 짜고 매매합니다. 늘 대비책을 먼저 생각하고요. 그래서 일중 손실이 마이너스가 되는 날이 많지 않습니다.

장내 채권시장에 대한 얘기가 나왔으니 구체적인 설명을 부탁합니다.

━━━ 과거 채권거래는 중개기관인 증권사를 통해 장외에서 100% 가까이 거래가 됐습니다. 메신저와 전화를 통한 장외거래가 주가 되다 보니 거래의 투명성이 확보되지 않아 여러 문제점들이 노

출되었죠. 그래서 투명성, 안정성, 편의성과 익명성 등을 제공하고자 정부가 장내 채권 시스템을 개발하고 장내 채권거래를 활성화시키기 위한 다각적인 노력이 이뤄졌습니다. 그 일환으로 증권사 내 PD 업무가 신설되고 금리 지원을 비롯하여 여러 인센티브를 제공하여 지금은 차익거래 3년물 바스켓과 10년물 바스켓 현물의 경우 장외 시장보다 거래량이 많아졌습니다.

2010년 이후로는 저평이 줄어들면서 순수한 차익거래로 수익을 내던 시기는 지난 것 같습니다. 최근에는 어떤 매매로 수익을 내고 있습니까?

▬▬▬ 작년부터 10년물 현물과 선물을 이용해 상당한 수익을 거두고 있습니다. 3년물 차익거래는 저평이 10틱 이내에서 시작되어 순수한 차익거래로 수익을 내던 시기는 지났습니다. 그 대신 10년물 차익거래와 레깅 전략*으로 수익을 내고 있습니다. 10년물 차익거래는 장중에 꾸준히 저평이 10~15틱 수준을 유지하고 있어 차익거래 기회도 있고 3년물 차익거래 선수들이 10년물 차익거래시장에 대거 유입되면서 유동성이 보강되어 레깅 전략으로 괜찮은 수익을 거둘 수 있습니다.

또한 주식에서는 개인들이 심리를 극복하지 못해 늘 을의 입장에서 당할 수밖에 없다고 얘기한 것 같은데, 10년물 시장의 경우에는

---

*레깅(Lagging, 시간 차) 전략 : 차익거래의 경우 양 시장(현물시장과 선물시장)에서 상대적으로 안정적인 수익을 올리기 위해 동시에 주문을 집행하지 않고 한 시장에서 먼저 매매를 실행시킨 다음 시장 상황을 보면서 다른 시장에서 나머지 매매를 실행시키는 전략을 말한다.

개인들처럼 심리적으로 견디지 못하고 끌려다니는 매매 참여자가 있습니다.

채권 10년물 장내거래와 10년물 채권선물의 경우 개인들의 매매 가담률이 저조한데, 어떤 세력을 말하는 겁니까?

━━━ 10년물 장내거래와 선물 매매 참여자의 경우 실 매매자가 50%라면 시장조성자^{기관}가 50% 정도 된다고 봅니다. 50%에 해당하는 시장조성자들의 경우 시장 심리에 취약할 수밖에 없습니다. PD 업무를 하는 시장조성자들은 시장에 참여해서 돈을 버는 것이 목적이 아니라 10년물 시장의 활성화를 위해 거래를 많이 하고 PD 점수를 높여 다른 부분에서 혜택을 받는 것이 주 목적이기 때문입니다. 시장조성을 하되 이익보다는 손실 입는 것을 최소화하기 위한 매매에 집중할 수밖에 없습니다. 따라서 시장조성을 위해 장내든 선물이든 10년물로 매매에 가담할 경우 수익이 발생해도 길게 끌고 가지 못하고, 시장이 반대로 가면 견디지 못하고 바로 손절을 하는 등 시장에 끌려다닐 수밖에 없는 매매 구조로 되어 있습니다.그렇다고 모든 PD 업무 담당자들이 그렇다는 것은 아니니 오해하지 않기를 바란다

또한 예전과 다르게 3년물 국채선물이 박스권에서 좀처럼 벗어나지 못해 수익을 내기가 어려워지자 상대적으로 많은 딜러들이 10년물 시장으로 몰리면서 예전보다 유동성과 변동성이 커졌고, PD 업무에 있어 10년물 거래가 차지하는 비중이 압도적으로 커지다 보니 시장참여자들이 많아진 것도 제 매매 기법이 어려움 없이 적용되고 있는 이유이기도 합니다.

매매와 관련하여 구체적인 설명을 부탁합니다. 또한 PD 업무로 인해 얻을 수 있는 주 수입원은 무엇을 말하는 겁니까?

────── 최근에 제가 하고 있는 매매를 예로 들어 설명하겠습니다. 장이 시작하면 10년물 장내시장과 10년물 선물시장에 현재가격을 중심으로 매수/매도호가에 일정 수량을 깔아놓습니다. 이론적으로는 같은 10년물 기준이기 때문에 장내 현물가격과 선물가격이 동시에 움직여야겠지만 실질적으로는 타임 갭을 가지고 한 시장이 먼저 움직이면 나머지 시장이 쫓아서 움직이는 양상을 보이게 됩니다. 그래서 증시 및 기타 시장 재료에 의해 10년물 가격 상승이 예상될 경우 10년물 선물을 공격적으로 매수합니다. 그러면 시장조성을 위해 선물 매도를 걸쳐놓았던 기관들이 자신의 포지션이 체결되면 시장을 여유 있게 보지 못하고 다른 시장인 장내 현물로 헤지를 위해 바로 매수하게 됩니다. 그때 제가 걸쳐놓은 10년물 현물이 자연스럽게 높은 가격에 체결되면서 수익을 거두게 되는 매매 방식입니다.

예전 차익거래를 전담으로 하기 전 저도 PD 업무를 했었고 팀에 PD 업무를 하는 팀원이 있었기 때문에 그 생리를 누구보다 잘 알고 있습니다. 그리고 PD 업무의 경우 예전 제가 PD 업무를 담당했을 때 PD 실적이 증권사에서 1등을 하게 되면 한국은행에서 1% 수준에 500억 원에서 1,000억 원 사이로 자금을 빌려줬습니다. 그 당시 콜금리가 4.5% 정도였으니 1년 기준으로 1,000억 원 정도 자금을 빌릴 수 있다고 하면 1년 기준 35억 원을 벌게 됩니다^{주로 3~4개월 정도 빌려줬}다. 당연히 PD 업무를 담당하는 딜러들에게는 100~200만 원이 중요한 것이 아니고 시장에서 거래를 많이 하는 것이 중요할 수밖에 없습니다. 동양증권의 경우 PD 업무에서 1등을 하게 되면 각 지점마다 현수막을 걸고 공격적으로 홍보를 해온 덕에 CMA 1등이 될 수 있었고, 채권시장에서 강자로 자리매김할 수 있었습니다. 제가 근무했을 때 3번 연속 1등한 적도 있었습니다.

그렇다고 안일하게 100~200만 원이 터지면서 PD 실적을 채우는 것도 꼭 정답만은 아닐 것 같은데요?

──── 일차적으로 직장인들은 주어진 업무에 최선을 다하고 그 일로 인정을 받는 것이 제일 중요합니다. PD 업무를 담당하는 딜러들은 방향성 매매로 수익을 올리는 것이 주 목적이 아니라 일정 손실 한도 내에서 PD 실적을 높여 그에 따른 인센티브를 받기 위해 일하는 것이 주 업무입니다. 따라서 PD 실적을 높이기 위해 100~200만 원 손실을 감수하는 매매를 안 좋은 시선으로 볼 수만은 없습니다. 다만 저는 PD 업무를 병행했을 때 터지지 않으면서 실적을 올릴 수 있는 방법이 있지 않을까 고민을 많이 했습니다. 그렇게 장내거래에 조금 더 집중하고 연구한 것이 향후 10년물 매매에 상당한 도움을 주고 있습니다.

앞에서 본인만의 매매 기법을 구체적으로 공개했는데 다른 딜러들이 모방하게 되면 본인이 매매하는 데 지장이 있지 않을까요?

──── 상관없습니다. 3년물 차익거래시장도 돈을 번다는 소문이 나면서 참여자들이 많아진 것이고, 10년물 시장에서도 수익이 많이 난다는 소문이 퍼지면 저와 같은 매매를 하려고 하는 시장참여자들

이 당연히 늘어나겠죠. 지금도 몇 명 잘하는 선수들이 들어왔다는 느낌을 받고 있습니다. 가령 제가 10년물 200계약을 매도하고 기존 장내 현물 매수호가를 취소하면서 현물 매도를 병행하면 전체적으로 시장이 밀리면서 제 기존 포지션을 낮은 가격에 자연스럽게 환매할 수 있었습니다. 하지만 지금은 제가 선물을 200계약 매도해도 오히려 현물을 높이 사는 세력들이 있어서 제 매매와 충돌하여 힘 겨루기를 하는 경우가 종종 있습니다. 그러나 그런 당황스러운 상황이 생겨도 승률은 반반이기 때문에 대세에는 지장이 없습니다.

그리고 시장참여자들이 많아져서 유동성이 풍부해진다는 것은 어찌되었건 바람직한 것입니다. 그리고 새로운 시장참여자의 등장은 이미 제가 기존에 축적한 노하우가 있고 매매에 있어 미세하긴 하나 상대우위가 있다고 자신하기 때문에 수익 룸이 더 많아진다고 긍정적으로 생각하고 있습니다.

채권팀임에도 불구하고 팀에서 환율 관련 베팅을 한 적도 있고 주식 관련 사채의 경우 시장에 소문이 자자할 정도로 상당히 공격적으로 매매하고 있죠?

━━━━ 주식 관련 사채는 시작한 지 2년 정도 됐습니다. 당연히 증시가 반등하는 시점이어서 상당한 수익을 거두기도 했으나 요즘같이 증시가 급락하는 시장에서는 손실을 볼 수밖에 없죠. 환율도 확실하다고 판단되어 2년 전에는 베팅한 적이 있으나 지금은 하지 않습니다.

다른 채권 영업팀도 운용에 깊이 관여합니까?

■■■■■ 대부분의 채권 영업팀에게는 운용 한도가 있습니다. 적게는 300억 원에서 많게는 소규모 운용팀보다 한도가 많다고 들었습니다. 또한 RP 업무를 영업팀에서 전담하는 경우에는 시장 움직임을 늘 주시하며 운용에 집중하게 됩니다. 영업팀은 영업을 목적으로 만들어진 팀이긴 하지만 채권시장이 장외거래가 주고, 단기적이긴 하나 시장에 영향력을 행사할 만한 기관들을 고객으로 둘 경우 정보와 수급에서 상당히 유리한 면이 있을 수 있습니다. 그래서 영업 외 운용 등으로 괜찮은 수익을 올리는 증권사 영업팀이 저희 팀 말고도 많이 있습니다. 소형 증권사에 두드러진 현상이긴 하지만, 영업팀에서 꾸준히 수익을 올리게 되면 한도도 늘려주고 운용 영역도 넓혀주는 것이 일반적인 현상입니다. 그래서 요즘에 '딜커'라는 신조어가 생겨났을 정도로 영업팀에서 운용을 전문적으로 담당하는 딜러들이 많이 생겼습니다.

수익이 발생할 경우 모든 팀원들이 개인 실적에 의해 개인이 번 만큼 가져갑니까? 아니면 팀 내 총수익을 팀원들이 똑같이 나누어 갖습니까?

■■■■■ 2008년 채권팀이 처음 세팅될 때 6명으로 출발했습니다. 지금은 본부로 성장하여 인원이 상당히 많아졌지만 초기 6명은 총손익에서 똑같이 나누어 가져가고 있습니다.

2000년 들어 증권사의 채권 영업팀들이 계약직으로 바뀌기 시작했고 채권현물 영업의 특성상 팀플레이가 중요해지면서 팀 구성원들이 수익을 개인 실적에 상관없이 골고루 나누어 갖는 것이 일반적인 현상이었죠. 그러나 어느 순간부터 1/N로 나누는 성과 시스템이 없어지기 시작했고, 지금은 순수한 1/N 형태의 인센티브 구조는 거의 없어진 것으로 압니다. 증권사 채권팀에서 몇 안 되는 1/N 인센티브 구조를 고수하고 있는데 장단점에 대해 듣고 싶습니다.

━━━━ 2008년도 팀이 세팅될 당시 채권팀 내에 채권 영업팀원과 운용팀원이 있었습니다. 2008년부터 금리가 인하 추세였기 때문에 운용팀원만이 아니고 영업팀원도 상당히 괜찮은 수익을 거뒀습니다. 당연히 분위기도 좋았고 수익 배분에 있어서 어떤 문제점도 없었습니다. 그러나 작년 말부터 채권시장의 변동성이 줄어들면서 채권 영업이 어려움을 겪게 되고, 상대적으로 채권 영업팀원들의 수익이 현격히 줄어들면서 조금씩 문제점과 갈등이 표면으로 나타나고 있습니다.

다만 1/N의 인센티브 구조의 장점이라면 딜러인 저의 입장에서 보면 다른 팀원을 믿고 편하게 매매할 수 있는 심리적으로 우세한 면이 분명히 있습니다. 그리고 3년물 차익거래를 할 때 팀원들이 합심해서 바스켓 물량을 구해준 덕에 큰 수익을 거둘 수 있었던 원동력이 되기도 했습니다. 솔로몬증권이 솔로몬저축은행 사건 때문에 어려움에 처해 있고 증권사팀 중 유일무이하게 1/N 인센티브 구조를 유지하는 것이 옳은가에 대한 위기의식과 내부적인 찬반논란이 가중되는 것은 사실입니다. 다만 팀워크가 좋아 6명 모두 평범한 직장인보다 어느 정도 안정된 생활을 할 수 있게 되었고, 복이 들어오는 팀이라는 생각에는 변함이 없어 바람직한 방향으로 잘 풀릴 것이라 믿습니다.

딜러가 되고 싶은 분들에게 해주고 싶은 얘기가 있습니까?

━━━━ 첫 번째는 'animal spirit', 즉 타고 나든 후천적으로 길러지든 동물적인 감각을 가지고 있어야 한다고 생각합니다. 시장 변화에 따라 상황에 맞게 대응할 수 있는 능력이 있어야 한다는 거죠. 그러려면 선천적으로 타고 나는 것 이상으로 후천적으로 연습하는 것이 더 중요할 수 있습니다. 저의 경우 차익거래 구간 3개월을 1개월 단위로 끊어서 데이터를 분석하고 시장의 움직임을 머릿속에 넣으려고 노력했습니다. 머릿속에 그림이 들어가 있으면 순간순간 변하는 시장에 조금 더 신속하게 대응할 수 있기 때문입니다.

두 번째는 제가 매매에서 추구하는 것은 수익을 극대화하는 만큼 손실을 최소화하는 것인데, 그러기 위해서 저는 확실한 매매, 이길 수 있는 매매만 합니다. 10년물 차익거래를 예로 들면 지금이 5월이라면^{6월 만기} 10년 선물의 경우 저평이 10틱 이상으로 벌어지면 수익을 낼 수 있다고 확신하고 공격적으로 차익거래를 엮습니다. 그리고 적정 저평이 7틱 수준인데 다시 2~3틱 수준으로 줄어들면 다시 다 정리하는 거죠. 차트를 보긴 하지만 저평 레인지에만 집중해서 확실한 매매만 합니다. 심리적으로 위축되면 이미 시장에 진 상태로 시작하는 거고, 절대 시장에서 돈을 벌 수 없습니다. 그래서 이길 수 있는 매매만 합니다.

딜러로서 팀 베팅이나 개인 베팅에 있어 실패담이 있다면 말씀해주세요.

━━━━ 2008년 8월경에 지표채권과 국주^{국민주택채권, 국민주택 사업에 필요한 자금을 조달하기 위하여 국민주택기금의 부담으로 발행되는 채권을 말한다} 스프레드를 이용해서 매

매에 가담한 적이 있었습니다. 과거 데이터로는 적정 스프레드가 20bp였으나 이례적으로 40bp까지 벌어져 충분히 20bp 수준의 수익은 올릴 수 있을 거라 예상하고 매매에 가담했는데 90bp까지 벌어졌습니다. 같은 국가 보증 채권임에도 불구하고 이례적으로 스프레드가 크게 벌어져 손절할 수밖에 없었습니다.

다른 경우는 팀이 아니라 제 매매 경험입니다. 2008년 8월에 5년물은 강해지고 선물만 약해질 때 저평 28틱에 시작해서 32틱 수준까지 차익거래를 엮었는데 선물가격만 급락하며 종가 기준으로 저평이 42틱까지 벌어지면서 4,500억 원을 모두 다음날 시초가로 손절한 적이 있습니다. 당일 손실 한도가 1억 원이었는데 그날 손실이 3억 원 정도 나서 다음날 무조건 손절할 수밖에 없었죠. 그리고 손절 당일 차익거래를 다시 엮어서 그 달에 손실을 보지는 않았으나, 지금 생각해도 아찔한 시기였죠.

본인의 향후 매매에 있어서 상당히 의미심장한 질문이 될 수도 있을 것 같은데요. 3대 시장의 차익거래의 경우 코스피 현/선물 차익거래 트레이더들은 2010년부터 부과된 증권거래세로 상당한 고전을 겪고 있고 기존 원/달러 차익거래 딜러들도 변동성이 줄고 증권사들이 차익거래에 대거 참여하며 수익 창출에 어려움을 겪고 있습니다. 채권 차익거래의 경우도 3년물 차익거래시장은 거의 사장되었고 10년물 차익거래시장이 비약적으로 성장하고 있지만, 언젠가는 다시 포화시장이 되거나 3년물과 같이 저평이 3~4틱으로 줄어들 수도 있습니다. 그때를 대비해 어떤 대안이나 복안을 가지고 있는지 궁금합니다.

━━━ 첫 번째로 제가 차익거래로 특화된 딜러이긴 하지만 엄밀하게 얘기하면 지금의 10년물 차익거래는 차익거래라고 말하기 쉽지 않습니다. 비용이 14틱인데 저평 12~13틱에도 현물과 선물을 엮어서 매매를 한다는 것은 차익거래라기보다는 일종의 딜링으로 봐야 합니다.

두 번째로 현물과 선물은 같이 움직이긴 하지만 같은 속도로 움직일 수는 없습니다. 시장 자체가 다르기 때문에 미세한 차이를 보이면서 움직일 수밖에 없죠. 혹은 현물 종목에 따라 무거운 종목움직임이 둔한 종목은 선물이 1~2틱 움직여도 꼼짝도 하지 않다가 3~4틱 움직여야 그때 움직이는 종목도 있으니까요. 결국 저평은 줄어들 수 있지만 두 시장의 속도 차이는 같아질 수 없기 때문에 꾸준한 수익 창출 기회는 있을 거라고 봅니다.

매매하면서 스트레스는 많이 받습니까?

━━━ 제 모든 포지션에는 대비책이 있고 늘 확실한 매매와 이길 수 있는 매매를 하기 때문에 마이너스가 거의 나지 않고 그래서 스트레스가 많지 않습니다. 최근 6개월 동안 3일 정도 손실이 발생했으니까 장중에 신경을 많이 쓰는 부분은 있지만 스트레스는 없습니다.

김태연 차장과의 인터뷰는 가장 행복할 때가 언제인가라는 질문에 매매할 때가 가장 행복하다는 대답으로 마무리되었다. 그는 군제대 후 대학에 입학한 장수생이고, 대학 시절 댄스동아리에서 활동한 이색적인 경력의 소유자다. 사적인 자리에서는 유머러스하게 분위기를 유도하며 주변사람을 즐겁게 해주지만, 매매에 임할 때는

180도 다른 사람으로 돌변하여 냉정하고, 치밀하고, 냉혹한 승부사로 변신한다. 채권 현/선물 차익거래시장에서 자타가 인정하는 최고의 딜러이면서, 지금은 10년 현/선물 레깅 매매로 기존보다 좋은 성과를 거두고 있다. 매매에 대한 열정과 끊임없는 도전정신으로 앞으로도 최고의 자리를 지킬 것이라고 생각한다.

채권 현·선물 차익거래

- 채권시장에서는 선물 저평 가격이 일반적인 현상이어서 채권시장에서의 차익거래라 함은 매도 차익거래를 의미한다(매수 차익거래의 경우 현물을 매입하기 위한 자금이 필요하기 때문에 증권사마다 상당한 제약이 존재한다.)
- 매도 차익거래는 상대적으로 높은 가격의 현물채권을 매도하고 저평가된 국채선물을 매수한 후 차익 기회가 해소된 후 반대 매매를 통하여 이익을 얻는 거래 형태다.

레깅 매매 전략 Lagging, 시간차 전략

- 차익거래 기회가 현격히 줄어들면서 방향성 매매를 가미한 레깅 매매 전략이 그 대안으로 제시되고 있다.
- 김태연 차장의 경우 10년 현·선물시장에서 레깅 매매 전략을 통해 과거 차익거래 이상의 수익을 거두고 있다.

06

포트폴리오 매니저에서 프랩 딜러로

프랍 딜러

일반인들은 흔히 펀드 매니저와 딜러를 자금을 운용한다는 면에서 비슷하거나 같은 업무를 수행하는 사람으로 생각하곤 한다. 그러나 같은 상품을 운용한다 하더라도 운용사 혹은 보험사의 펀드 매니저와 증권사 딜러, 특히 프랍 딜러는 큰 차이가 있다. 그 차이점에 대해서 이론적으로 설명하는 대신에 실제 펀드 매니저와 프랍 딜러를 모두 경험해본 운용역을 섭외해서 인터뷰를 진행하면 독자들에게 좀 더 쉽고 명료하게 그 차이점과 특징들을 설명해줄 수 있을 거라고 생각했다.

이러한 취지에서 다양한 금융권에서 다양한 운용 경험이 있는 딜러를 섭외하게 되었다. 실명 인터뷰를 고려하지 않은 것은 아니나 인터뷰 진행 시점이 인터뷰이가 회사 이직 후 얼마 되지 않은 미묘한 시기인 까닭에 익명으로 인터뷰를 진행할 수밖에 없었다.

다만 이 인터뷰이는 운용사 펀드 매니저와 연기금에서 10조 원 이상의 자금을 운용하던 큰손이었으며, 외국계 보험사의 포트폴리오 매니저까지 두루 경험한 보기 드문 화려한 경력을 자랑한다. 많은 내용을 담지 못했다는 아쉬움이 있지만 독자들이 얻을 수 있는 정보는 그 이상일 것이다.

가장 궁금한 것부터 질문하도록 하겠습니다. 갑 중의 갑이라고 하는 외국계 보험사 포트폴리오 매니저[*]에서 증권사 프랍으로 이직한 이유를 알고 싶습니다.

■■■■ 당연히 돈이 첫 번째 이유겠지만 그것 말고도 다른 이유들이 있습니다. 두 번째는 매매에 대한 자유입니다. 보험사 운용은 ALM[**] 기준이니까 부채를 바탕으로 포트폴리오를 꾸려야 하는데, 프랍은 그럴 필요 없이 스스로 아이디어를 짜고 수익 모델을 만들어서 베팅하면 되니까, 아무래도 매매가 자유로울 수 있습니다. 세 번째는 포트 매니저포트폴리오 매니저를 포트 매니저라고 줄여서 얘기한다와 프랍 딜러는 전혀 다른 성격의 매매입니다. 어느 정도 포트 매니저의 일을 알고 있다고 판단해서, 프랍 쪽 일이 어떤 것인가 알고 싶었고 알아야겠다는 생각도 들었습니다.

누구나 선호하는 자리였는데 그렇게 결단력 있게 옮긴 이면에는 본인의 경력에 대한 자신감이 영향을 미쳤습니까? 즉 다시 그 자리로 갈 수 있다는 생각이 있었던 것은 아닙니까?

---

*포트폴리오 매니저 : 개인 또는 기관 투자가의 증권 포트폴리오에 대해 전문적으로 책임을 지는 사람으로 어느 특정 시점에 있어서 어떤 자산(증권, 채권)이 가장 많은 수익의 기회를 줄 수 있는지를 선정하고 자산을 관리할 책임을 맡고 그 대가로 수수료를 받는다. 이 용어는 보통 Bank Trust Department, Pension Fund, Insurance Company, Mutual Fund 등과 같은 대규모 기관의 관리자에 관련해서만 사용된다.
**ALM(Asset & Liability Management, 자산부채종합관리) : 금융기관이나 기업이 보유하고 있는 자산과 부채의 구성을 종합적으로 관리함으로써 장래에 발생 가능한 금리, 환율 및 유동성 등 제반 리스크를 최소화하거나 수익 극대화를 도모하는 관리 기법을 말한다.

━━━━ 물론 그런 생각을 안 한 것은 아닙니다. 다만 그것보다는 프랍에 가서 운용을 하고 싶은 생각이 더 컸습니다.

증권사 프랍에 가서 실제로 운용을 해보니 어땠습니까?

━━━━ 그 전에는 옷을 입고 바람과 부딪치거나 나뭇가시에 부딪 쳤던 거라면 증권사 프랍은 옷을 다 벗은 상태에서 바람에 혹은 나 뭇가지에 부딪치는 것이니, 그 스크래치Scratch 자체도 굉장히 크게 다 가왔습니다.

초기에는 포트폴리오를 작게 가져가면서 수익을 누적시킨 후 그 돈으로 크게 베팅을 했다가 손실이 발생하는 패턴이 지속됐습니다. 구체적으로 초기에는 5년물 채권 위주로 매매를 하다가 수익이 좀 나자 10년물, 20년물채권로 300억 원 정도 베팅했다가 크게 터졌습니 다. 차익거래에서 수익은 괜찮았지만, 단기 채권담보 채권 쪽에서 손실 이 발생하면서 적잖은 손실이 발생하기도 했습니다.

방향성 매매와 차익거래 모두 처음에 누구나 겪을 만한 시행착오를 한 셈이네요?

━━━━ 예, 그렇죠. 2011년 6~7월에 엮은 차익거래도 담보로 사두 었던 단기 채권 쪽에서 손실이 발생해서 어쩔 수 없이 정리했지만, 그대로 버텼으면 오히려 단기 채권에서도 괜찮은 수익이 발생할 수 있었죠.

프랍에 오자마자 고생을 했네요?

━━━━ 벌어놓은 것이 있으면 괜찮은데 벌어놓은 것이 없으니까 그때부터 매매가 꼬이기 시작했습니다. 그래서 그 해법으로 방향성 매매는 일단 스톱하고 롱/쇼트 매매와 차익거래에만 집중했습니다.

롱/쇼트 매매는 구체적으로 어떤 매매를 말하는 겁니까?

━━━━ 예를 들자면 크레딧 채권Credit Bond : 공사채, 회사채 등 신용에 기반한 채권 은 롱, 국고채는 쇼트로 가져가는 포지션이죠. 거기에 두 종목 간의 듀레이션도 미스매칭Mismatching시키고 일드커브수익률곡선 전략도 접목시켜서 수익을 창출하는 매매입니다. 예전 보험사에 있을 때 많이 사용했던 전략이었기 때문에 이 매매로 어느 정도의 수익을 확보할 수 있었습니다. 차익거래도 단순히 저평을 먹는 매매에서 바스켓 종목 외 신규물이 발행될 때 교체 매매*를 통해서 수익을 냈습니다.

위에 언급한 매매들로 수익은 많이 났습니까?

━━━━ 절대 수익 자체는 크지 않았습니다. 회사의 규정이 리스크를 어버트avert, 피하다하는 데 중점을 두다 보니 수량을 많이 엮지 못했습니다. 가령 일중 손실 한도가 1억 원이라고 하면 1억 원 내에서 운용을 하는 것이 아니고, 총 손실 한도의 50~60% 수준에서 매매를 해야 했기 때문에 버퍼Buffer, 완충가 크지 못했습니다. 꾸준히 수익이 발

---

*교체 매매 : 포트폴리오에 포함되어 있는 자산을 매각하여 그 자금으로 다른 자산을 구입하여 포트폴리오를 재구성하는 것을 말한다. 교체 매매는 주식보다는 채권 투자에서 많이 사용되는 개념으로 일반적으로 ①동종채권과의 교체, ②이종채권과의 교체, ③금리 예상에 의한 교체 등으로 나눌 수 있다.

생했고 확신이 드는 전략이었음에도 회사 정책 때문에 매매를 크게 하지 못했다는 점이 상당히 아쉬웠습니다.

채권 운용팀 내 수익은 괜찮았습니까?

━━━━━ 증권사 채권 운용팀 내에는 프랍, RP 등의 업무 영역이 있었습니다. 프랍을 제외하더라도 나머지 영역에서 연 80~90억 원 정도의 수익은 가능했습니다. 그래서 상대적으로 프랍에 대한 성과 압력이 크지는 않았습니다.

프랍이라고 하면 순수하게 치고받는 방향성 매매를 떠올리게 됩니다. 프랍에 있으면서 방향성 매매보다는 전략 매매로 선회했다고 할 수 있는데, 대부분의 펀드 매니저 출신들이 순수하게 치고받는 매매에서 고전을 하는 이유는 무엇 때문입니까?

━━━━━ 첫 번째는 노하우가 아닌가 싶습니다. 지를 수 있는 상황에서 지르지 못하는 주저함이 가장 큽니다. 펀드 매니저의 경우 가격을 예로 들면 무릎 밑에서 잡을 필요가 없습니다. 그런데 프랍은 무릎 밑에서 잡아야 마음도 편하고 어느 정도 버틸 수도 있습니다. 즉 프랍에서 잔뼈가 굵은 딜러들은 무릎에 사서 발바닥까지 와도 포지션에 대한 확신이 있기 때문에 버틸 수 있지만, 펀드 매니저 출신들은 버티지 못합니다.

두 번째 펀드 매니저는 BM^{Bench Mark}* 추종 매매를 주로 했기 때문에 다른 펀드 매니저들과의 레이싱만 신경 쓰면서 3~5bp 정도만 아웃퍼폼^{Outperform, 초과 성과, 즉 시장 수익률 상회}하면 되지만, 프랍 딜러는 무조건 벌어야만 하는 구조이기 때문에 어려울 수밖에 없습니다. 한마디로 딜링 구조와 포트폴리오 구조가 달랐습니다.

증권사 프랍에 1년 넘게 근무하다가 다시 증권사 신탁팀으로 옮겼죠?

────── 증권사 프랍의 타이트한 규정 속에서도 롱/쇼트 매매와 차익거래만으로 연 5억 원 이상의 수익은 자신 있었습니다. 그러나 그 정도 벌어서는 수익인정비율 등을 따져보면 연봉 외 제 수중에 들어올 수 있는 인센티브가 1,000~2,000만 원도 되지 않습니다. 굳이 프랍에서 마음 고생하면서 힘들게 있을 필요가 없겠다는 생각이 들어 회사를 옮기게 됐습니다.

증권사 신탁팀으로 옮기게 된 다른 이유가 있습니까?

────── 신탁팀에 오게 되면 매매를 많이 하면서 서로 도움을 주고 받을 수 있습니다. 또한 사내에서도 다른 부서들과 유기적으로 업무가 엮여 있고, 대외적으로 IB들을 비롯해서 CP 발행 사이드에 자금팀 사람도 알아야 하기 때문에 인적 네트워크를 탄탄하게 쌓을 수 있습니다. 인적 네트워크가 쌓이면 정보를 받을 수 있는 루트도 많아집니다.

---

*BM(Bench Mark) : 벤치마크(Bench Mark)의 약자로 펀드를 운용할 때 그 운용성과를 비교하는 기준을 말한다. 펀드의 종류에 따라 서로 다르다. 주식형 펀드의 경우에는 코스피지수나 코스피200지수를, MMF는 콜금리나 양도성 예금증서금리를, 채권형 펀드는 3년 만기 국채나 1년 만기 통화안정채권이 이에 해당한다. 이러한 기준의 수익률을 BM 수익률이라고 하는데, 펀드는 BM 수익률을 운용의 목표로 삼는다. 그러므로 BM 수익률보다 높은 이익을 내는 펀드는 운용을 잘한 것으로 평가되며, 이때의 수익률을 BM 초과 수익률이라고 한다.

그런데 프랍은 자기와의 싸움이기 때문에 모니터만 뚫어지게 쳐다봐야 합니다. 사내에 내부적인 네트워크가 형성되기 어렵고, 대외적으로 선물 주문은 사내 HTS를 이용하고, 현물 주문은 장내 주문을 주로 수행하기 때문에 브로커들과 친밀한 관계를 맺기 어렵습니다. 당장에 수익을 내면 그런대로 프랍에 있을 수 있겠지만, 인직 네트워크 없이 적지 않은 나이에 프랍에서 버티는 것은 분명 한계가 있다고 봤습니다. 향후 비전을 봤을 때 프랍보다는 신탁팀 딜러가 낫겠다는 생각을 했습니다.

인적 네트워크 외에 다른 요인이 또 있습니까?

▬▬▬▬ 프랍은 결과가 좋지 못하면 자신이 모든 것을 책임저야 합니다. 그런데 신탁팀은 잔고가 떨어지거나 수익이 좋지 못해도 신탁팀만의 문제가 아니라 여러 팀들의 책임 소재가 같이 엮여 있기 때문에 본인이 책임지고 옷 벗을 이유가 없습니다. 또한 프랍에서 제일 잘 나가는 1~2% 딜러들을 제외하고 소위 잘 번다는 딜러들도 성과급 포함해서 연봉이 3억 원에 미치지 못합니다. 프랍에 있으면 고민과 스트레스가 이만저만이 아니고 혹여 금요일에 포지션이 있으면 주말에 아이들과 놀지도 못하고 신경을 계속 써야 합니다. 그런데 신탁팀은 운용에 대한 고민은 하지만 그 정도는 아닙니다. 또한 세후로 따졌을 때 신탁팀에서 1억 5,000만 원 전후를 받는 사람과 3억 원 정도를 받는 딜러의 실수령액도 차이가 얼마 나지 않습니다.

신탁팀에서는 구체적으로 어떤 업무를 하고 있습니까?

━━━━━ 채권도 운용하지만 CP*를 주로 다룹니다. 가령 연기금 등에서 단기 자금을 운용할 필요가 있으면 그 자금을 받아서 유치해서 매칭시키는 업무입니다. 다만 운용하는 데 있어서는 미스매칭Mismatching을 해서 운용한다고 보면 됩니다. 즉 크레딧과 듀레이션 베팅이 들어갑니다. 구체적인 예를 들면 예전 매칭 상품을 운용한다고 하면 CP는 모두 1년 이내짜리만 운용했습니다. 채권 대비 유동성이 적고 발행자 입장에서는 발행이 쉽다 보니 금리가 더 높았습니다. 그래서 단순히 매칭만 시켜주면 됐습니다. 그러나 지금은 만기 크레딧 매칭이 안 됩니다. 전체적으로 금리가 너무 많이 내려와서 수익자의 금리를 맞춰줄 수 없습니다. 그래서 극단적으로 5년물을 사서 6개월 단위로 끊어서 팔면서 금리를 맞춰주고 있습니다.

다시 처음 질문에 포함된 내용으로 돌아가서 외국계 보험사의 포트폴리오 매니저는 직접 자금을 운용하는 펀드 매니저들만 관리하면 되는 일 아닙니까?

━━━━━ 필자가 얘기하는 것은 변액보험상품입니다. 일반적으로 보험사 내 계정은 특별 계정과 일반 계정이 있고 변액보험상품은 특별

---

*CP(Commercial Paper) : 기업어음으로 기업이 자금조달을 목적으로 발행하는 어음 형식의 단기 채권을 말한다. 1981년 기업의 단기 자금조달을 쉽게 하기 위해 새로이 도입했다. 이제까지 고정이율로 발행되던 기업어음과는 달리 기업과 투자자 사이의 자금 수급관계 등을 고려하여 금리를 자율 결정한다는 점이 가장 큰 특징이다. CP는 신용도가 높은 우량기업이 자기신용으로 발행되기 때문에 발행기업이 부도를 내면 원금은 떼이게 되므로 지명도가 높은 기업어음이 인기를 얻고 있다. 우리나라에서는 국내 우량기업이 금융시장 실세금리 수준으로 어음을 발행하고 있는데, 금융회사가 이를 인수하여 일반고객에게 매출하고 있다.

계정에 포함되는 상품입니다. 자금이 들어올 때 변액보험은 그 수익률에 변동해서 수익을 취하게 됩니다. 그래서 극단적으로 좋은 펀드를 만들어서 자금을 운용하는 펀드 매니저들에게 수익률 압박만 가하면 됩니다. 그러나 저는 일반 계정을 운용했습니다. 일반 계정은 상품별로 쪼개져 있는 10조 원 정도의 자금을 일일이 관리해줘야 합니다. 가령 상품이 10개라고 가정하면 상품별로 캐시플로우Cash Flow, 현금흐름와 듀레이션이 다 다릅니다. 일일이 상품별로 캐시플로우와 듀레이션을 맞춰줘야 합니다. 거기에 크레딧 비중을 비롯하여 만기 보유, 매도 가능 등도 맞춰야 합니다.

또한 일반 계정에는 포트와 전략이 합쳐져 있어 전략과 포트를 동시에 했습니다. 자금팀이 있긴 했지만 투자 쪽 자금 관리도 제가 했고, 유동성 관리까지 했습니다. 리먼 사태가 터지고 나서는 유동성 관리가 타이트해져서 4개월 동안 2조 원 이상의 자금을 공사채를 사고 국고채를 파는 작업을 하기도 했습니다.

외국계 보험사에 오기 전에는 모 연기금에도 있었죠?

━━━ 제가 외국계 보험사에 올 수 있었던 중간다리 역할을 해줬습니다. 그 전에 중소 운용사에서 채권 펀드 매니저로 있었는데, 그곳에 계속 근무했다면 외국계 보험사로 이직하기가 어려웠을 수도 있습니다. 다만 그전 운용사에 있을 때도 몇천억 원 정도 해외 채권을 운용하면서 12~15% 정도의 수익률을 거두기도 했고, CB[*], BW[**] 등도 운용하면서 그 펀드에서도 수익이 많이 나서 성과급을 받기도 했습니다. 그래도 연기금에서는 최대 15조 원까지 운용을 했으니 연

기금에서의 운용 규모가 가장 컸습니다.

마지막으로 운용사를 비롯하여 연기금, 보험사, 증권사 등 다양한 금융기관에서의 운용을 두루 경험해봤는데, 어느 금융기관에 있을 때가 가장 좋았습니까?

━━━ 자신의 자존감을 키울 수 있는 곳은 증권사 프랍이라고 생각합니다. 그만큼 책임감도 무거울 수밖에 없겠죠. 타 보험사는 모르겠지만 제가 몸담았던 보험사의 경우 이직했을 당시 포트폴리오 리스트만 있고 아무것도 없어서, 앞에서 언급한 작업들을 제가 엑셀로 하나부터 열까지 다 만들었습니다. 일도 많이 배우고 포트폴리오에 대한 자신감도 얻었지만 비전이라는 면에서는 회의를 가졌던 것도 사실입니다.

보험사에서는 상품개발이나 계리가 가장 중요합니다. 일반적으로 CFO^{Chief Financial Officer, 최고재무책임자} 아래에 CIO^{Chief Information Officer, 최고정보책임자}가 있습니다. 제가 운용 팀장이 될 수는 있겠지만, 그 이상은 장담하기 쉽지 않습니다. 그런데 증권사의 경우 운용 팀장이 되고 채권운용 본부장이 되면 더 좋은 자리로 갈 수도 있고, 그 이상으로도

---

*CB(Convertible Bond, 전환사채) : 일정한 조건에 따라 채권을 발행한 회사의 주식으로 전환할 수 있는 권리가 부여된 채권으로서 전환 전에는 사채로서의 확정이자를 받을 수 있고, 전환 후에는 주식으로서의 이익을 얻을 수 있는 사채와 주식의 중간 형태를 취한 채권이다.
**BW(Bond with Warrant) : 신주인수권부사채. 신주를 인수할 권리가 부여된 채권으로, 즉 신주인수권과 회사채가 결합되었다고 보면 된다. 회사채 형식으로 발행되지만 일정기간(통상 3개월)이 경과하면 미리 정해진 가격으로 주식을 청구할 수 있는 것을 말한다.

올라갈 수 있기 때문에 비전이라는 면에서 봤을 때는 증권사가 좋을
수 있습니다.

평생 먹고 살 만큼의 돈을 벌어놓지 않았다면 펀드 매니저든 딜
러든 지금이 아니라 향후 10년 후 직장 내에서의 포지션에 대해 진지
하게 고민하지 않을 수 없다. 나이 40세 전후에 10세 미만의 자녀들
이 있다고 가정했을 때 최소 10년 이상의 직장생활은 필수이기 때문
이다.

비단 이 딜러뿐만이 아니라 상위 5% 내외의 톱 딜러들을 제외하
고는 대부분의 딜러들이 이러한 고민에서 자유롭지 못하다. 특히 직
장 내에서의 위치가 차·부장급으로 올라갈수록 현실과의 타협이
잦아지고 장기적인 직장생활을 유지하기 위한 여러 가지 시도를 할
수밖에 없다. 대부분의 딜러들은 결국 일반 샐러리맨과 다르지 않음
을 단적으로 보여주는 대목이다.

07

원/달러 현/선물 차익
거래 모델을 개발하고
큰손으로 활약하다

전석용

전석용 부장과의 인연은 2006년 4월 필자가 한양증권에서 동양선물로 이직했던 7년 전으로 거슬러 올라간다. 첫인상은 상당히 넉넉하고 편안해 보였으나, 장중에 말이 없고 조용한 편이어서 가깝게 접근하는 것이 쉽지 않았다. 그러나 같은 팀에 근무하며 상당히 유머러스한 사람임을 알게 되었고, 후배들에게 격의 없이 편하게 대하는 성격이어서 곧 친해질 수 있었다.

2001년 원/달러시장에서 처음 현/선물 차익거래 모델을 도입해 선물 거래량의 40%를 거래했을 할 만큼 선물시장의 큰손으로 활약하기도 했으며, 리먼 사태로 외환 변동성이 커진 2008년과 2009년도에는 딜링에서 최고의 성과를 거두기도 했다. 그러나 사람과 시장에 대해 겸손한 자세를 잃지 않는 성숙미와 인격을 두루 갖추고 있는 딜러이다.

전석용 부장과의 인터뷰는 실무적인 트레이딩 관련 주제 외에도 다소는 관념적인 트레이딩관과 직업관 그리고 브로커들과의 관계를 통한 대인관계 및 가치관까지 두루 살피며 인생 전반에 대한 철학과 생각을 깊이 이야기할 수 있었던 알찬 자리였다.

공식적인 인터뷰는 이틀에 걸쳐 진행되었으나 공간적으로 팀 내 옆자리에 위치하고 있어 틈틈이 적지 않은 시간을 인터뷰 및 사후정리를 위해 할애해주었다.

주니어
딜러 시절
이야기

첫 직장이 보람은행인데 국제부로 언제 발령이 났습니까?

────── 은행에 입사해서 지점에서 출납 업무로 3개월 수습기간을 보내고 인사부에서 2년 정도 근무한 후 국제부 내에 있는 딜링 룸으로 발령을 받았습니다. 지금 하고 있는 딜링과 직접적인 연관이 없는 업무도 있었지만, 딜링 룸에서 외환과 관련한 모든 업무를 순차적으로 경험해보고 자금의 흐름에 대해서 체계적으로 배울 수 있었습니다. 그 당시 업무가 기본기를 닦고 내공을 다질 수 있었다는 점에서 지금까지 큰 도움이 되고 있습니다.

구체적으로 국제부 딜링 룸에서 어떤 업무들을 경험했습니까?

━━━━ 처음에는 포지션 클락Position Clerk이라고 딜링 룸에 있는 딜러들의 포지션과 지점에서 거래된 외환 포지션을 집계하는 일을 했습니다. 즉 A 딜러가 1,000만 달러 사고 지점에서 500만 달러 팔았을 때 지금 은행의 달러 포지션은 +500만 달러라고 해당 딜러들에게 알려주는 일을 했습니다.

그다음으로 머니 마켓Money Market 딜러를 했습니다. 1년 이하 외화 자금 과부족을 관리하면서 매일 외화 자금을 맞춰나가는 일입니다. 일의 단순함에 비해서 상당히 중요하고 자금 업무 중에서는 가장 핵심이 되는 일이었습니다. 만약 돈이 남게 되면 그만큼 이자를 받지 못하게 되는 아이들 머니Idle Money, 유휴자본. 놀고 있는 돈가 발생하는 것이고, 돈이 모자라게 되면 높은 이자를 물리는 등의 패널티Penalty가 있었기 때문에 반드시 당일 자금을 0으로 맞춰야 했습니다.

딜링 룸에서 일어나는 자금의 변동은 즉시 파악이 가능했지만 수출입 관련 자금의 이동은 관련 부서 등에 지속적으로 연락을 해서 확인을 해야 했고, 기타 자금의 이동을 확인하기 위해서는 외환 업무실 텔렉스를 보고 외환 입출금을 계속 확인해야 했습니다. 그래서 국경일 같은 날도 국제 금융시장은 개장했기 때문에 불가피하게 출근해서 업무를 보곤 했습니다. 업무량이 많고 남들이 쉬는 날 쉬지 못하는 스트레스도 있었지만 매일같이 자금의 과부족 상태를 체크해야 하고 확인받아야 했기 때문에 그로부터 받는 스트레스가 엄청났습니다.

참고로 머니 마켓 딜러의 경우 외국계 은행과 시중 은행의 일에 차이가

있지 않습니까?

▬▬▬ 예, 외국계 은행의 경우 본사에서 싼 조달금리로 달러를 빌려와 원화금리로 빌려주는 갭핑Gapping, 싼 금리로 조달하여 높은 금리로 빌려주는 거래를 말한다으로 수익을 창출할 수 있습니다. 예를 들면 외국계 은행은 본점에서 달러를 콜로 매일 차입해서 국내 은행에게 3개월, 6개월짜리로 빌려주면서 금리 차를 이용해 꾸준한 수익을 낼 수 있습니다. 반면 시중 은행 머니 마켓 딜러는 프라핏 센터Profit Center, 이익책임 단위 역할보다는 차입비용을 최소화하면서 안정적으로 외화 유동성을 관리하는 것이 중요합니다.

딜링 룸에 배치를 받으면 주로 딜링 외 업무를 먼저 시작하게 되죠. 그다음에 본격적인 딜링을 시작했습니까?

▬▬▬ 세 번째로 맡은 업무가 마르크와 엔 이종통화 딜링과 서드 커런시Third Currendy, 달러가 기축통화라면 엔과 유로가 두 번째 이종통화 그리고 그 나머지 통화를 말한다로 분류되던 통화를 딜링했던 일입니다. 그러나 서드 커런시의 경우 시장거래가 거의 없었기 때문에 딜링이라기보다는 자금을 맞추는 업무에 가까웠고, 실질적인 딜링은 이종통화를 통해서 본격적으로 시작했습니다.

특히 엔을 매매하면서 많은 것을 배웠습니다. 지금도 기억나는 매매 중 롱 포지션을 놔두고 점심을 먹고 와보니 엔이 원화 기준으로 60원 정도 빠져 있었습니다. 엔 매매를 시작한 지 얼마 안 된 때라 당황스럽고 놀라기도 했지만, 딜링의 위험성을 뼈저리게 배울 수 있었습니다.

전형적인 외환 딜러 코스를 밟는 느낌입니다. 이종통화 딜링 후 원/달러 매매를 시작했겠죠?

━━━━━ 예, 다음으로 본격적인 딜링이라고 할 수 있는 인터뱅크[*] 주니어를 시작했습니다. 그러나 지금의 원/달러시장하고는 많은 점에서 차이점이 있었습니다.

첫 번째로 원/달러시장의 경우 일종의 상·하한가 제도저럼 일정 가격을 설정해 그 위로 올라가지도 그 밑으로 내려가지도 못하게 정해놓아서 상대적으로 변동폭이 적었습니다.

두 번째로 시장참여자가 적고 시장을 움직이는 실질적인 딜러들이 극소수로 정해져 있어 일종의 수급 장세에 가까웠습니다. 은행마다 인터뱅크 딜러가 주니어를 포함하여 1~2명밖에 되지 않았기 때문에 은행 및 딜러들의 매매 성향을 파악하는 것이 어렵지 않았습니다. 예를 들어 외환시장은 장외시장이기 때문에 매매에 꼬리표가 달렸다는 표현이 있듯 거래 상대방을 알 수 있었습니다. 그런데 평소에 크게 매매를 하지 않는 A 은행 딜러가 크게 베팅을 했다면 업체로부터 물량을 받은 것으로 추측해서 그에 대응하는 매매를 합니다. 또 B 은행 딜러의 성향이 오버나잇을 하지 않고 일중에 크게 베팅을 하는 스타일인데 오전에 달러를 크게 샀다면 장 마감 전에는 팔 가능

---

*인터뱅크시장 : 단기 금융시장에는 금융시장만이 참가할 수 있는 인터뱅크시장과 법인이라면 참가가 가능한 오픈시장이 있다. 인터뱅크시장은 은행 간 거래시장(자금의 운용 및 조달)이라 불리며, 참가자가 은행을 중심으로 한 금융기관에 한정된 시장을 말한다. 인터뱅크시장을 크게 분류하면 단기 자금의 대차를 행하는 금융시장과 현물 및 선물 등의 외환거래를 행하는 외국환시장이 있다.

성이 높다는 점 등을 이용해서 매매를 하기도 했습니다.

세 번째로 지금의 원/달러시장은 주식 등 국내 경제지표를 비롯하여 여러 변수들에 의해 시장이 움직이고 외환시장이 글로벌 시장이 되다 보니 미국, 유럽시장을 비롯하여 호주 및 중국 경제지표에도 원/달러가격이 움직입니다. 하지만 그 당시에는 지표로 삼을 수 있는 것이 엔밖에 없어 원/달러시장은 철저하게 엔시장에 연동해서 움직이는 경향이 강했습니다.

네 번째로 원/달러시장에 투기 세력의 영향력이 미비했고, 기타 상품과의 연계도 거의 없었기 때문에 원/달러시장을 움직이는 가장 중요한 요소는 달러가 얼마나 들어오고 나가느냐에 따라 결정되는 기업체들의 수출입 물량이었습니다. 즉 네고^{살 물량} 규모와 결제 물량 ^{팔 물량} 규모에 따라 큰 물량을 가지고 있는 은행들에 의해 시장이 움직였다고 보면 됩니다(저자 주_ 일반적으로 딜러는 책임자급의 시니어와 보조 딜링을 하는 주니어로 나뉜다).

IMF 경제 위기 때 얘기를 하지 않을 수 없는데요. IMF 경제 위기 당시 얘기 좀 해주시죠.
━━━ IMF 경제 위기가 터졌을 때 머니 마켓 딜러를 하고 있었습니다. 매일 자금을 맞춰야 하는데 달러 유입은 안 되고 빠져나가기만 하니 당연히 달러 구하기가 하늘의 별 따기였죠. 재미난 일화로 그 당시 한 재일교포가 찾아와서 "3,000~4,000만 달러가 있는데 1년에 12%^{당시 시중 은행 달러 차입금리는 5%}로 빌려 쓰지 않겠느냐"는 제안을 할 정도로 달러 구하기가 힘들었습니다. 설상가상으로 종금사들을 일

시에 영업정지시키면서 외환을 거래했던 포지션들이 꼬이고 빌려준 돈은 못 받게 되면서 업무가 더욱더 힘들어졌습니다. 그러나 IMF 당시 1~2개 은행을 제외하고는 모두 한국은행에서 달러를 빌렸는데 보람은행에서는 한국은행에서 돈을 빌리지 않고 자체적으로 방어를 했습니다_{자금을 맞췄습니다}. 자금 관리도 철저히 했고 지나치게 방만한 해외 투자도 하지 않았기 때문에 가능했습니다. 다른 은행들의 경우 3년, 5년짜리 해외 투자를 하면서 자금은 하루짜리로 빌려서 매칭하는 은행도 있었는데, 보람은행은 장기 투자 시에는 장기 차입을 했기 때문에 버틸 수 있었습니다.

본격적으로 인터뱅크 주니어 딜러로서 매매를 할 시기였는데, 왜 회사를 그만뒀습니까?

────── 회사가 흡수 합병되면서 인터뱅크 딜러 일을 계속 할 수 있을지 자신할 수 없었습니다. 또 한다 하더라도 마음껏 할 수 없겠다는 불안감도 컸습니다. 차라리 그럴 바에는 퇴직해서 다른 길을 찾아보고 싶었습니다.

동양선물 이직 후 :
원/달러 차익
거래 이야기

퇴직 후 2001년 초에 동양선물로 입사했는데, 그렇다면 2000년 한해 동

안의 공백기가 있었다는 건데요. 한창 젊은 나이고 열정과 에너지가 많았을 텐데 그 기간에 무슨 일을 했고, 심적으로 힘들지는 않았습니까?

■■■■ 재충전의 시간을 가지면서 원하는 회사를 알아봤습니다. 일종의 방황하는 시기이기도 했습니다. 보람은행 시절 개인적으로 큰 노력을 한 것도 아닌데 좋은 부서로 발령이 나고 윗분에게 인정을 받아 뭐든지 쉽게 잘될 거라는 착각 속에 살았던 시기였습니다. 그래서 퇴직 후 '바로 좋은 곳에 취직되겠지'라는 안일한 생각이 있어 퇴직도 별 망설임 없이 했습니다. 그러나 막상 퇴직하고 원하는 회사에 바로 취직이 되지 않자 조바심이 생기기 시작했습니다.

그때 보람은행 시절 성과는 제 실력이 뛰어나서가 아니라 좋은 시스템 속에서 나온 결과물이라는 것을 깨닫게 되었습니다. 심적으로는 다소 힘들었지만 첫 직장생활을 돌아보며 조금은 겸손해지고 인격적으로 성숙해질 수 있었던 시기가 아닌가 싶습니다. 또한 다른 회사를 알아보면서 개인적으로 선물시장에서 원/달러 선물거래를 하기도 했습니다. 동양선물을 통해 거래를 했었는데 그것이 인연이 되어 동양선물에 입사하게 되었습니다.

동양선물에서 스카우트할 정도면 매매 성적이 좋았나 보죠?

■■■■ 코스피 선물옵션을 제외하고 달러선물이나 국채선물에서는 아직까지도 개인들의 참여가 많지 않습니다. 시장 접근성 및 지나치게 비싼 수수료 등의 문제로 개인들이 접근하기 쉽지 않기 때문이죠. 그 당시에는 기관을 제외하고 개인이 달러선물을 거래하는 경우가 거의 없었습니다. 그래서 동양선물 자기거래 팀에서 개인으로

거래하는 제 매매 내역을 유심히 살펴봤던 것 같습니다. 큰돈을 번 것은 아니지만 꾸준히 수익을 올리고 있었다는 점도 크게 영향을 미쳤던 것 같고요. 그래서 그 당시 자기 매매 관련 담당상무와 팀장에게 연락이 와서 면접 후 동양선물로 취직하게 된 거죠.

2001년 입사 후 성과는 괜찮았습니까?

▅▅▅▅ 첫해 선물만 매매할 때는 고생을 했습니다. 낯선 직장의 타이트한 규정 속에서 매매를 하는 것이 부담스러웠고, 직장생활 10년차 은행 딜러 출신이라는 점을 의식했는지 뭔가 보여주려는 의욕만 앞서 조급하게 매매를 했던 것 같습니다. 그러나 2002년 들어 본격적으로 원/달러 현/선물 차익거래를 시작하면서 괜찮은 성과를 내기 시작했습니다.

차익거래는 본인의 아이디어로 처음 시작한 것인지 아니면 다른 기관에서 하고 있는 것을 모방한 것인지 궁금한데요?

▅▅▅▅ 선물회사 중에서 제가 처음 시작했습니다. 은행권에서는 큰돈이 안 되기 때문에 관심이 없었고, 증권사들은 선물 수수료 부담 때문에 하지 못했습니다. 그런 점에서 선물회사에서는 충분히 시작할 만한 거래였지만 원/달러 현물거래를 해본 딜러가 없어서 선물회사 역시 시작했던 곳이 없었습니다. 어찌 보면 보람은행 국제부에서의 스폿Spot, 현물환 경험과 제도적으로 선물 수수료가 없는 선물회사 자기 매매팀에 둥지를 튼 것이 저로 하여금 차익거래를 처음 시작하게 만들어준 필요충분조건을 제시해준 것이 아닌가 싶습니다. 실질

적으로 자통법이 시행된 2009년도 이전까지는 유일무이하게 저희 팀에서만 차익거래를 했던 것으로 알고 있습니다.

원/달러 현/선물 차익거래는 어떻게 하는 매매입니까?

━━━━━ 간단하게 원리만 설명하도록 하겠습니다. 원/달러 선물가격은 미국달러와 원화의 금리 차이에 따라 결정됩니다[이자율 평가이론*]. 예를 들어 원화금리가 3%이고 미국 달러금리가 1%라고 한다면 금리 차이는 2%가 납니다. 원/달러 환율을 1,000원으로 가정하고 2% 차이를 계산하면 20원 차이가 나는 것이고, 선물 만기가 한 달이기 때문에 한 달로 끊어서 계산하면 1개월 기준 1원 80전 정도 나옵니다[20원÷12월]. 그러면 선물가격은 현물가격 1,000원 더하기 1원 80전해서 1,001.80원이 이론가격**이 되는 것이죠. 만약 이론가격보다 선물가격이 높게 거래가 되면 선물을 매도하고 현물을 매수합니다. 반대로 이론가격보다 선물가격이 낮으면 선물을 매수하고 현물을 매도하

---

*이자율 평가이론 : 화폐의 가격이라고 할 수 있는 이자율의 차이가 각 화폐가치의 비율인 환율에 반영된다는 이론이다. 국가 간 자본 이동이 완전 자유롭고 다른 비용이 없을 경우 양국의 금리 차가 선물환 할증(또는 할인)률과 같다.

**(선물)이론가격 : 현물가격을 기준으로 계산한 이론값이다. 즉 최종 결제일의 선물가격을 사전에 미리 계산해낸 값이며, 현물을 선물의 최종 결제일까지 보유한다는 가정 아래 추가되는 비용과 이익을 상계해 계산한 값이기도 하다. 상품선물의 예를 들면 상품선물의 이론가격 결정은 현물(Underlying Asset)의 보유비용에 의해 설명된다. 보유비용(Cost of Carry)은 선물의 기초자산인 현물을 선물의 만기 시점까지 보유하는 데 발생되는 비용을 의미한다. 실제로 이 보유비용에는 상품의 저장에 따르는 창고료, 보험료, 상품 구매, 자금조달로 발생하는 이자비용과 기타 기회비용 등이 포함되고, 상품을 실제로 보유했을 때 발생하는 수익인 편의수익(Convenience Yield)을 차감한다. 이는 선물은 계약 시점부터 선물 계약 만기까지 현물을 보유할 때 발생하는 비용이 들지 않고, 현물 보유에 따르는 수익을 가질 수 없으므로 이를 반영하기 때문이다.

면 됩니다. 그러면 만기 전에 결국 선물가격이 이론가격에 수렴하기 때문에 그 차익을 먹는다고 보면 됩니다. 물론 이론가격 산출 시 다른 많은 변수가 개입되고 두 나라의 시중금리가 움직이면서 스왑 포인트Swap Point*가 바뀌기 때문에 이론가격이 바뀔 수 있다는 점도 염두에 두어야 합니다.

동양증권으로 합병 후 스왑거래를 못하고 있지만 동양선물에 근무할 때는 스왑시장에서 직접 스왑도 매매했습니다. 통신사 단말기에 기간별로 실시간 스왑가격이 제시되었는데, 그것을 보고 매매했습니다. 즉 한 달 남은 스왑 포인트가 200환율로 표시하면 2원이면 그것을 참고해서 매매했습니다.

차익거래를 저희 팀에서만 했던 이유가 그 아이디어나 산식은 너무 단순하고 간단한데 해보지 않은 사람들이 보기에는 어렵고 복잡해서 그런 것이 아닌가 싶습니다(저자 주_ 스왑 포인트는 베이시스Basis, 선물과 현물의 가격 차이와 유사한 것으로 볼 수 있다. 스왑 포인트가 현재 시장에서 거래비용을 포함한 적절한 선물환가격을 표현한다고 볼 때, 달러선물의 가격도 스왑 포인트를 기준으로 적정가격을 생각하고 거래할 수 있다. (예) 1달 스왑 포인트가 +2원인 경우 만기까지 한 달 남은 선물의 가격도 현물+2원이 적정 수준이다. 만약 선물의 가격이 현물+1원 수준이라면선물 저평가 선물 매수–현물 매도 후 한 달 스왑으

로 만기 결제 시 +1원 이익이 된다. 하지만 현재 전석용 부장의 거래는 이렇게 결제일을 맞추는 데 제약이 있기 때문에 차익거래보다는 적극적인 베이시스 트레이딩의 성격을 가진다).

리먼 사태로 환율이 크게 움직였던 것과 같이 스왑 포인트도 크게 움직였겠네요?

━━━━ 예, 당연히 환율의 움직임만큼이나 스왑가격도 비정상적으로 움직였습니다. 하루는 스왑 한 달이 –1원이었다가 장중에 갑자기 –6원으로 빠져서 기존 포지션을 어쩔 수 없이 정리할 수밖에 없었고, 덕분에 딜링을 시작하고 가장 큰 규모의 스톱–로스를 당했습니다. 그 후에도 스왑 포인트가 크게 요동을 쳐서 손실이 종종 발생하기도 했지만, 환율도 20~30원씩 크게 움직여서 스왑 포인트 변화로 인한 손실을 상쇄하고도 남았습니다. 이후 리먼 사태가 서서히 해소되면서 환율시장도 정상적으로 돌아왔고, 스왑 포인트도 안정적으로 움직이기 시작했습니다.

2002년 차익거래를 시작하면서 성과를 내기 시작했고 거래를 많이 할 때는 달러선물 시장 거래량의 40%를 거래할 정도로 주포로 활약하셨죠. 그래서 시장에 이름도 알려지고 네임 밸류^{Name Value}도 높아져 2008년 초 대형 외국계 은행으로부터 좋은 조건의 오퍼^{Offer}를 받고 옮기려 했던 것으로 압니다.

━━━━ 모 외국계 은행으로 옮기는 것이 기정사실이었습니다. 2001년 동양선물 입사 후 이직을 결정하기 전까지 휴가를 하루도 써

본 적이 없었는데 사표를 내고 처음으로 일주일 동안의 휴가를 냈습니다. 그런데 휴가를 갔다 오니 사표도 수리가 안 되어 있고 팀장을 비롯해서 회사 내에서 강하게 이직을 반대하며 가지 못하게 잡아서 마음이 흔들렸습니다. 결국 함께 오랫동안 근무했던 팀장 및 팀원들에게 미안한 마음이 앞서 남기로 결정했습니다.

독자들의 이해를 돕기 위해 제가 몸담고 있는 채권시장의 예를 들도록 하겠습니다. 그 당시 선물회사 트레이더는 포지션도 작고 선물밖에 매매를 하지 못했기 때문에 트레이더들이 다소 꺼렸던 것이 사실입니다. 운용사의 경우 과도한 업무량 및 잦은 야근과 주말 근무로 스트레스가 심한 3D 업종으로 알려져 크게 선호되지 못했습니다. 그나마 증권사 딜링의 경우 채권현물도 매매할 수 있고 성과급도 본인의 성과 여부에 따라 충분히 받을 수 있다는 점에서 각광을 받았습니다. 시중 은행은 정규직과 계약직의 조건이 천차만별이라 자세한 언급은 생략하고, 외국계 은행의 경우 딜러라면 누구나 한 번쯤 가보고 싶어 하는 최고의 딜링 룸이었습니다. 운용할 수 있는 상품도 다양하고 운용 한도도 컸을 뿐만 아니라, 성과급 역시 상당히 많다는 것이 암묵적인 사실이었죠. 외환시장도 채권시장과 크게 다르지 않을 거라 생각되는데요?

━━━ 예, 맞습니다. 상당수의 외환 딜러들도 외환시장의 꽃인 외국계 은행에서 일하기를 희망합니다. 질문에서 언급한 것처럼 운용 상품, 운용 한도, 성과체계까지 최고의 기관이기 때문이죠. 현직에 있는 많은 외환 딜러가 호시탐탐 외국계 은행으로의 이직을 희망하고 적극적으로 알아보는데 저에게 먼저 이직 제안이 들어왔음에도

가지 않았다는 것은 저 역시 불가사의한 일입니다.

**그러나 결국 동양선물 잔류를 결정한 것이 인생 자체를 바꿨을 만큼 큰
전환점 역할을 한 것으로 생각되는데요?**

━━━━ 2008년 잔류를 결정하고 얼마 안 있어 리먼 사태가 터졌
고 외국계 은행은 유럽계를 중심으로 자금이 경색되면서 신용등급
이 하향 조정됐습니다. 그에 따라 운용 한도가 크게 축소되고 수익
기반이 흔들렸습니다. 그에 반해 동양선물에 잔류하면서 원/달러 변
동폭이 IMF를 떠올릴 만큼 커져 딜링을 통해 기대 이상의 큰 성과를
거둘 수 있었습니다.

**2008년도 리먼 사태가 터지면서 외환 변동성이 IMF 이후 가장 크게 움직
였는데요. 그 당시 얘기 부탁합니다.**

━━━━ 하루에 100원 이상 움직인 날도 많았습니다. 또한 현물
과 NDF시장 그리고 선물시장이 각기 따로 움직였습니다. 선물은
상·하한가가 있어 오르고 내리는 데 한계가 있었지만, 현물시장은
상·하한가가 없다 보니 이미 선물은 상한가에 멈춰 있는데 현물이
선물가격 대비 50원 위에서 거래되기도 해서 상한가에 걸쳐놓은 수
량이 체결만 되면 그만큼의 수익을 올릴 수 있었습니다. 어떤 날은
정부에서 현물가격을 인위적으로 막아놓다 보니 현물가격 대비 선
물가격이 15원 위에서 형성되고 NDF가 선물보다 20원 위에서 가격
이 형성된 적도 있었습니다.

　　그 당시 제가 돈을 많이 벌 수 있는 기회가 있고 없고를 떠나 사

회적으로 시사하는 바에 대해서 한마디 하고 싶습니다. KIKO[*] 사태 등의 문제로 그 당시 많은 생각과 고민을 했습니다. 환율의 급변동으로 기업들이 본업보다 더 큰 리스크를 지는 것은 분명 심각한 문제라고 생각합니다. 그러나 리먼 사태 때를 포함해서 과거 외환위기를 돌아보면 환율 급등이 항구적인 것은 아니라는 것이 자명합니다. 경험적으로 보면 위기 발생 후 3~6개월이 지나면 환율이 되돌림하는 것을 확인할 수 있습니다. 기업 입장에서 외환위기는 심각한 상황임에는 틀림없으나 환율이 실제보다 더욱 과장되게 움직이는 경향이 있는 것도 사실입니다. 즉 기업이 리스키한 헤지상품만 피하고 그 기간을 비틸 정도의 능력만 갖춘다면 우리가 막연히 생각하는 것보다는 외환위기환율의 변동위험가 큰 위험이 아닐 수도 있습니다(저자 주_스폿 고저 변동폭 2008년 10월 09일 113원 / 2008년 10월 10일 235원 / 2008년 10월 20일 100원 / 2008년 10월 30일 116원 등).

---

*KIKO(키코) : 환율이 일정 범위 안에서 변동할 경우, 미리 약정한 환율에 약정 금액을 팔 수 있도록 한 파생금융상품이다. 녹인, 녹 아웃(Knock-In, Knock-Out)의 영문 첫 글자에서 따왔다. 약정환율과 변동의 상한(Knock-In) 및 하한(Knock-Out)을 정해놓고 환율이 일정한 구간 안에서 변동한다면 약정 환율을 적용받는 대신, 하한 이하로 떨어지면 계약을 무효화하고 상한 이상으로 올라가면 약정액의 1~2배를 약정한 환율에 매도하는 방식이다. 예를 들어 환율 상·하단 900~1,000원, 약정 환율 1,000원으로 1억 달러의 키코 계약을 체결했다면 환율이 상·하단 범위 내인 910원이면 달러당 90원의 환차익을 누리게 된다. 반면 환율이 900원 밑으로 내려가면(Knock-Out) 계약은 자동으로 종료되고 업체는 환손실을 입는다. 반대로 환율이 상단보다 높은 1,050원이 됐을 때(Knock-In)는 달러당 50원씩 손해를 감수해야 한다. 이와 같이 환율이 하한과 상한 사이에서 변동한다면 기업에게 어느 정도 이익을 안겨줄 수 있지만, 궁극적으로는 얻을 수 있는 이익에 비해 손실의 위험성이 훨씬 크다. 환율이 상승하면 가입자는 피해를 보게 설계되어 있기 때문이다. 2008년 한국에서 환율이 급등했을 때 은행과 키코 계약을 맺은 중소기업들이 큰 손실을 입어 견실한 중견 기업체가 환차손으로 흑자 도산한 사례도 있다.

그의
매매
이야기

딜러로서 갖춰야 할 특별한 자질이나 적성이 있다면 어떤 것일까요?

━━━ 포커판처럼 폐쇄된 시장은 상대방의 성향을 포함해서 상대방의 패를 읽는 능력과 베팅력 등 승률을 높이는 자질이나 성향이 있을 것 같습니다. 하지만 현재 금융시장은 가격에 영향을 미치는 다양한 정보가 쉼 없이 쏟아지고 그 정보를 해석하고 이용하는 다양한 형태의 전략이 통하는 세상입니다. 거리에 나가보면 매우 느리게 걷는 사람도 있고 급하고 빠르게 걷는 사람도 있습니다. 자신에게 맞는 매매 스타일을 찾아 그 매매에 집중하고 꾸준히 수익을 창출할 수 있다면 적성과 상관없이 좋은 딜러가 될 수 있다고 생각합니다. 일반적으로 보면 뚝심 있고 배포가 큰 성격이 소심하고 촐싹거리는 성격보다 좋다고 말할 수 있습니다. 하지만 소심하고 촐싹거리는 딜러가 꾸준한 성과를 낼 수도 있고, 뚝심 있고 배포가 큰 딜러가 계속되는 손실에 힘들어할 수도 있습니다.

매매 원칙이나 매매 철학에 대해 듣고 싶습니다.

━━━ 특별한 매매 원칙이나 철학을 가지고 있지는 않습니다. 딜링과 관련된 여러 좋은 격언들이 있지만 그 말에 항상 충실할 수는 없기 때문입니다. 예를 들어 "물타기를 하지 마라"는 말에 집착하면 추세선이 별 의미 없고, 타이밍 싸움이 핵심인 최근의 원/달러시장에

서는 손절매만 하다가 거래를 마칠 수도 있습니다. 지금 같은 레인지 장에서는 충분한 물타기가 수익을 보장해주기도 합니다.

"첫째도 둘째도 셋째도 돈을 잃지 마라"는 격언 역시 트레이드 오프Trade Off, 2개의 정책 목표 가운데 하나를 달성하려고 하면 다른 목표의 달성이 늦어지거나 희생되는 경우의 양자 간의 관계를 가지고 있는데요. 많은 손실을 경험해보지 못하면 큰 수익을 창출하는 통 큰 스타가 되기도 어렵습니다. 거창한 매매 철학이나 원칙보다는 "정직하자"는 말을 하고 싶습니다. 딜링을 하다 보면 불가피하게 큰 손실이 발생하는 순간이 오게 되는데요. 자신의 손실 한도나 포지션 한도를 정확하게 지키고 문제가 발생했을 때 정직하게 즉시 보고한다면 자신이나 조직이 위험에 처하는 상황은 발생하지 않을 것입니다.

딜러는 돈 버는 것이 직업이 아니고 트레이딩을 하는 직업입니다. 처음 제가 트레이딩을 시작한 시절에는 성과급 개념이 전혀 없었고 대략 5년 전부터 성과급 제도가 자리를 잡았습니다. 이 제도의 정착으로 젊은 트레이더들이 트레이딩 이전에 돈에 집착하는 경향을 보이는데, 트레이딩을 돈으로 바로 연결시키는 태도는 반드시 지양해야 할 부분이라고 생각됩니다.

2010년부터 환율 변동성이 많이 줄어들었죠. 그 주된 원인이 무엇이라고 생각하십니까?

━━━━ 일차적으로 리먼 사태로부터 촉발된 경제위기가 어느 정도 안정세로 접어든 것이 가장 큰 이유겠죠. 두 번째로는 시장 상황 및 정부 정책과 관련이 있습니다. 2008년 경제위기 이후 정부가 성장 위

주의 정책을 펼치며 수출을 위해 환율 상승을 어느 정도 용인했다면, 2010년부터는 정부가 거시 정책으로 물가 안정에 포커스를 맞추다 보니 환율 하향 안정화에 집중하기 시작했습니다. 정부의 정책에 맞춰 환율이 조금씩 낮아졌지만 진행 중인 유럽위기 등으로 환율이 급락할 가능성도 크지 않아 큰 변동성 없는 박스권 양상이 장기간 지속되는 것으로 분석합니다.

2010년도 선물회사에서 증권사로 합병되면서 제도적으로 많은 변화가 있었을 것 같습니다. 그 변화도 영향을 미쳤을까요?

▬▬▬ 회계상으로 제약이 있습니다. 회계 처리법이 달라서 선물회사는 연말 한 달 만 제약이 있었지만, 증권사는 매달 현물 쇼트 오버나잇을 하지 못합니다. 선물환도 하지 못하고 1개월 이상 스왑도 하지 못합니다. 차익거래 기회는 자꾸 줄어들고 6개월, 1년 스왑에서의 수익 기회도 없어지다 보니 트레이딩 환경이 나빠졌습니다.

우연인지 모르겠지만 1991년 입사 후 2000년까지 근 10년 동안 보람은행 근무를 했고, 2002년부터 원/달러 차익거래를 시작해 올해 2012년까지 10년 정도 해오고 있습니다. 그리고 본인이 생각한 변화의 시기가 다시 10년 만에 다시 찾아왔는데요. 언제까지 매매를 할 생각이고 은퇴 시기는 언제쯤으로 계획합니까?

▬▬▬ 처음 자기 매매를 할 때만 해도 남들이 얘기했던 것처럼 40세 전에 딜링을 마무리하고 40대에는 관리나 기타 부서의 업무를 하지 않을까 생각했지만 지금 40대 중반이 넘어가는 시점까지 현직에

서 딜링을 하고 있습니다. 그렇다고 지금 시점에서 언제까지 매매를 할 것이라고 단정하기도 어렵습니다. 올해 당장 그만둘 수도 있는 거고, 조금 더 조건과 환경이 허락된다면 향후 10년 이상 딜링을 더 할 수도 있겠죠.

그가 꿈꾸는
이상적인
딜링 룸

딜링을 평생 직업으로 생각합니까?

▬▬▬▬ 나이가 더 들어 현직에서 은퇴한 후 정말 원하는 천직을 찾을 수도 있겠지만 지금 시점에서 보면 평생직업일 수 있겠다는 생각입니다. 평생직업이라는 말이 나오니, 딜러로서 좋은 성과를 내기는 했지만, 팀원들 모두가 자신의 역량을 충분히 발휘하는 저의 딜링 룸을 만들어보지 못한 아쉬움이 남습니다.

딜링 룸을 꾸리고 싶어 하는 것 같은데 이제 40대 중반으로 관리자의 길도 진지하게 고민해볼 시기여서 그렇습니까?

▬▬▬▬ 시장이 갇혀 있는 면도 있지만 체력적으로 서서히 부담이 느껴지는 것도 사실이고, 매매에 대한 열정이 예전만 못하다는 점에서 전성기를 지났다고 볼 수 있습니다. 하지만 20년 가까이 딜링을 해오다 보니 이제는 제가 원하는 팀을 꾸리고 싶은 마음이 강한 것

도 부인하고 싶지 않습니다. 제도적이나 규정상 충분한 권한이 주어지기 전에는 제가 원하는 다양한 매매 스타일의 딜러들과 원하는 팀을 꾸리기 힘들다는 것을 인정하지만, 시간적으로나 손실 한도 면에서 어느 정도의 여유만 주어진다면 저와 같은 차익거래 딜러뿐만 아니라 베팅력 있는 딜러도 양성하고 싶습니다. 그리고 그 외 다양한 매매 스타일의 딜러들도 모집하여 팀을 꾸리고 싶습니다. 선물사 스타일의 매매는 상대적으로 베팅력 있는 매매를 하지 못하는 단점이 있지만 큰 손실 없이 꾸준히 안정적인 수익을 거둘 수 있다는 큰 장점이 있습니다. 그런 안정적인 수익을 바탕으로 베팅력 있는 딜러를 키워내는 것이 비현실적인 것만은 아니라고 생각합니다.

본인이 꿈꾸는 딜링 룸은 어떤 곳입니까?

■■■■■ 보람은행의 국제부는 순환보직을 통해 1명의 딜러를 키우는 데 상당히 공을 들이는 시스템이었습니다. 다만 결과에 대한 보상이 없고 가족적인 분위기여서 가능하면 내치지 않았습니다. 당연히 경쟁구도가 형성되지 않았고 내가 지금 잘하고 있는지 못하고 있는지도 모르고 업무를 하는 경우가 많아 딜링에서 큰 발전을 기대하기 어려운 면이 있었습니다. 그러나 또 다른 극단의 끝이 지금의 증권사 딜링 룸이라고 하면 이제는 시간을 가지고 충분한 경험을 할 수 있게끔 지켜봐주지 않기 때문에 잠재력 있는 딜러들을 키울 수 있는 환경이 아닙니다.

외환시장의 경우 좋은 머리가 반드시 필요한 것이 아니고, 어려운 산식이 요구되는 부분이라기보다는 경험이 중요한 시장이기 때문에 두 양 극단의 중간 지점에 분명 이상적인 딜링 룸의 형태가 있을 거라고 생각합니다. 그래서 그 딜링 룸이 시스템적으로 체계가 갖춰진다면 후배들을 양성하고 누가 와도 적응해서 괜찮은 매매를 할 수 있는 이상적인 딜링 룸이 될 거라고 믿습니다.

일종의 터틀 트레이딩Turtle Trading* 같은 개념이네요?

▬▬▬ 그렇죠. 3년 전 신입직원 2명이 들어왔을 때 한 달 동안의 OJT 교육을 비롯하여 장중에는 제 옆에 앉혀놓고 실전 매매를 가르쳤습니다. 자신만이 가지고 있는 매매 노하우를 공개하고 하나부터 열까지 일일이 전수하는 것이 냉정한 선물회사에서는 지극히 이례적이고 드문 일이었습니다. 아무래도 자신이 하고 있는 매매 방식을 누군가 따라 하게 되면 수익이 줄어들 것은 자명한 사실이기 때문입니다. 우선 호가 발생 시 자기 몫이 줄어들 수도 있고, 좋은 매매 기회도 나눠가지게 되는 거니까요.

그러나 제가 열정적으로 신입직원을 교육했던 것은 기본적으로

---

*터틀 트레이딩(Turtle Trading) : 미국 선물시장의 전설적인 트레이더 리처드 데니스는 "제대로 가르침을 받는다면 누구나 트레이딩을 잘할 수 있다"고 생각했고, 그의 파트너 윌리엄 에크하르트는 "트레이더의 능력은 선천적으로 타고난다"고 생각했다. 논쟁을 거듭하던 이들은 결국 1983년 트레이딩 교실을 개설하고 평소 트레이딩과 전혀 상관없는 수험생을 모집했다. 수험생들의 직업을 보면, 건물 수위, 전직 배우, 공군 파일럿, 변호사, 블랙잭 플레이어, 게임 개발자, 회계사, 바텐더, 세일즈맨, 마약판매상 등 선물 트레이딩과 관련 없는 사람들 위주로 구성되어 있었다. 그리고 데니스가 싱가포르 여행 중 보게 된 거북이 농장을 떠올리며 '터틀'이라고 이름 붙인 교육을 시작했다. 여기서부터 유래된 교육 방식으로 수업 기간은 단 2주에 불과하였고, 2주의 수업이 끝난 뒤 수련생 각자에게 100만 달러의 트레이딩 비용이 제공되었으며, 1988년 리처드 데니스가 돌연 터틀을 종료한다고 말할 때까지 트레이딩은 계속되었다. 결론적으로 터틀 트레이딩은 훈련 여하에 따라 누구든지 성공적인 트레이더가 될 수 있다는 결과를 얻었다.

누구를 가르칠 실력이 된다는 생각이 있었고, 거시적으로는 이상적인 딜링 룸에 대한 기대감도 있었기 때문입니다. 즉 매매를 하는 데 있어 최우선 순위가 성과급을 많이 받는 거라고 한다면 신입직원을 가르칠 수 없었겠지만, 나를 포함한 팀 그리고 회사의 모든 딜러들이 매매를 잘하는 것이 최우선 순위였기 때문에 가능했습니다.

그 당시 교육이 도움이 되었을까요, 6개월 전 신입직원이 1명 들어왔는데 이번에는 3년 전에 배웠던 그 직원들이 누가 시키지도 않았는데 옆에 앉혀놓고 가르쳤었죠. 그런 문화와 시스템이 바로 이상적인 딜링 룸을 만드는 초석이 아닌가 싶습니다.

■■■■ 현실적으로 딜링 룸에 있는 모든 딜러들이 같은 매매로 큰 돈을 벌어야 하는 것은 아닙니다. 어떤 딜러는 리스크 관리 위주의 매매만 할 수도 있는 반면에 큰 리스크를 지고 매매하는 딜러도 있을 수 있습니다. 꾸준한 수익이 창출될 수 있다는 전제하에 다양한 딜러들이 모여 다양한 개성으로 팀을 꾸릴 수 있다면 이상적인 딜링 룸이 될 거라고 생각합니다.

좁은 국내 시장에서 서로 잘났다고 자신의 매매 노하우와 기술을 감추고 우물 안 개구리처럼 그 안에 안주하는 것이 아니라, 세계 시장에 진출해도 경쟁할 만한 실력을 갖출 수 있을 거라고 봅니다.

현실적이고 금전적인 이득 없이 개인적인 여러 손해들을 감수하면서 이상적인 딜링 룸에 대한 비전을 제시했는데, 그런 생각을 가지게 된 본인만의 철학이 있습니까?

━━━━━ 직업관과도 연결될 수 있습니다. 내가 하고 있는 트레이딩이 사회적으로 어떤 직업의 가치를 가질 수 있는지에 대해 진지하게 고민해봤습니다. 제가 하는 일은 외환시장에 유동성을 공급해주고 적정한 가격을 찾아줌으로써 외환시장에서의 거래를 필요로 하는 사람들에게 도움을 주고 있다는 면 외에는 다른 보람을 찾기가 쉽지 않습니다. 가령 옷을 만드는 사람은 내가 만든 옷을 어떤 사람이 입고 좋아한다면 거기서 보람을 찾을 수 있고, 내가 음악가면 음악을 들려줌으로써, 의사라면 아픈 사람을 고쳐줌으로써 사회적으로 어떤 역할을 하고 보람도 찾을 수 있는데 제가 하고 있는 딜링에서는 그런 점을 찾기가 어려웠습니다. 그래서 그런 긍정적이 면을 찾고 보람된 일을 하고 싶어서 딜링하는 후배들에게 무엇인가를 해주고 싶었습니다.

인생관, 가치관, 직업관
그리고
인간관계

제가 인터뷰하고 있는 대부분의 딜러들이 재테크 성적이 좋지 않습니다. 본인은 어떻습니까?

━━━━━ 제 재테크는 정기예금 수준의 수익률을 추구하고 있기 때문에 큰 손실도 없고 큰 수익도 없습니다. 아마도 인터뷰를 했던 딜러들의 재테크 성적이 좋지 않은 이유는 장중에 본인의 시장에 몰입

해야 하기 때문에 시간적으로 여유가 없고, 자기 분야^{파생상품}에서만 미시적으로 대응하기 때문에 큰 그림을 그리지 못하기 때문이 아닐까 싶습니다.

재테크는 상당히 보수적인 것 같은데 돈에 대한 가치관을 듣고 싶습니다.
━━━ 돈을 조금 모은 지금도 그렇고 성과급체계가 좋아지기 전에도 돈에 대한 욕심은 별로 없었습니다. 현대 사회에서 돈의 중요성이 절대적인 가치관으로 자리매김할 정도로 큰 비중을 차지하고 있지만, 저는 돈이 여러 가치관 중에 작은 일부분에 지나지 않는다고 생각합니다. 물론 돈이 있으면 돈이 없어서 생기는 고민이나 걱정거리는 없어지겠지만 다른 고민거리가 금전 대신에 우선순위를 차지하여 머리를 괴롭힐 것입니다. 돈은 돈^{수단}일 뿐입니다.

돈이 전부가 아니라고 했는데 인생에 있어 성공은 무엇입니까?
━━━ 일반적으로 인생에 대한 성공을 말할 때 돈과 관련된 물질적인 것이 가장 먼저 언급되고 권력이나 특정 지위에 올랐을 때 성공했다고 얘기들 합니다. 그러나 제가 생각하는 인생의 성공은 물질이 아닌 인격적, 내면적으로 자기가 이상적으로 생각하는 모습에 다가서려고 시도하는 것이며, 그 모습에 근접해가고 있다면 그것을 유지하기 위해서 노력하는 일련의 과정들에 있다고 생각합니다. 돈이나 권력은 그 가치에 스포일^{spoil}되지 않는 한, 원하는 것을 얻은 순간 허탈감을 가질 수 있습니다. 그러나 자신이 원하는 어떤 상을 쫓아가는 과정은 사회에서 측정해주는 성공의 기준과 상관없이 최소한 스

스로의 명예를 가지게 됩니다.

기존 은행들 외에 다수의 대형 증권사를 중심으로 중소형 증권사들까지 자통법 이후 활발하게 외환시장에 참여하고 있는데요, 그 부분에 대한 의견도 듣고 싶습니다.

━━━ 다수의 대형 증권사들이 외환시장에서 투기거래를 하고 있다는 얘기는 들어본 적이 없습니다. 아마도 해외 펀드와 관련된 플로우만 처리하고 있겠죠. 지금 외환시장에 활발히 참여하는 증권사는 두세 곳 정도인데 업계 수위의 증권사들이 원/달러시장에 참여하고 있지 않은 것은 참으로 아쉽습니다. 안정적인 수익 구조를 가지고 있는 1위 증권사가 보다 공격적으로 외환시장에 참가해서 시장 규모를 키우고 다수의 외환 전문가를 배출해주길 기대합니다. 업계 수위의 증권사가 당장의 손실이 두려워서 외환시장에 참가하기를 주저하면 안 된다고 봅니다.

외국의 상업은행 중에서는 트레이딩이 전체 수익의 50%를 차지하는 곳도 있습니다. 업계 1위라고 스스로 자부하는 증권사라면 안정적인 수익 구조를 가지고 있는 현실에 안주하지 말고 외환시장을 포함한 트레이딩 부서에 더 많은 투자를 해야 합니다. 다수의 증권사들이 외환시장에 참가한다면 분명 외환시장의 구조에 변화가 올 겁니다. 과거 은행 위주의 외환시장은 수급에 민감하게 반응했다면 증권사들이 대거 들어옴으로써 경제지표 위주의 플레이, 기술적 분석 위주의 트레이딩 등 보다 다양한 스펙트럼의 거래 방식으로 시장에 활기를 불어넣어줄 겁니다.

추가해서 한국은행이 담보를 받든 아니면 그냥 신용공여를 하든 증권사의 결제이행을 보증한다면 증권사 네임을 꺼리던 낮은 신용등급에 따라 은행들이 거래라인을 쉽게 열어서 더욱 효율적인 시장 환경이 마련될 것으로 기대합니다.

동양선물 재직기간 중 2001~2008년까지 휴가를 한 번도 안 썼는데 특별한 이유가 있었습니까?

━━━ 회사 나와서 일하는 게 너무 즐거웠습니다. 그 당시에는 주말이 싫었고 일요일 저녁만 되면 월요일이 기다려졌습니다. 조금의 여유도 허락하지 않고 끊임없이 트레이딩에 몰입하는 것에 행복을 느꼈습니다.

팀에 본인을 포함하여 원/달러 현/선물거래를 하는 딜러가 총 5명 있습니다. 원/달러 현물거래의 경우 장외거래이기 때문에 중간에 브로커를 통해 전화기로 주문을 내서 거래를 성사시킵니다. 나머지 4명의 경우 체결될 수 있는 상황에 체결이 안 되면 브로커한테 직접 질책도 하고 수화기를 내려놓은 후 육두문자를 내뱉으며 신경질적인 반응을 많이 보이고 있습니다. 그런데 제가 7년 동안 옆에서 지켜보면 거래량이 가장 많음에도 불구하고 그런 모습을 보인 적이 한 번도 없습니다. 원래 본인의 성격인지 어떤 철학이 있는 건지 듣고 싶습니다.

━━━ 단순하게 생각하면 브로커한테 화를 내고 안 좋은 말을 하는 것이 저한테 어떤 도움도 되지 않습니다. 언제나 내가 원하는 가격에 체결되지 않을 가능성은 있습니다. 제가 직접 주문을 수행해도

그럴 수 있습니다. 어떤 인연이었든지 서로 간에 인연이 닿아서 매일 같이 유선상으로 만나는 관계이지 않습니까? 물론 하나의 주문으로 내 매매가 힘들어질 수 있고 손실이 발생할 수도 있지만 내가 화를 낸다고 그 상황이 바뀌는 것도 아닙니다. 잘못된 주문은 매일 셀 수 없는 많은 주문 중 한 번에 지나지 않으며, 고맙게도 손실을 만회할 날은 아주 많이 있습니다.

조금 더 이야기를 이어가자면 원래 인간성이 안 좋은 사람도 있겠지만 장중에는 매매로부터 받는 스트레스와 시장에 몰입하면서 다른 부분에 대한 배려를 하지 못해서 그런 경우가 자주 생기는 것이 아닌가 싶습니다. 즉 인간 전석용과 딜러 전석용이 다를 수 있다는 거죠?
—— 그것도 근본적으로 잘못된 것이라고 생각합니다. 어쩌면 필연적으로 발생하는 잘못된 주문에 대한 현명한 대응이 트레이딩의 일상인지도 모르겠습니다. 아마도 매매하는 데 있어 과정을 즐기지 못하고 결과에만, 즉 수익에만 집착하다 보니 수익에 조금이라도 지장이 있으면 화를 낼 수도 있겠죠. 하지만 그 역시 정당화될 수는 없습니다.

딜러가 되고 싶은 젊은이에게 해주고 싶은 얘기가 있습니까?
—— 학생들에게 얘기하고 싶은 것은 딜러도 다양한 직업 중의 하나 일뿐이라는 것입니다. 언론 등을 통해 딜러들의 얘기가 과대 포장되고 많은 부분에서 환상을 심어주고 있어 모든 딜러가 많은 돈을 벌고 여유 있는 삶을 사는 것처럼 생각하지만, 현실적으로

는 그렇지 않습니다. 물론 상대적으로 다른 직업에 비해 금전적으로 더 많은 돈을 벌 수 있는 기회가 주어진다는 점을 부인하지는 않겠지만, 딜러가 되었다고 모든 꿈을 이뤘다고 볼 수 없습니다. 딜러가 되어 꾸준한 수익을 올리고 오랜 기간 딜링을 하기 위해서는 결과에 집착하지 말고 과정을 즐기려는 노력이 필요하고, 그 과정을 즐길 수 있을 때 본인에게도 딜러로서의 의미가 있는 것이고 롱런도 할 수 있습니다.

만약 다른 분야에서 일을 하면서 딜러를 꿈꾸는 분이 있다면 일차적으로 현직에 충실할 것을 권하고 싶습니다. 너무 많이 준비한다고 해서 기회가 주어지는 것이 아니기 때문에 딜러가 되기 위한 기본만 갖추고 때를 기다리는 것이 현실적입니다.

주니어 딜러의 경우 아무래도 주변에 롤 모델로 삼을 수 있는 성공한 딜러들이 가까이 있을 텐데요. 1~2년 내에 승부를 보려고 하지 말고 그분들을 좇아 배우면서 트레이딩을 즐기려고 노력하는 것이 필요합니다. 또한 증권회사나 선물회사 딜러들의 경우 단기간에 성과를 계속 측정하다 보니까 시장에 미시적으로 대응할 수밖에 없는데요. 장중의 흐름에만 너무 집착하지 말고 시장의 큰 그림을 보는 것도 게을리하지 않았으면 좋겠습니다. 시장의 변곡점을 찾으려는 노력을 많이 해서 놀라운 성과를 거두길 기원합니다.

딜러의 기본을 갖추기 위한 공부는 어떤 것이 있을까요?

────── 기본적으로 자신이 거래하는 시장, 즉 채권이나 외환시장에 대한 지식은 공부해야겠죠. 하지만 딜링이라는 것이 고도의 수학을

요구하는 극히 일부 분야를 제외한다면, 극단적으로 말해서 머리가 좋을 필요도 없고 공부라기보다는 경험이 축적돼서 성과가 발현되는 프로세스를 가지고 있습니다. 한두 명만이 알 수 있는 고도의 수학이 필요한 분야는 JP모건 사태*처럼 오히려 재앙에 가까운 실패의 함정에 빠질 수 있는 위험도 존재하지만, 일반적인 딜링은 의외로 단순한 구조를 가지고 있습니다.

은퇴 후에는 무슨 일을 하고 싶습니까?

────── 저에게 딜링은 일과 취미, 휴식의 영역까지 포함하는 생활 그 자체였습니다. 쉼 없이 계속 달려왔던 이 일을 그만두게 된다면 아무 생각 없이 쉴 것 같습니다. 쉬다 보면 쉰 만큼 혹시라도 간절하게 하고 싶은 일이 또 생길 수 있겠죠.

전석용 부장은 딜러들이 특별하게 갖춰야 할 자질이나 적성은 없다고 얘기했다. 또한 특별한 매매 원칙이나 철학도 거창하게 얘기하지 않았다. 자신의 성격과 특성에 맞는 매매 방식을 개발해서 시장에서 꾸준히 수익을 창출할 수 있는 모델을 개발하는 것이 중요

---

*JP모건 사태 : 2012년 파생상품으로 20억 달러 정도의 손실이 발생했다고 발표했으며 손실이 계속 진행 중인 사건을 말한다. JP모건이 투자한 상품은 기업들이나 국가가 부도가 나게 되면 CDS(Credit Default Swap)라고 하는 보험으로 보상을 받을 수 있는 상품이다. 이 상품을 시장이 안정될 걸로 판단하고 대규모로 매도를 했다(부도가 날 확률이 높아지면 CDS 값이 상승한다. 모건은 시장이 안정되고 부도날 확률이 낮아지는 곳에 베팅을 했다). 그런데 예기치 않게 6주 동안 유럽 쪽 시장이 불안해지면서 CDS 프리미엄들이 급등하면서 약 20억 달러의 손해를 보게 된 사건이다.

하다는 점과 자신에게 편한 매매를 찾아 "절대로 돈을 잃지 마라"는 격언에만 충실하면 된다고 봤다.

다만 그가 꿈꾸는 이상적인 딜링 룸의 모습에서 그가 말하고 싶은 이상적인 딜러의 모습을 알 수 있다. 성과급률이 높아지고 개인 성과급제가 보편화되면서 딜링 룸 내 딜러들이 자신의 매매 노하우와 기술을 감추고 그 안에 안주하면서 더 나은 실력을 기르지 못함을 무척이나 아쉬워했다. 서로가 자신의 노하우와 기법을 공유한다면 우물 안 개구리식의 아웅다웅하는 모습이 아니라, 세계 금융시장에 진출해 경쟁할 만한 실력을 갖춘 딜러들이 배출될 수 있을 것으로 내다봤다.

비록 이상적인 모습이긴 하나 그렇다고 현실적으로 불가능한 이야기도 아니다. 향후 그가 생각하는 딜링 룸을 꾸리고 실력 있는 딜러들을 양산해서, 그의 딜링 룸에서 세계 금융시장을 호령하는 딜러들이 배출되기를 바란다.

원/달러 현/선물 차익거래

- 원/달러 선물 이론가격과 선물가격의 차이를 이용해 수익을 창
  출한다.

전석용 부장의 이상적인 딜링 룸

- 차익거래 딜러를 포함한 베팅력 있는 딜러와 스캘퍼 등의 다양한
  스타일의 딜러들이 다양한 개성으로 팀을 꾸리게 되면 이상적인
  딜링 룸이 만들어질 수 있을 것으로 기대한다.
- 우물 안 개구리처럼 자신의 매매 노하우와 기술을 감추고 그 안
  에 안주하는 것이 아니라, 세계 시장에 진출해 경쟁할 만한 실력
  을 갖추는 데 주력할 필요가 있다.
- 직업에서의 딜링이 긍정적인 면과 보람을 찾기 위해서는 돈이 최
  우선이 아닌 자신의 팀과 회사 그리고 우리나라가 잘 될 수 있
  는 사회적 역할과 방안을 찾는 것이 중요하다.

젊은이에게 당부하고 싶은 얘기

- 학생 : 딜러도 다양한 직업 중의 하나 일뿐이다. 결과에 집착하
  지 말고 과정을 즐기려는 노력이 있어야 딜러로서 의미가 있고
  롱런할 수도 있다.
- 다른 분야 직장인 : 현직에 충실할 것을 권유한다. 너무 많이 준
  비한다고 기회가 주어지는 것이 아니기 때문에 딜러가 되기 위한
  기본만 갖추고 때를 기다리는 것이 현실적이다.
- 주니어 딜러 : 주변에 롤 모델로 삼을 수 있는 성공한 딜러들이
  있을 것이다. 1~2년 내로 승부를 보려고 하지 말고 그분들을 좇
  아 트레이딩을 즐기려고 노력할 필요가 있다.

08

주식 지점 영업에서
채권 법인 영업 그리고
채권선물 딜러로,
지금도 꿈을 꾸다

이 책에 실릴 만큼 성공한 딜러인가라는 질문에 논란이 있을 수 있음을 알고 있다. 그러나 요즘 젊은이들이 선호하는 자유 시간이 많고, 가정에 충실하며, 적지 않은 연봉을 받는다는 점에서 성공한 직장인이고 성공한 아빠이며 만족할 민한 인생이라고 자부하고 싶다.

필자의 얘기를 따로 떼어 하나의 챕터를 만드는 것에 대해 많은 고민이 있었다. 인터뷰를 진행하고 정리하는 과정 중에 이미 필자의 의도와 생각들이 상당 부분 반영된 상황에서 굳이 필자만의 얘기를 따로 떼어 반복하는 것이 책의 구성에 도움이 안 될뿐더러 이야기의 중복으로 지루함을 가중시킬까 걱정되었기 때문이다.

필자의 이야기이긴 하지만 다른 인터뷰이들과 형식을 맞추기 위해 Q&A 방식으로 글을 전개했으며 딜링 외 브로커리지 관련 얘기들도 상당 부분 포함되어 있음을 미리 언급하고자 한다.

　많은 고민에도 불구하고 결국 다음의 세 가지 이유를 근거로 필자의 이야기를 채권, 외환편에서 1명의 딜러로 편입시켜 이야기를 꾸며보기로 했다.

　첫째, 채권/외환 딜러들이 각기 다른 금융권에서 다른 영역과 매매 스타일을 보여주고 있다. 비록 선물회사*의 규모가 작다고 하나 금융권의 한 부분을 차지하고 있고 파생상품시장의 상징적인 의미를 차지하는 금융회사라는 점에서 선물회사의 특징을 설명하고, 선물회사의 전형적인 매매 스타일에 대해서도 설명할 필요가 있었다.

　둘째, 지점 주식 영업에서 시작하여 채권 법인 영업을 거친 후 채권선물 딜러**로 변신한 특이한 경력이 충분한 이야기 거리가 될 수 있다. 또한 현대선물에서 법인 영업을 할 당시에는 머니 투데이 등에 '연구원'으로 상당기간 소개되었을 만큼 본드 웹채권시장의 가장 대중적인 사이트에 시황을 올리며 준 애널리스트로 활동했던 이력 또한 독자들에게 흥미로울 수 있기 때문이다.

　셋째, 상당수 인터뷰이들이 솔직하게 자신의 이야기를 풀어주었으나 꺼리는 부분은 의도적으로 혹은 무의식적으로 걸러지기 마련이어서 독자들이 궁금해하는 많은 이야기가 삭제될 가능성이 있었

---

*선물회사(선물거래중개회사, Futures Commission Merchant) : 선물거래 중개를 대행해주고 그 대가로 수수료를 취득하는 중개인 또는 중개회사를 말한다. 선물거래중개회사는 고객의 주문을 처리하는 데 필요한 서비스 제공과 함께 고객의 증거금, 예탁자금 관리, 미결제 약정에 대한 기록과 유지 등 계좌 개설에서부터 거래 종결까지 모든 관리 업무를 대행해준다. 현재 한국거래소에 등록된 선물회사는 7개다(NH선물, 우리선물, 삼성선물, 유진투자선물, KR선물, 현대선물, 외환선물).

다. 그래서 딜러의 입장보다는 필자의 입장에서 모든 것을 솔직하고
가감 없이 얘기해줄 딜러가 필요했다.

드디어 꿈을 이루다,
그러나
현실은……

진입장벽이 높았던 만큼 딜러 세계에 입성해서 더욱 기뻤을 것 같습니다.

━━━ 세상을 다 얻은 것처럼 좋았습니다. 현대선물에 오고 얼마
후 갑을관계 중에서도 채권시장에는 나름의 등급이 있다는 얘기를

딜러(Dealer) : 증권회사의 고유 업무에는 위탁 매매 업무와 자기 매매 업무가 있다. 증권회사가
고객의 주문을 받아 자기명의로 고객(위탁자)의 계산하에 행하는 유가증권의 거래 업무를 위탁
매매 업무라 하는데, 이때 생기는 위탁 수수료 수입은 증권회사의 주요 수익 중 하나이다.
자기 매매 업무란 증권회사가 자기의 계산하에 자기의 명의로 행하는 유가증권거래 업무인데
우리나라에서도 증권회사들이 풍부한 자금력을 바탕으로 중요 기관 투자자의 역할을 하고 있기
때문에 자기 매매가 주가에 미치는 영향은 날로 커져가고 있다. 여기에서 전자의 업무를 행하는
증권회사를 브로커(broker)라 하고, 후자의 업무를 행하는 증권회사를 딜러(Dealer)라고 한다.
우리나라에서는 자본금 규모에 따라 브로커 업무와 딜러 업무를 겸할 수 있다.

─**브로커(Broker)** : 위탁 매매, 즉 고객의 주문을 받아 유가증권의 매매를 행하는 업자를 말한다.
딜러가 자기 매매를 통한 유가증권 매매 수익을 수입원으로 하는 데 반해, 브로커는 위탁 수수료
수입에 의존하고 있는 것으로 비교적 안정도가 높다고 할 수 있다.

─**애널리스트(Analyst)** : 국내외 경제 상황 및 산업·기업별 정보를 수집하고 분석한다. 환경 변화에
따른 해당 산업을 전망한다. 산업전망에 따라 주식 및 파생상품시장의 관계를 분석하고 전반적인
동향을 분석한다. 개별 기업들의 영업 환경 및 주요 자금 운용 계획, 재무 분석 등을 통해 향후
수익 및 주가를 전망한다. 저평가된 기업들의 적정주가를 다양한 평가 방법으로 재산정한다.
종목별 또는 상품별 매매가와 거래량 등의 추이 및 시황을 분석하여 주식 및 파생상품 투자
전략을 수립하고, 분석 결과를 보고서로 작성하고 발표한다.

들었습니다. 즉 채권시장 브로커에서도 등급이 있는데 가장 상이 스왑 브로커, 중이 현물 브로커, 하 중에서도 최하가 선물 브로커라는 얘기가 있었습니다. 스왑 브로커는 그 당시 한참 커지고 있던 스왑 시장에서 상당한 고액 연봉의 브로커로 자리매김을 할 때여서 누구나 가고 싶었던 하우스House였습니다.

두 번째 현물 브로커는 나름 을이면서도 장외시장에서 좋은 가격에 체결을 시켜줄 수 있다는 상대적인 이점 때문에 갑인 고객들도 함부로 할 수 없는 을이었습니다. 그에 반해 선물사 영업직들은 저녁식사나 골프 등의 접대 외에는 고객에게 매매와 관련된 특별한 도움을 줄 만한 것이 없었습니다. 시황을 물어보기는 했지만 그냥 단순 참고에 지나지 않았고 접대에 있어서도 스왑 브로커나 현물 브로커에 비해 접대비도 많지 않아서 맘껏 접대를 할 수도 없었습니다. 그 당시 채권 브로커 세계에서도 상대적인 열등감을 가지고 일했던 기억이 있습니다.

그래서 〈머니투데이〉 등에서 본드 웹에 올라와 있는 제 기술적 분석 시황을 옮기며 신인식 연구원 등으로 적어줄 때 적잖이 기뻤습니다. 저 개인적으로는 명함에 브로커가 아닌 차티스트라는 타이틀만 붙일 수 있어도 행복하겠다는 얘기를 했을 정도니까요. 그러던 제가 딜러가 되었으니 그 기쁨은 이루 말할 수 없었죠. 하지만 현실을 제대로 직시하지 못하고 막연한 환상에만 젖어 있었습니다. 딜러가 되면 돈도 많이 벌고, 인정도 받고, 브로커 등에게 대접도 받을 것으로 생각해서 아내가 다니던 은행도 그만 두게 했을 정도였으니까요

(저자 주_ 선물사 영업직들의 이야기는 전적으로 사견임을 전제한다. 삼성선물의 경

우 2011년 250억 원의 자본금에 192억 원의 순이익을 거뒀을 만큼 탄탄한 금융사다).

이야기를 들어보니 첫발을 내딛던 한양증권 딜러 시절이 무척이나 고생스러웠던 것 같습니다.

▬▬▬ 무척이나 고생했습니다. 이미 직장생활 7년 차의 직장인으로 32살이라는 적지 않은 나이에 딜러 세계에 처음 발을 디디던 만큼 잘해야겠다는 부담감이 컸습니다. 또한 그 당시 제 나이 또래의 딜러들이 하고 있었던 트레이딩 규모와 수익 정도는 거두고 싶다는 욕심도 있었습니다.

그러나 현실은 그렇지 못했습니다. 포지션 규모가 작은 것은 그래도 견딜 만했으나 한양증권에서 일단 딜러를 뽑고 보자는 것이 무엇을 의미하는지 깊이 생각하지 못했습니다.

한양증권에 들어가기 전에 채권시장 및 각 증권사 나름의 특색과 사정을 잘 알고 있는 선배들을 만나 조언도 구하고 정보도 얻었지만 그때마다 한결같이 돌아오는 대답들은 한양증권은 초짜 딜러가 버티기 쉬운 곳이 아니라는 것이었습니다. 그러나 그 당시에는 할 수 있다는 자신감과 딜러가 되고 싶다는 간절함 때문에 그런 충고들이 귀에 들어오지 않았습니다.

일단 뽑고 보자는 것은 그만큼 쉽게 자를 수도 있다는 얘기처럼 들리는데요.

▬▬▬ 예, 그렇다고 회사가 잘못했다고 볼 수는 없습니다. 회사에서는 이미 검증되고 잘 버는 딜러를 뽑아 그만큼 인센티브도 주고

대접도 해주겠다는 취지였는데, 한양증권 딜링 룸의 성격을 잘 모르는 제가 적응하기는 쉽지 않은 시스템이었죠.

5월에 투신사에서 온 부장 한 분과 은행권에서 온 차장 한 분이 경력직으로 저와 같이 입사했습니다. 두 분 모두 첫 달 수익은 괜찮았으나 둘째 달 시장이 밀리는데 현물을 잡고 손절매를 빨리 하지 못해 적지 않은 손실이 발생했습니다. 정확한 금액은 기억나지 않지만 5,000만 원 전후의 충분히 감내할 수 있는 금액이라고 생각했는데, 그 후 한 달 정도 매매 정지된 후 퇴사하고 말았습니다.

저 역시 처음에 와서 일주일 정도 손실이 발생했을 때 운용 관련 후선 부서에서 매매 정지될 수 있다는 얘기를 듣고 나서 '이거 장난이 아니구나' 싶어 정신을 바짝 차렸습니다. 저는 다행히 시장에 이상 호가^{직전 거래호가에서 크게 벗어난 호가}가 형성될 때 괜찮은 수익을 올려 잔류할 수 있었습니다.

잘리면 다시 선물사 영업직으로 가면 되지 않습니까?

────── 그럴 수도 있죠. 옮기기 전 같은 팀 선임이 나가면서 큰 기관 관리를 제가 맡게 되었고, 시황도 제법 인지도가 생겨 신규 고객도 꽤 유치를 하고 있을 때였습니다. 월평균 2만 계약 정도의 약정을 하고 있었으니^{당시 수수료 약 3,500원}, 처음 현대선물에 왔을 때와 비교하면 자리를 확실하게 잡았다고 볼 수 있죠.

다시 선물사 영업직으로 간다 해도 적응할 자신이 없었던 것은 아니지만 앞에서 이야기했듯이 증권사 채권현물 영업이면 모를까 선물사 영업직으로 가고 싶은 마음은 없었습니다.

현대선물에서 영업할 당시 특별히 안 좋았던 경험이나 기억이 있었습니까?

━━━━ 예. 첫 번째는 주문용 전화에 관계된 것입니다. 당시에는 주문을 주로 핫라인으로 통화해서 수행했습니다. 핫라인은 고객과 바로 연결되어 있는 전화기로 상대방이 수화기를 들면 바로 제가 받을 수 있게끔 만든 직통 전화였는데, 제 책상 앞에 대략 10여 대 정도의 핫라인 전화기가 있었습니다. 그런데 시장이 움직이면 당연히 모든 딜러들이 포지션을 취하거나 정리하고 싶어 합니다. 그러다 보면 전화기 몇 대가 동시에 울릴 때가 있고, 시장이 급변하면 조금 더 신속하게 체결시켜주길 원하는 고객들이 감정적이 되기 쉽죠. 그래서 고성도 오가고 싫은 소리도 듣다 보니 전화벨 소리에 노이로제가 걸려 심각할 정도는 아니지만 그때 부정맥을 얻었습니다.

또 한 가지 지금까지 기억이 또렷하게 남아 있는 사건이 하나 있습니다. 고객 딜러와 일식집에서 점심을 먹고 있던 중 자신의 포지션을 확인해달라고 해서 팀에 전화해서 모 기관의 매수 포지션이 몇 계약 있냐고 물어봤는데 제가 조금 크게 물어봤나 봅니다. 그랬더니 전화를 끊자마자 자신의 포지션이 노출될 수도 있는데 크게 얘기를 했다는 이유로 비속어를 섞어가면서 질책을 하기에 순간적으로 분을 이기지 못할 뻔했습니다. 아마 그랬다면 지금 어떻게 되었을지 알 수 없겠죠. 궁극적으로는 그때 그 경험들이 제가 죽기 살기로 선물 영업직에서 벗어나려고 했던 이유이기도 합니다.

기억나는 다른 에피소드가 있다면 부탁합니다.

▬▬▬ 채권시장은 규모 자체가 큽니다. 한 단위 매매가 100억 원이기 때문에 그럴 수밖에 없죠. 브로커 시절 채권 딜러^{펀드 매니저 포함}들과 술자리를 하면 오늘 압구정 아파트 몇 동을 사고팔았다는 둥 자기 허세와 과시를 하곤 했습니다. 어떤 딜러의 경우는 술자리로 저를 불러 당일 술값과 함께 100만 원 이상의 기존 외상값까지 갚으라고 했던 기억도 있습니다. 그런 일들이 쌓이면서 브로커에 대한 회의가 컸습니다(저자 주_물론 위에 예를 든 딜러가 절대적으로 소수임은 당연하다. 그러나 늘 그렇듯 그런 소수가 대다수의 사람을 힘들게 하는 것 아니던가?).

몇몇 딜러들의 경우 타인에 대한 배려가 부족하고 자기 주장이 강한 이유가 구체적으로 무엇이라고 생각합니까?

▬▬▬ 첫 번째는 흔히 우스갯소리로 목에 기브스 한다고 하는데^{남에게 고개를 숙이지 않는다는 은유적 표현}, 매매를 하면서 스왑 브로커, 현물 브로커, 선물 브로커 등이 주변에 늘 있다 보니 갑을관계에서 오는 우월의식이 타성에 젖어 그럴 수 있습니다. 두 번째는 자기 시장만 보고 자신의 성과에만 집중하기 때문에 타인에 대한 배려를 하지 못하고 개인적인 성향만 짙어지는 게 그 이유라고 봅니다.

다시 한양증권 시절로 돌아가 보겠습니다. 그래도 그때 잘 버텼네요.

▬▬▬ 예, 버틴 거죠. 아내까지 회사를 그만두어 더블인컴^{Double Income}에서 외벌이로 바꿨는데 경력 입사동기 2명이 퇴사하면서 저희 팀도 정규직 팀에서 계약직 팀으로 바꿨습니다. 월급여가 200만 원

인데 세금 떼고 나니 실수령액이 180만 원밖에 안 됐습니다. 그 후 팀이 마이너스를 낸 적은 없었으나 여러 부대비용 등으로 팀 BEP를 넘지 못해 추가 인센티브 없이, 그 돈만을 받으면서 10개월 정도를 근무했습니다. 그러나 당시 중요했던 것은 돈이 아니라 어떻게든 여기서 버텨서 다른 증권사 딜링 룸으로 옮겨야 한다는 생각밖에 없었습니다. 그래서 포지션은 여전히 작았지만 한 달 한 달 잘리지 않기 위해 부단히 노력했습니다.

증권사는 3월 결산이기 때문에 증권사별로 큰 변동이 있지 않는 한 4월 전에는 인원을 충원하거나 변경하지 않습니다. 그래서 4월까지는 버텨야 했습니다. 아침 일찍 출근하는 것은 물론이고 장 끝나면 복기하고 집에 와서도 시장 분석하고 주말 내내 시장을 연구했습니다. 또한 다음날 매매에 지장이 있을까 싶어 친구들을 만나지도 않으며, 고립되고 외로운 싸움을 계속했습니다. 그렇게 1년을 버텨 다른 회사로 이직할 수 있었습니다.

그 당시는 저뿐만이 아니라 결혼한 지 1년밖에 안 된 제 아내도 무척이나 힘든 시기였죠. 당장 한 달 한 달이 생존할 수 있느냐 없느냐의 분기점이었기 때문에 주변사람을 챙기거나 생각할 여유가 없었습니다.

그 후 옮긴 곳이 동양선물인데 원하던 직장이었습니까?
━━━━━ 한양증권에서 힘든 시기를 보내고 있었지만 자금 관리 성격이 강한 펀드 매니저보다는 자신의 능력이나 노력으로 버는 만큼 인센티브를 받을 수 있는 증권사 딜러를 선호했습니다. 몇 군데 원

서를 넣고 면접도 보면서 시간이 좀 필요한 시기였으나 채권 운용팀이 4월부터 영업팀으로 전환된 시점이라 마음이 급했습니다. 그 와중에 동양선물에서 사람을 뽑고 있었고 그곳에 지원해서 입사했습니다.

다행히 운용 부서로 옮겼는데 본인이 원하던 회사는 아니었나 보죠?

────── 예, 지금은 많이 달라지긴 했지만 그 당시 채권 운용사 중 채권 딜러들이 선호하는 금융사의 순위가 있었습니다. 일반적으로 외국계 은행이 가장 선호하는 기관이었고, 그다음 국내 은행, 증권사 그리고 마지막이 선물사와 자산 운용사였습니다.

외국계 은행은 그 운용 규모가 컸을 뿐만 아니라 스왑, 채권현물/선물을 모두 운용할 수 있는 기관이었고, 연봉도 상당히 높았기 때문에 딜러라면 누구나 입사를 원하는 기관이었습니다.

그다음 국내 은행은 외국계 은행과 운용 면에서는 큰 차이는 없었지만 인센티브가 많지 않았습니다. 그리고 증권사는 채권현물을 포함하여 현/선물 차익거래 등 다양한 상품과 운용 전략이 가능했고, 성과급도 많았다는 점에서 선호하고 있었죠. 그리고 마지막이 선물사와 자산 운용사였습니다.

선물사는 채권선물밖에 운용할 수 없다는 한계 때문에 마지못해 가는 기관으로 인식되던 시기였고, 자산 운용사는 금융권의 3D로 언급될 만큼 업무량도 많고 스트레스도 많았습니다. 젊은 나이에 꿈도 있었고 스왑, 채권현물 등 여러 상품을 운용하고 싶은 마음도 커서 동양선물로 이직하는 것이 썩 내키지 않았습니다^{참고 : 한국거래소 등록 기준 국}

내 은행 16곳, 외국계 은행 10곳, 증권사 60곳, 선물회사 7곳. 금융투자협회 등록기준 정회원 자산 운용사 78곳. 2012년 10월 25일 기준.

막상 가보니 어땠습니까?

──── 일단 분위기가 너무 자유로웠습니다. 매매에서 수익이 나면 일체 간섭도 없고 매매 외 잡무나 기타 업무도 거의 없었습니다. 지금은 아이들과 놀아주기 위해 일찍 퇴근하지만 그 당시에는 장 마감 후 딜링 룸 안에서 자유롭게 담배를 피울 수도 있었습니다. 그래서 담배 연기를 피하기 위해 일찍 퇴근하기 시작했고, 그것이 지금까지 습관처럼 굳어졌습니다. 다만 다른 상품을 운용하고 싶은 마음은 여전히 남아 있어 분위기가 자유롭고 어느 정도의 인센티브도 받을 수 있었지만 계속해서 다른 직장을 알아봤습니다.

왜 다른 직장을 알아봤습니까?

──── 첫 번째는 코스피 선물옵션을 매매하고 싶었습니다. 개인 매매이긴 하나 부국증권에 같이 근무했던 부장에게 코스피 선물옵션 전략 및 노하우 등을 배우면서 실전 매매를 꾸준히 하고 있었습니다. 또한 친분이 두터운 선배가 코스피 선물옵션 전략 매매로 크게 두각을 보이고 마침 모 증권사 트레이더로 활약하면서 주니어로 저를 데려가려고 했습니다. 그런데 그 당시 동양선물의 인센티브 구조가 4월까지는 회사에 적을 두어야 1년 동안 적립해놓은 반 이상의 인센티브를 받을 수 있었습니다. 그래서 이직 시기를 조금 미루던 차에 그 선배가 운용 부서에서 지점으로 발령이 나면서 모든 계획이

수포로 돌아가고 말았습니다.

두 번째는 선물회사의 규모 때문에 채권현물, 스왑 등의 다양한 상품을 운용할 수도 없었고, 포지션을 크게 취할 수도 없었습니다. 저는 젊은 나이에 다양한 상품을 마켓 메이커럼 운용해보고 싶었습니다.

마켓 메이커는 구체적으로 어떤 매매를 말하는 겁니까?

———— 일종의 객기고 호기일 수도 있지만 어느 한 채권 종목이라도 시장을 만들어보고 싶은 마음이 있었습니다. 사석에서 어떤 딜러가 무용담처럼 다음과 같은 얘기를 했는데 무척이나 부러웠던 기억이 납니다. "그 전날 PD 회의를 하면서 A 종목이 바이백 분위기가 무르익었다는 확신을 가졌다. 그래서 그날 A 종목이 오버^{Over} 3bp$^{전일 민평*}$ 기준에 거래되고 있었는데 내가 순식간에 언더^{Under} 10bp까지 긁어버렸다^{매집했다}. 그러나 그렇게 긁을 경우 매도호가가 도망치기 때문에 실질적으로 매수한 수량은 1,000억 원 정도밖에 안 됐지만 소문은 늘 부풀려지기 마련이어서 바이백 수혜를 노리고 대형기관에서 수천억 원을 매집했다는 소문이 돌았다. 그래서 일종의 품귀현상처럼 가격이 한동안 급등해서 좋은 가격에 팔고 나왔다." 선물회사 트레이딩 룸에

---

*민평금리 : 우리나라 채권평가회사는 한국자산평가, KIS채권평가, 나이스채권평가 3개 회사가 있다. 이들 회사를 민간채권평가회사로 부르며, 3군데에서 산정한 채권의 가격을 평균한 것을 민평금리라 부른다. 기관 투자자의 경우 보유한 채권을 위 3군데 평가회사 중 2군데 이상의 회사로부터 가격을 받아 매일매일 시가평가를 하여 손익을 평가한다. 이러한 민평금리를 기준으로 민평 대비 +/−의 금리로 장외시장에서 거래가 이루어지게 된다.

서 적은 수량으로 틱띠기¹틱을 먹는 매매 방법을 뜻하는 시장 속어와 같은 단타 매매를 할 때여서 더욱더 부러울 수밖에 없었습니다.

딜러의 꿈을
간절히
희망하다

어릴 때 혹은 학창 시절부터 딜러가 되고 싶었습니까?

────── 그 당시에는 저뿐만이 아니라 어릴 때 꿈은 본인 꿈이 아니라 부모님의 꿈이 아니었나 싶은데요. 저 역시 어릴 때부터 아버지로부터 판검사가 되라는 얘기를 귀에 못이 박히도록 들어서 저도 모르게 제 꿈은 판검사가 되는 것이었습니다. 이와 관련 웃지못할 에피소드도 있습니다. 초등학교 때 선생님이 꿈이 뭐냐고 물어봐서 검사가 꿈이라고 했더니 너는 숙제검사나 하라고 면박을 줘서 울면서 자리에 들어왔던 기억이 나네요.

대학에 들어와서는 사회학과 출신이다 보니 막연히 기자가 되고 싶은 마음이 있었습니다. 그런데 군 제대 후 돈을 벌고 싶은 욕심에 고액 연봉의 직업을 찾던 중 감정평가사라는 직업을 알게 되어서 4학년 2학기 때부터 고시원에 들어가 준비했습니다. 그러나 첫 시험에서 떨어진 후 고시가 체질에 맞지 않음을 인정하고 증권회사에 입사원서를 넣었고, 운 좋게 취직이 됐습니다. 8월 말이라 모든 증권사의 원서 제출 기간이 마감되고 마지막으로 남은 증권사가 한 군데밖에 없었습니다. 그것도 원서 마감일이었고 어렵게 친구에게 4시에 원서를 넘겨받아 6시 전에 가까스로 제출할 수 있었습니다.

그렇다면 증권회사에 들어가 본격적으로 딜러가 되겠다는 꿈을 키웠습니까?

━━━━ 아닙니다. 물론 감정평가사 시험에서 떨어진 시기가 이미 기업 원서 마감 기간인 8월경이어서 지원을 할 수 있는 회사가 몇 군데 없었습니다. 다른 학교에 있는 친구가 자신이 받은 원서를 저한테 넘겨줘서 증권회사에 지원할 수 있었습니다. 그밖에도 자문사 등의 여러 금융권에 지원을 해봤지만 딜러가 되고 싶어서 지원했다기보다는 막연히 금융권에 취직하고 싶었습니다. 물론 감정평가사를 준비했던 것과 마찬가지로 돈을 벌고 싶은 욕심은 있어서 그 당시 누구나 들어봤던 펀드 매니저나 딜러가 되고 싶었던 것은 사실이지만, 정확히 그 꿈을 꿨던 것 같지는 않습니다.

왜냐하면 막상 증권사에 와보니 펀드 매니저나 딜러는 아무나 되는 게 아닌 것 같았습니다. 물론 구체적으로 알아보지도 않은 채 학력이 높거나 혹은 탁월한 매매 실력을 갖췄거나 회사에서 임원에 준하는 직위에 있어야 되는 것으로 짐작할 뿐이었습니다. 그 당시 첫 직장이 소형 증권사였고 IMF 이후라 운용 부서다운 운용 부서가 없어서 그렇게 생각했던 것 같습니다.

그럼 언제부터 본격적으로 딜러가 되겠다는 꿈을 키웠습니까?

━━━━ 부국증권에 2년 6개월 다닐 무렵 현대선물에 근무하는 친

구로부터 영업직 자리를 충원하고 있는데 지원해볼 의향이 있느냐는 제의가 들어왔습니다. 그래서 지원하게 됐고 현대선물에 입사하게 되었습니다.

중권사 지점에 근무할 당시에는 고객들과의 관계가 갑을의 수직 관계라기보다는 어떤 정보를 가지고 있는 전문가라는 시각이 있어서 고객들과의 관계가 수평에 가까웠습니다. 그러나 법인 영업을 하면서 이것이 바로 사회에서 얘기하는 냉혹한 갑을관계구나라는 것을 뼈저리게 느낄 만큼 상당히 힘들었습니다. 아마도 그때 힘들었던 점들 때문에 딜러가 되고 싶다는 꿈을 구체적으로 꾸기 시작했고, 행동으로 옮기게 되었던 것 같습니다.

어떤 점이 힘들었고 딜러로서의 꿈은 어떻게 구체화시켰습니까?
━━━━ 나중에도 상세히 설명할 기회가 있겠지만 제 성격과 배치되는 면이 많아 힘들었습니다. 물론 영업직 성과급이 형편없던 시기라 영업직으로 돈을 버는 데 한계가 있는 것 같았고, 자통법 얘기가 나오면서 선물사 영업직의 미래가 상당히 불투명하고 암담해지고 있었습니다. 그것이 딜러가 되고 싶다는 바람을 되어야만 한다는 당위성으로 바뀌게 된 결정적 계기가 되었습니다. 그래서 그때부터 딜러의 꿈을 꾸었습니다. 하지만 내세울 만한 실력도 없었고 경력도 없어 실전에서 돈을 벌 수 있다는 것을 객관적으로 증명하기 위해 착실히 개인 매매를 해서 그 결과물들을 저장해두었습니다.

개인 매매를 한 것이 딜러의 꿈을 이루게 된 결정적 증빙자료가 되었

습니까?

─── 아닙니다. 개인적으로 매매를 한다 해도 그 포지션이 크지 않았고, 일정한 수익을 거둔다 하더라도 어디에 어필할 수 있는 객관적 자료가 되지 못했습니다. 부국증권 시절 기술적 분석 시황을 팍스넷이나 씽크풀 등의 증권정보 사이트에 올렸는데 조회수가 괜찮았습니다. 그것에 착안해서 채권시장에서 사람들이 많이 보는 사이트에 그때처럼 기술적 분석 시황을 올려야겠다고 마음먹었습니다.

그래서 처음에 시황을 올린 사이트가 포넷Fonet이었고, 그 후 채권 종사자들은 대부분 참고한다는 본드 웹Bondweb이라는 사이트에 본격적으로 시황을 올리기 시작했습니다.

그렇다면 딜러로서의 꿈에 상당히 접근시켜주었던 계기가 본드 웹 등 인터넷 사이트에 올린 시황이 되겠군요?

─── 예, 맞습니다. 본드 웹 등에 올린 시황이 호응이 좋았습니다. 호응이 괜찮았던 이유는 두 가지 정도로 요약됩니다.

첫 번째는 그 당시 채권시장에서는 기술적 분석이 소외되는 분위기였습니다. 당연히 채권은 기본적 분석이 절대적으로 중요할 수밖에 없었고, 거기에 수급 상황이 상당히 중요한 시장이었기 때문에 기술적 분석은 무시되는 분위기였습니다. 그 당시 제가 기술적 분석 시황을 고객들에게 메신저 등으로 보내주면 "쓸데없는 짓 하지 마라"는 등의 핀잔을 듣기도 했습니다.

그러나 외인들이 채권선물시장에 본격적으로 진입하면서 기술적으로 매매를 하는 외인들이 많아진 탓에 시장이 상당 부분 기술적으로 움직이기 시작했고, 시장에서 기술적 분석이 시장에서 서서히 관심을 받는 분위기와 맞아떨어졌습니다.

두 번째는 제가 기술적 분석으로 활용한 일목파동법의 생소함이 시장에서 호기심과 궁금증을 유발하여 많은 관심을 받았습니다. 일목파동법은 일목균형표와 파동법을 접목시킨 것으로 제 나름대로 개발한 기술적 방법입니다. 일목파동법 자료를 만들어 기관 세미나도 다니고 현대선물 회의실에서 시황에 관심이 많은 고객을 중심으로 세미나도 열면서 시장에서 조금씩 인지도가 생긴 것이 결정적 계기가 되었습니다.

시황으로 인지도가 높아지면서 여기저기서 딜러 제의가 들어왔나요?

━━━ 아닙니다. 때론 시장을 잘 맞출 때도 있었지만 제가 원서를 낼 때마다 가장 많이 듣던 얘기가 레코드Record, 즉 매매 운용 성적표를 가지고 오라는 것이었습니다. 당연히 없었죠. 개인 매매했던 레코드가 있어 그것을 첨부자료로 제출하긴 했으나 크게 어필하지는 못했습니다. 많은 기관에 원서를 내고 지원을 했지만 선뜻 뽑겠다는 기관이 없었습니다. 나이는 자꾸 먹어가는데, 운용 경험은 없어서 이러다 딜러의 꿈을 접어야 하는 것은 아닌지 불안감만 쌓여갔습니다. 그러다 2005년 4월경 한양증권 채권 운용 팀장이 제 시황을 괜찮게 평가해주었고, 그곳에 채용되어 본격적으로 딜러의 길을 걷게 되었습니다.

소소하지만
자유로운
일상 속으로

딜러들에게는 나름의 징크스가 있다고 하던데 본인도 있습니까?

▄▄▄▄▄ 가장 좋은 것은 징크스가 없는 것이겠죠. 그리고 상당수의 딜러들이 의외로 징크스가 없습니다. 개인적으로는 상황에 따라 징크스가 생겼다가 다시 시간이 지나면서 없어지곤 합니다. 징크스는 주로 크게 터진 날 제가 행했던 어떤 행동들이 징크스로 받아들여질 때가 있습니다. 1~2년 전부터는 물건을 떨어뜨리거나 물을 쏟거나 하면 여지없이 손실이 발생해서 물건을 떨어뜨리는 날은 매매를 상당히 조심스럽게 합니다.

스트레스는 많이 받죠?

▄▄▄▄▄ 딜러는 벌면 버는 대로 더 벌지 못해서 아쉽고, 깨지면 깨졌기 때문에 그만큼의 스트레스를 받습니다. 그래서 벌든 깨지든 하루하루가 스트레스의 연속임에는 틀림없습니다. 그러나 그 스트레스를 어떻게 받아들이고 어떻게 푸느냐에 따라 그 결과는 천지 차이입니다. 제가 한양증권에 있을 때부터 추구했던 매매가 피라미딩 기법의 방향성 매매입니다. 즉 터질 때는 적게 터지고 벌 때는 장기간 포지션을 끌고 가서 크게 버는 매매를 하고 싶었습니다. 그러나 회사의 운용 시스템과 잘 맞지 않았고 제가 추구하는 매매에서 기대했던 만큼의 수익을 거두지 못했습니다.

반면 스트레스는 상당해서 서서히 방향성 매매에서 초단타 매매로 전환하게 되었습니다. 대부분의 선물사 자기 매매팀들이 저와 같은 초단타 매매를 하고 있습니다. 선물사 매매의 특징을 한마디로 요약하면 '터지지 않는 매매'입니다. 저희 팀을 기준으로 봤을 때 2011년도에 총영업일 중 3일만 마이너스가 났으니까요.

초단타 매매를 하게 되면 방향성 매매를 하는 것보다 스트레스가 적습니까?

━━━━ 아무래도 오버나잇을 하지 않으니 장 끝나면 다음날 매매에 대해 걱정하거나 신경을 쓰지 않아도 되기 때문에 심적으로 마음이 한결 편해집니다. 방향성 매매는 장 전에 치밀하게 전략을 수립하고 실전에서 매매를 수행하면서 전략을 수정하는 등 시장 상황에 따라 매매에 변화를 줘야 하기 때문에 심적 갈등이나 고민 등이 끊이지 않습니다. 이에 반해 초단타 매매를 하게 되면 시장이 움직이지 않을 때는 편안하고 여유 있는 마음으로 시장을 관망할 수 있습니다. 만약 시장이 움직이면 그때 시장의 힘에 따라 그 세력에 붙어 매매를 하면 되기 때문에 수익은 적겠지만 터지는 규모도 적어 신경도 덜 쓰게 되어 스트레스가 적습니다.

앞에서 언급한 이유 외에 초단타 매매로 전환한 다른 계기가 있습니까?

━━━━ 2008년도 리먼 사태로 변동성이 좋아서 적은 수량의 베팅이었음에도 적지 않은 수익이 가능했습니다. 그러나 2009년 들어 변동성이 갑자기 줄어들기 시작했고 시장도 차츰 성숙된 시장으로 접

어들면서, 방향성 매매에서 수익을 내기가 상당히 어렵고 까다로워지기 시작했습니다. 그래서 그 대안으로 초단타 매매를 시작하게 되었습니다.

나름의 스트레스 해소법은 어떤 것이 있습니까?

━━━━ 첫 직장이 증권사 지점이어서 고객들과의 술 약속이 잦은 편이었고, 현대선물 법인 영업팀에 있을 때에도 영업 목적으로 술자리가 잦아 술을 많이 마시는 편이었는데, 체질적으로 술이 잘 받지 않는지 술 마신 다음날에는 고생을 많이 했죠. 그래서 딜러가 된 후로는 좋지 않은 컨디션에서 매매를 하면 여지없이 깨지거나 실수를 할 때가 있어 가급적 평일에는 술을 마시지 않습니다. 또한 업무 종료 후인 3시부터 저녁까지 기다려야 하는 상황도 부담스러워 약속을 잘 잡지 않으면서 자연스럽게 술자리가 줄어들었습니다. 그래서 일차적으로 술자리를 줄여 스트레스를 가중시키는 상황을 개선시킨 것이 스트레스 해소법의 첫 번째입니다. 그 연장선상에서 일상생활을 단순화시킴으로써 긴장감이나 무리를 주지 않으려고 합니다.

술을 마시지 않는 것 외에 구체적으로 다른 해소법은 없습니까?

━━━━ 일종의 스트레스 해소법이면서 요즘 젊은이들이 가장 부러워하는 대목이 될 것 같습니다. 아무래도 여가 시간이 많다 보니 다양한 운동을 즐기고 여러 취미생활을 하면서 스트레스를 풉니다. 예전에는 골프도 열심히 했었고, 검도와 복싱도 배웠습니다. 나름 헬스도 꾸준히 했고 댄스도 1년 6개월 한 후 지금은 전문 댄스학원에

서 10개월 정도 운동하고 있습니다. 취미로는 와인 모임도 하고, 3년 전부터는 1년에 두세 번 정도씩 해외여행을 하는 여행 모임도 하고 있습니다. 다독은 아니지만 한 달에 평균 5~6권 정도의 책도 읽고 있습니다. 이 모든 것이 저의 스트레스 해소법입니다.

3시 30분쯤 업무가 끝나면 바로 퇴근하나 봅니다.

━━━━ 스트레스 해소법과 무관하지 않은 질문입니다. 제 퇴근시간은 대략 3시 30분에서 4시 사이입니다. 스캘퍼Scalper들에게는 당일의 컨디션이 무엇보다 중요하기 때문에 일찍 퇴근해서 다음 매매를 대비하고 준비한다는 차원도 있습니다. 저의 경우 어떤 운동을 하느냐에 따라 삶에도 조금씩의 변화가 있습니다. 최근에는 댄스 수업이 7시 40분부터여서 5시 정도에 저녁을 먹고 아이들과 논 후 운동하러 갑니다. 운동 후에는 책을 읽거나 TV를 보고 10시 30분 전후로 잠자리에 듭니다. 생활을 단순화시켜서 운동을 하거나 아이들과 노는 것이 퇴근 후의 가장 큰 부분을 차지합니다.

다른 직장인들이 들으면 투 잡을 하거나 외국어를 배워 몇 개 국어 정도는 유창하게 구사할 수 있을 거라고 생각할 것 같습니다.

━━━━ 예, 그렇죠. 장 끝나고 일찍 퇴근해서 추가 수입을 거둘 수 있는 투 잡을 하거나 자기계발 차원에서 무엇이든 배울 수 있는 시간은 충분히 주어집니다. 실제로 다른 딜러들 중에는 대학원을 다니거나 다른 것을 배우는 데 시간을 투자하는 경우가 많습니다. 저 역시 그와 같은 생각을 해보지 않은 것은 아니지만 아이들이 아버지의

자리가 한참 필요한 시기이고, 저 역시 아이들을 좋아하고 아이들과 같이 보내는 시간이 무엇보다 즐겁습니다. 비록 자기계발 차원에서 무언가를 배우는 분들에 비해 뒤처질지 모르지만 가정적인 행복이나 아이들과의 관계에 있어서는 제가 다른 분들 못지않다고 자부하고 있습니다. 따라서 그분들이 부럽거나 제가 뒤처지고 있다는 점 때문에 조급해하거나 서두르고 싶은 마음은 없습니다.

굳이 투 잡을 하거나 무엇을 배우지 않더라도 딜러로서 시장 정보를 얻으려면 꾸준히 시장에 참여하는 다양한 사람들을 만나야 하지 않습니까? 즉 은행권이나 투신사 혹은 기자나 애널리스트, 브로커 등을 만나 정보도 교류하고 시장 상황도 점검해야 할 것 같은데요?

━━━ 4년 전 신입직원 2명을 교육시켰습니다. 그 중 제가 멘토Mentor를 맡은 신입직원에게 했던 말을 이에 대한 답으로 대신하고자 합니다.

"채권시장에는 립 서비스Lip Service라고 하여 한은 재경부 등의 금리와 관련된 고위직의 말과 실질적인 정책 방향 등이 가장 중요하다. 두 번째로 큰손으로 인정받는 외국인들의 수급이 중요하고, 기본적인 경제 상황 분석이 세 번째로 중요하다. 그런 면에서 선물사 딜러로 있다는 것은 시장 정보와 루머에 늦을 수밖에 없고 외인들의 수급을 누구보다 빨리 알 수도 없다. 즉 선물사에서의 매매는 시장을 리드하는 매매가 아니라 시장을 겸손하게 받아들이며 시장의 힘을 따라가는 매매라고 생각한다. 따라서 시장에 대한 분석과 공부에도 불구하고 시장이 힘이 세거나 필요 이상으로 약하다면 분명 내가 모르고 있는 무언가가 있다고 생각하고, 내 의견과 내 고집을 버리고 시장에 순응하고 쫓아가라".

지금이라도 조금 더 많은 시장관계자를 만나 시장 상황을 점검하고 누구보다도 빨리 고급 정보를 얻을 수 있다면 충분히 해볼 만한 것입니다. 하지만 그런 사람들을 만나서 술이라도 한 잔씩 해야하고 그럼으로써 다음날 매매하는 데 지장이 있다면 현실적으로 매매만을 위해 시장참여자를 만나는 것이 득보다는 실이 많다고 생각합니다.

회사를 나와 개인 매매를 하고 싶은 생각은 없습니까?

▬▬▬▬ 회사에 몸을 담고 있으면 저같이 회사에서 많은 대화와 접촉을 하지 않는 사람도 사회생활을 하고 있다고 느낄 수 있습니다. 그런데 집에서 개인 매매를 하게 되면 유선상으로 많은 친구나 지인과 연락을 하고 장 이후에 만남을 가져도 상당히 외롭다는 얘기를 들었습니다. 물론 외로움 때문에 개인 매매를 하지 않는 것은 아니지만, 국채선물 매매의 경우 현실적으로 어려움이 있습니다.

첫 번째는 수수료입니다. 증권사에서 자기 매매를 할 때는 유관기관 거래할 때 관련된 증권 유관기관 수수료로는 한국거래소 수수료, 예탁원 수수료, 협회비 등이 있다 등의 수수료 명목으로 계약당 200원 안팎의 수수료 정도면 매매를 할 수 있지만, 개인이 매매할 경우 수수료가 3,000원 정도로 최소 15배 이상을 부담해야 합니다. 두 번째는 증거금 역시 만만치 않아서 돈을 많이 벌어 증거금이 충분하면 모를까 개인 매매로 나서기도 쉽지 않습니다.

자통법이 시행되었음에도 증권사들이 본격적으로 국채선물 영업에 뛰어들지 않았고, 개인들도 아직까지는 채권을 생소하게 여겨 채권선물시장에 활발하게 참여하지 않아 상대적으로 수수료 경쟁이 적어 수수료 인하가 미진한 상황입니다. 그러나 앞으로 10년 후쯤이면 코스피 선물옵션과 같이 수수료도 많이 다운되고 증거금도 낮아져서 개인들이 매매하는 데 큰 지장이 없을 것으로 기대하고 있습니다.

연봉은 얼마 정도 됩니까?

—— 딜러 중에서는 평범한 수준이지만 제 나이 또래 일반 직장인에 비하면 많은 금액입니다. 한국 사회에서는 돈을 많이 번다는 것이 미국 등 외국의 경우처럼 어떤 존경과 인정의 기준이 아니라 시기와 질시의 대상이 되는 경우가 많아 얼마를 버는지 밝히기 꺼려하는 분위기입니다. 우스갯소리로 "누가 돈을 많이 벌었다"더라는 소문이 나면 전화가 오는 사람이 두 부류가 있는데, 한 부류는 돈을 빌려 달라는 것이고 한 부류는 술을 사달라는 것이라는 다소 씁쓸한 얘기가 있을 정도입니다.

제가 딜러를 꿈꿨을 때 소박하지만 40세에 연봉 1억 원을 받아보는 것이 꿈이었습니다. 지금은 대학 졸업하고 신입 2년 차에도 연봉이 1억 원이 넘는 경우도 있지만 그 당시 채권시장에서는 딜러들의 성과급률이 높지 않았고, 실제로 많이 버는 딜러도 없을 때였습니다. 다만 회사마다 차이가 있겠지만 자신이 버는 만큼 가져갈 수 있는 성과급체계에서는 사원이 차장이나 부장보다 높은 연봉을 받을 수 있고 변동성에 따라 한해 한해 수익률이 달라질 수 있기 때문에 연도별 편차도 무시할 수 없습니다(저자 주_다른 딜러들이 답하지 못하는 질문도 솔직하게 답을 하겠다고 서문에 적었음에도, 그 역시 이 질문은 은근슬쩍 넘어가고 있다).

딜러를
꿈꾸는
젊은이에게

딜러가 되고 싶은 젊은이들에게 어떤 구체적인 준비가 필요한지 한마디 부탁합니다.

━━━ 안타까운 얘기지만 지금의 현실에서는 금융권이 원하는 스펙을 갖춰야만 합니다. 제가 입사하고 이직했을 2000년 초와 지금은 상당한 차이가 있습니다. 그 당시 딜러는 지금과 같은 성과급체계가 아니었고 딜러가 되는 것 역시 입사해서 그 부서로 발령을 받으면 될 수 있었습니다. 어쩌면 운이 상당히 큰 부분을 차지했던 그런 환경이었죠. 그렇지만 지금은 금융기관에서도 운용 부서에 대한 기대치가 갈수록 커가고, 고용 조건은 높은 청년실업률이 말해주듯 예전과 달리 취직 자체가 무척이나 어렵기 때문에 운용 부서 지원자들의 스펙이 상당히 높아졌습니다. 흔히 말하는 SKY는 물론이고 미국 경제가 불황기에 접어들며 많은 유학생이 한국으로 회귀해서 외국에서 학위를 딴 우수한 인재들도 대거 유입되고 있습니다.

또한 예전에는 인사과에서 선발하여 신입직원의 특성과 적성, 희망 부서에 맞게 각 부서별로 배치했다면, 지금은 운용 부서별로 신입직원을 자체 선발할 수 있는 권한이 강화돼서 좋은 학교, 좋은 스펙의 신입직원을 더 선호하게 되었습니다. 그렇기 때문에 일단 좋은 스펙을 갖추는 것이 우선조건이라 할 수 있습니다. 다만 운용 부서에 취직을 못했다 하더라도 딜러에 대한 꿈을 버리지 않고 다각도로 노력하다 보면 길이 보일 것입니다.

면접관을 해본 경험에서 취업 준비생들에게 구체적으로 해주고 싶은 얘기도 부탁합니다.

■■■■ 딜러로서의 가능성을 보여주기 위해서는 면접관 등에게 강하게 어필할 수 있는 학력 이외의 다른 스펙을 보여줘야 합니다. 금융 관련 자격증을 많이 딴다든지, 증권사 등에서 실시하는 모의 투자대회에서 좋은 성적을 올리든지, 다양한 금융 관련 블로그나 카페 혹은 SNS 등의 활동을 통해 꾸준히 실력을 키워왔음을 증명해 보이는 것이 중요합니다. 또한 비운용 부서에서 시작했다 할지라도 딜러가 되기 위해서 위에서 언급한 자격증 및 모의 투자 혹은 실전 투자 등으로 꾸준히 성적을 거두었다는 레코드를 보여줄 수 있다면 충분히 딜러가 되는 길이 열릴 수 있습니다.

다만 남들이 하는 만큼의 적당한 노력과 방법으로는 다소 어려움이 있을 수 있습니다. 자신만의 강점과 어필할 수 있는 무기를 갖추는 것 또한 잊어서는 안 될 중요한 요소입니다.

딜러가 된다고 해서 모두가 살아남는 것은 아니라고 생각합니다.

▬▬▬▬ 채권시장에 몸담고 있기 때문에 채권시장의 예만 들도록 하겠습니다. 증권사 입장에서는 한해 손실이 발생한 딜러라 할지라도 수익을 냈던 레코드가 있고 일단 운용 경험이 있기 때문에 인원을 충원하는 데 있어 운용 경험이 전혀 없는 직원을 뽑는 것보다는 리스크가 작다고 판단합니다. 따라서 성과가 좋지 않아도 채권시장의 속성상 다른 상품시장에 비해 이직이 잘 되는 편입니다. 그러나 계속해서 성적이 좋지 않은 딜러는 시장 소문이 있기 때문에 운용부서가 아닌 채권 관련 다른 보직^{브로커} 등으로 이동하는 경우가 일반적입니다. 물론 받아주는 곳이 없어 채권시장에서 아예 퇴출되어 금융업을 떠나는 경우도 있습니다.

딜러의 단점으로 일에 있어 짧은 수명을 얘기하곤 합니다. 본인은 언제까지 일할 수 있을 거라고 생각합니까?

▬▬▬▬ 시장 자체의 역사가 길지 않아 아직 채권시장 1세대 딜러들도 큰 실수^{손실}를 하지 않는 이상 현직에서 매매를 하고 있습니다. 대부분 팀장 혹은 임원이 되거나 기타 연관 부서에서 근무하고 있습니다. 일반적으로 회자되듯 50세가 되면 체력이 현격히 저하되고 집중력도 떨어져 그전에 대부분 은퇴를 한다고 하는데 사실 그렇지는 않습니다. 50세까지 현역 딜러로 살아남아 있다는 것은 그만큼 자기 관리도 뛰어나고 매매에 있어서도 어느 정도 경지에 오른 것으로 볼 수 있습니다. 따라서 자신이 마음만 먹으면 그리고 회사에서도 나이가 많다는 이유만으로 내쫓지만 않는다면 오래 롱런할 수 있습니다.

매매에 있어 경지에 오른다는 것은 무슨 얘기입니까?

━━━━ 예전 직장 상사가 딜러의 실력을 계단에 비유해서 얘기했던 것이 기억납니다. 딜러에게 있어 자기 관리, 매매 스킬, 운용 규모와 리스크 관리 등 그 모든 것이 계단과 같아서 한 계단을 올라서서 안착하기는 쉽지 않지만, 일단 한 계단을 오르면 최소 밑으로는 내려가지 않는다는 말을 했습니다. 즉 어느 정도의 실력을 갖추고 한 단계 성장하기는 쉽지 않지만, 일단 어느 단계에 오르면 슬럼프가 와도 그 아래로는 내려가지 않는다는 것입니다.

이제 구체적으로 매매 얘기를 해볼까요? 매매에 있어 가장 중요한 것은 무엇이라고 생각합니까?

━━━━ 돈을 벌 수 있는 자신만의 노하우 및 필살기를 갖췄다는 전제하에 가장 중요한 것은 심리라고 생각합니다. 심리가 매매에서 차지하는 비중은 거의 절대적입니다. 모 딜러는 자신만의 매매 원칙과 스킬이 30%라면 마인드컨트롤이 70%라고 얘기할 정도로 심리의 중요성을 강조하기도 했습니다. 저 개인적으로도 매매에 있어 심리가 차지하는 부분이 50% 이상이라는 데 동의하고 있습니다.

구체적인 실례가 있다면 부탁합니다.

━━━━ 부국증권 연희동 지점에 근무할 당시 처음으로 코스피 선물옵션을 접했습니다. 지점에서 큰 고객의 경우 객장 안에 따로 방을 내주어 개인 사무실처럼 사용하고 있었는데, 그 큰 고객 중 한 분이 코스피 선물옵션을 공격적으로 매매해서 관심을 갖게 되었습니

다. 몇백만 원의 종자돈을 가지고 1억 원 이상을 버는 모습을 보고 코스피 선물옵션을 해야겠다는 생각을 하게 되었죠. 그러던 중 같은 지점에 근무하는 부장께서 체계적으로 가르침을 줘서 제 계좌로 본격적으로 개인 매매를 시작했습니다. 당시 미혼이었기 때문에 딱히 돈이 필요하지 않아 월급과 성과급을 받는 족족 매매를 했지만, 그때마다 모두 날리곤 했습니다.

현대선물로 이직한 후에도 상황은 크게 달라지지 않았습니다. 그러던 중 개인적인 사정으로 돈을 벌어보겠다는 욕심에 대출에 마이너스 통장까지 만들어 코스피 선물옵션을 공격적으로 매매했으나, 결과는 너무나도 참담했습니다. 그전에는 벌다 깨지다를 반복하다 한 번 손절을 하지 못해 깡통 계좌가 되곤 했는데, 무엇에 쫓기듯 마음이 조급해져 샀다 팔았다를 반복하다 일주일도 되지 않아 모두 날리고 말았습니다. 도움은커녕 제 앞가림조차 제대로 하지 못했죠. 그때 결혼을 앞두고 있었는데 월세 보증금 3,000만 원과 은행에서 대출받은 돈으로 전세자금을 마련해서 결혼했습니다.

그때 깨달은 것이 마인드컨트롤이 얼마나 중요한가였습니다. 그 후 스스로 평정심의 중요성을 새기고 가급적이면 장중에는 심리적 동요 없이 매매 원칙에만 집중하려 노력합니다.

본인만의 매매 원칙이 있습니까?

━━━ 손절매입니다. 추세를 먹는 매매가 아니고 전형적인 틱띠기 매매이기 때문에 손절이 무엇보다 중요합니다. 금융권마다 그리고 금융권 내 조직의 성격에 따라 매매 스타일이 다를 수밖에 없습니

다. 그것은 팀 내 성과 목표가 다르고 수량 한도 및 일별 손실 한도가 제각각이기 때문입니다. 선물사 스타일의 매매는 대부분 저와 같은 스캘핑성의 매매가 주가 되기 때문에 다른 어떤 유형의 매매보다 손절매가 중요합니다.

마지막으로 딜러가 되고 싶은 젊은이들에게 한마디 부탁합니다.
▬▬▬ 남들처럼 평범하게 사는 것에 만족한다면 그냥 적당히 지내면 됩니다. 그러나 조금 더 특별하게 살고 싶다면 그에 상응하는 노력과 실천은 당연합니다. 딜러가 되고, 딜러로서 살아남고, 성공한 딜러가 된다는 것이 어려울 수밖에 없지만 그렇다고 절대 불가능한 일은 아닙니다. 누구나 마음먹고 노력한다면 최소 괜찮은 딜러가 될 수 있다는 꿈은 이룰 수 있다고 확신합니다.

본 편은 매매 경험이나 매매 원칙에 대한 분량이 상당히 적다. 그 이유는 서두에서 밝힌 것처럼 특정 딜러의 성격보다는 선물사의 특징과 매매 스타일을 소개하는 입장에 중점을 두었고, 필자의 이야기라는 특수성도 감안했기 때문이다. 이미 많은 딜러가 매매와 관련해서 피가 되고 살이 되는 진솔한 얘기를 많이 풀어주었기 때문에 본 편에서는 다른 부분에 조금 더 비중을 두었다.

선물회사 매매의 특징

- 선물회사 트레이딩 룸은 코스피 선물옵션, 국채선물, 원/달러 선물 트레이더들로 구성되며 단타 매매 위주의 스캘퍼들이 주를 이루고 있다.
- 선물회사의 규모기 상대적으로 작기 때문에 장중 손실 한도 및 오버나잇 한도가 타 운용사에 비해 현저히 작아 운용의 폭이 좁은 것이 단점이다.
- 방향이 보일 때 큰 수익을 올리는 매매보다는 매일매일 꾸준히 수익을 쌓아나가는 매매 스타일이다.

신인식 차장의 기술적 분석

- 기술적 분석 기법 중 일목파동법을 개발하여 실전에 응용하고 있다.
- 일목 파동법은 일목균형표와 파동법을 접목한 새로운 기술적 접근 방법으로 스캘핑에 활용하고 있다.

09

예전에 딜러였다.
나는 지금 딜커다

채권 딜거

과거에 증권사 프랍 딜러로 활동했고 지금은 채권 영업팀에서 영업과 운용을 병행하는 딜커 1명을 섭외해서 인터뷰를 진행했다. 다른 글들과 마찬가지로 개인적인 얘기들을 풀어내고 딜러로서의 경험담과 현재 영업팀에 소속되어 영업을 병행할 때의 애로사항 및 장단점까지 상세하게 풀어주어 애초 구성은 1명의 인터뷰이로 챕터를 완성하려 했다.

그러나 실명이 아닌 익명임에도 본인이 언제 직장생활을 시작해서 어떻게 딜러가 되었고 언제 영업팀으로 옮기게 되었는지에 대한 개인적인 정보들의 공개로 본인의 실체가 유추될 가능성이 있었다. 더구나 이제는 고객과의 관계가 무엇보다 중요한 브로커로서 사소한 에피소드들까지 털어놓았던 점이 꽤나 부담이 되었던 듯싶다. 그래서 혹시라도 책을 읽는 고객 중에 자신이 이 익명의 딜커가 아니겠느냐는 추측의 가능성을 배제할 수 없다는 이유로 인터뷰 후 백지화되고 말았다.

그러나 전체 거래량 감소와 장내시장의 활성화로 채권 영업 환경이 차츰 열악해지면서 영업팀에서의 운용 비중이 높아지고 있는 실정이다. 따라서 지금의 채권시장 환경을 사실적으로 보여주기 위해서는 딜커의 인터뷰가 필요했다. 그래서 기존 인터뷰이를 설득해 개인정보가 포함될 수 있는 질문은 삭제하고 또 1명의 딜커를 추가로 섭외해서 인터뷰를 진행하게 되었다.

애초 기획과는 차이가 있었으나 자신의 익명성이 최대한 보장된다는 이점 때문인지 조금 껄끄러울 수도 있는 질문들에도 그전과 다르게 적극적이고 사실적으로 답변을 해주었다. 오히려 독자들이 더 궁금해하고 알고 싶었던 사항들까지 끌어낼 수 있었다는 점에서 새옹지마의 결과를 얻게 되었다.

참고로 이 글에 실린 2명의 인터뷰이는 모두 채권 영업팀에서 영업을 주 수익원으로 하는 딜커임을 밝혀두고자 한다. 채권시장 톱 딜커를 섭외한 만큼 독자의 궁금증을 상세히 풀어주도록 하겠다.

두 분 다 소형 증권사에서 프랍 딜러로 활동을 했는데, 대형 증권사와 어떤 차이점이 있었습니까?

■■■■■ 대형 증권사의 경우 지점이 많다 보니 RP 등의 상품을 운용할 수도 있고, 현/선물 차익거래 한도도 많아 상대적으로 수익의 다면화가 가능합니다. 그러나 소형 증권사이다 보니 RP상품은 자금부가 관리했고, 차익거래 한도도 작아 전적으로 방향성 매매로만 벌어야 했습니다. 딜링은 심리적인 부분이 상당히 큰 부분을 차지하기 때문에 기본적으로 BEP* 정도 수익이 보장되는 RP 같은 상품이 없을 경우, 맨땅에 헤딩해서 수익 내는 것이 쉬운 일은 아닙니다.

---

*BEP(Break Even Point) : 손익분기점. 연봉 5,000만 원인 경우 BEP가 연봉의 2배이고 성과급률이 40%라고 가정하자. 그해 딜러가 1억 5,000만 원을 벌 경우 BEP는 연봉의 2배인 1억 원이며 초과 수익인 5,000만 원에 대해서만 40% 성과급률을 계산한다. 따라서 총연봉은 기존 연봉 5,000만 원에 성과급 2,000만 원을 합한 7,000만 원이 된다.

채권 영업팀 내 영업직원의 정식 명칭이 브로커리지 딜러이듯 딜링 영역이 어느 정도는 포함된 것으로 봐도 되겠습니까?

━━━━━ 중개 수수료는 관행상 채권을 파는 기관이 1원^{100만 원}을 떼어주고, 그 호가를 체결시킨 사자/팔자 브로커들이 50전^{50만 원}씩 나눠 갖는 구조입니다. 참고로 1년 미만 채권의 중계 수수료는 일반 채권의 반입니다^{50만 원}. 다만 수수료라고 부르지만 실제로는 수수료가 아니라, 브로커들이 1원 낮은 가격에 상품을 사와서 다른 기관 혹은 브로커에게 파는 개념입니다. 그 과정에서 매수 고객과 매도 고객을 장내거래처럼 실시간으로 체결시킬 수 없습니다. 장외시장이기 때문에 짧은 순간이긴 하지만 늘 시차가 존재합니다. 그래서 거래를 성사시킬 때 브로커의 판단으로 매수호가 혹은 매도호가를 먼저 체결시키고 이후 반대호가를 체결시키는 경우가 일반적입니다. 그것이 채권 영업팀 내 딜커라고 하는 브로커들이 생겨난 직접적인 환경과 원인 제공이 되었다고 생각합니다.

본인에게는 아픈 질문이 될 수도 있겠지만, 딜러로서 회사의 기대 수익을 올리지 못해 영업팀으로 이직할 수밖에 없었죠.

━━━━━ 증권사 프랍 딜러로 롱런하기 위해서는 두 가지 전제조건이 필요합니다.

첫 번째는 채권이 가진 캐리라는 속성상 시장이 금리 하락기에 있어야 수익을 거둘 가능성이 높습니다. 운용 한도를 1,000개^{억 원}든, 2,000개^{억 원}든 받았는데 채권을 사지 않고 관망하는 것이 현실적으로 쉽지 않습니다. 제가 운용을 처음 하던 시기가 하필 금리 상승기여서 수익 내기가 녹녹하지 않았습니다.

두 번째는 팀 내 RP, 소액 채권, 차익거래 등 기본적으로 어느 정도 수익이 보장될 수 있는 운용상품을 가지고 있는 것이 중요합니다. 그러면 프랍 딜러들에 대한 기대치가 크지 않기 때문에 심적 부담감이 적어 편안한 마음으로 매매를 할 수도 있고, 팀 내 수익에 묻어가 롱런할 가능성도 큽니다. 그러나 소형 증권사에 있다 보니 그런 환경이 조성되지 않아 딜링이 힘들었습니다.

딜러와 브로커를 모두 해본 입장에서 딜러의 장단점에 대해 말씀해주세요.

━━ 딜러는 모든 금융인들의 로망입니다. 일단 딜러가 된 것만으로 자존감이 높아질 수 있습니다. 또한 운용을 위한 토양이 잘 닦여져 있고, 어느 정도 수익이 보장되는 상품을 같이 운용할 경우 롱런할 수 있습니다. 그에 따른 충분한 금전적 보상도 따라옵니다.

단점으로는 저의 경우와 같이 딜링에서 충분한 수익을 거두지 못하면 이직하는 방법 외에는 다른 대안이 없습니다. 회사에서 바라보는 시각도 주식의 경우는 코스피지수가 빠지면 손실이 발생하는 것을 용납할 수 있고 수익도 BM^{Bench Mark} 기준으로 측정하지만, 채권은 회사에서 손실이 발생하는 것을 이해하지 못하는 경우가 많습니다. 물론 예전에는 조달금리가 낮아서 어느 정도 캐리 수익이 확보되기도 했지만, 그때도 하루하루 평가를 하며 손실이 발생할 경우 심한 추궁이 들어왔습니다. 그래서 심리적으로 위축되어 매매가 편하지도 않았고 롱텀으로 시장을 보고 장기 보유할 수도 없었습니다.

지금 다시 운용 부서에 기회가 주어진다면 운용을 할 생각이 있습니까?

▬▬▬▬ 옮기고 싶지 않습니다. 첫 번째는 이제는 나이가 들어서 감각도 떨어지고, 손도 느려지고, 임펙트에 대한 반응 속도도 떨어졌습니다. 다시 운용만을 전문으로 하기에는 자신이 없습니다. 두 번째로 큰 한도는 아니지만 영업팀 내에서 꾸준히 운용을 해왔기 때문에 운용에 대한 미련이나 아쉬움도 크지 않습니다.

채권 영업팀들은 대부분 운용 한도가 있죠?

▬▬▬▬ 대형 증권사의 경우 1,000억 원 이상의 한도까지 주어진다는 얘기를 들었습니다^{미확인}. 그러나 소형 증권사의 영업팀들도 대부분 200~300억 원 정도의 운용 한도는 가지고 있습니다.

소형 증권사의 채권 운용팀의 불안정한 운용 시스템하에서 운용을 하는 것보다는 채권 영업팀에서 운용을 하는 것이 더 낫다는 얘기처럼 들립니다.

▬▬▬▬ 낫지 않습니다. 왜냐하면 딜러들은 운용에만 집중하면 되고 스스로의 컨디션도 자신이 조절할 수 있습니다. 그러나 브로커는 술자리가 잦고, 여러 고객들과 다양한 약속들이 있다 보니 시장에 대해 연구할 시간이 절대적으로 부족합니다. 또한 장중에는 고객들의 전화를 받거나, 메신저 등으로 호가를 뿌리면서 응대를 해야 하기 때문에 장중에 시장 움직임에 100% 집중할 수도 없습니다. 결론적으로 매매가 주 업무가 아니다 보니, 운용에 소홀할 수밖에 없습니다.

━━━━ 맞습니다. 고객 중에는 매매를 특출나게 잘하거나, 고급 정보를 얻을 수 있는 위치에 있거나, 시장에 수급상 영향을 미칠 수 있는 주포들이 있습니다. 그 고객들의 매매 동향이 하나의 중요한 매매지표로 활용될 수 있고, 그런 고객들의 매매 성향이나 매매 스타일을 참고해서 운용을 하게 되면 더 좋은 성과를 거둘 수도 있습니다. 또한 기본적으로 안정적인 영업 수익이 확보될 수 있어 매매하는 데 어느 정도의 여유가 있을 수 있습니다(저자 주_2명의 인터뷰는 따로 진행했다. 만약 삼자대면을 했다면 볼 만한 토론장이 될 뻔했다. 2명의 의견 모두 정답일 수 있고, 아닐 수도 있다. 이는 독자의 판단에 맡기고자 한다).

추가적으로 딜러의 장단점에 대해 부연 설명을 부탁합니다.

━━━━ 영업과 운용을 병행하는 저와 같은 딜러의 경우 장점이라고 한다면 시장의 움직임에 늘 신경 쓰고 집중하고 있기 때문에 호가 움직임에 대해 누구보다 민감하게 반응하고 대응하는 훈련이 잘 돼 있습니다. 그래서 장외시장에서 호가를 체결시키는 등의 영업 실적에 상당히 많은 도움이 되고 있습니다. 단점이라면 아무래도 제 포지션에 신경을 쓰다 보니 고객들의 포지션을 소홀히 할 때도 있습니다. 당연히 영업에 안 좋은 영향을 미칠 때도 있죠.

채권시장의 속성상 운용을 하기 위해 영업팀에 오는 사례는 어떻습니까?

━━━━ 기존 딜러가 영업팀에 온다면 모를까 신입직원이 운용을 목적으로 영업팀에 오는 것은 반대입니다. 채권 영업팀은 영업을 하기 위해 세팅된 팀입니다. 부수적으로 운용 한도가 주어져 운용을 병행

할 뿐입니다. 영업에 매진하다가 운용할 자신이 있고 운용에서 꾸준한 추가 수익을 올릴 수 있을 때 운용을 할 뿐입니다. 만약 영업능력도 없는데 운용을 하기 위해 영업팀에 온다면 그 팀 내 어느 누구도 반기지 않습니다. 지금은 성과 베이스가 팀 성과급제이기 때문에 마이너스가 날 경우 팀 내 손익을 깎아먹을 수 있고, 본인이 영업능력도 안 돼 손실 부분을 메울 수 없다면 나머지 팀원들이 불가피하게 피해를 입게 됩니다. 그래서 자신이 커버할 수 있는 한도 내에서 최소 수량으로만 운용을 해야 합니다. 그리고 일반적으로 영업팀 내에 운용 한도가 작아서, 감각이 있는 주니어 고참이나 시니어급들이 주로 운용을 합니다.

그러나 영업팀들의 영업 수익이 자꾸 줄어들면서 운용 비중을 늘리고 있는 추세 아닙니까?

─── 예, 운용 등에서 수익을 거두려는 노력이 많아졌습니다. 그러나 운용이 잘되면 선순환될 수도 있지만, 운용이 잘 안 될 경우 악순환의 길로 접어들게 되어 최악의 경우 팀 내 불화로 팀이 해체되는 경우도 많습니다.

왜 영업 수익이 줄어들고 있습니까?

─── 첫 번째는 장내거래가 활성화됐습니다. 장내거래를 통해 딜러들이 브로커 없이 직접 주문을 수행하면서 그만큼의 물량이 빠져나갔습니다. 두 번째는 채권 브로커 인력이 포화 상태까지 늘어났습니다. 당연히 경쟁이 치열해질 수밖에 없고, 마진도 줄어들고 있습

니다. 세 번째는 각론으로 회사채 등의 채권발행시장도 IB 등이 적극적으로 참여하면서 실질적으로 채권 브로커들이 참여할 수 있는 부분이 많이 줄어들었습니다.

영업은 어떤 식으로 합니까?

———— 어떤 영업이든 인간관계가 가장 중요합니다. 그러다 보니 술을 매개로 한 저녁식사 자리가 주를 이룹니다. 다만 최근 들어 변한 것이 있다면 고객들이 건강을 생각해서 평일에 술을 마시는 것보다는 주말에 골프 치는 것을 선호하고 있습니다.

두 번째는 리서치에 대한 인식이 커졌습니다. 그래서 상대적으로 우수한 리서치팀을 보유하고 있는 대형 증권사 등에게 이점이 많아졌습니다. 개인적으로는 나이가 들다 보니 영업하기가 조금씩 힘들어지고 있습니다. 흔히 구태의연한 매너리즘에 빠질 때도 있고, 실질적으로 주문을 주는 고객들이 저보다 나이가 어려지고 있어 저를 불편해하기 시작했습니다. 아무래도 고객 입장에서는 본인보다 나이가 어린 브로커가 가격 퀴트하기도 편해서 상대적으로 선호하고 있습니다.

연봉은 어느 정도 됩니까?

———— 다른 업계와 비교할 수 없을 만큼 부익부 빈익빈이 심합니다. 톱 브로커들은 연간 10억 원 이상의 성과금을 받아가기도 합니다. 그 하위 그룹으로 소위 잘나간다는 브로커들도 3~4억 원대의 연봉을 받고 있습니다. 다만 대다수의 브로커들이 적은 인센티브에 만

족하며, 기본 연봉보다 조금 높은 연봉으로 회사를 다니는 경우가 일반적입니다. 또한 영업직의 특성상 빛 좋은 개살구인 경우도 많습니다.

'빛 좋은 개살구'를 좀 더 구체적으로 말씀해주시죠?

▬▬▬▬ 여러 규정이나 제도들의 도입으로 영업직들의 접대비 한도가 많이 줄어들었습니다. 그러나 주중에 고객을 만나 저녁을 먹거나, 주말에 골프라도 치게 되면 정해진 한도 내에서 고객을 응대하기가 쉽지 않기 때문에 불가피하게 사비가 지출되는 경우가 많습니다. 그래서 억대 연봉이라고 해도 세금 떼고, 사비 지출까지 감안하면 같은 직급의 본사 직원과 실수령액에 큰 차이가 없습니다.

마지막으로 채권 영업팀 입사를 고려하고 있는 젊은이들에게 한마디 부탁합니다.

▬▬▬▬ 지나친 인력 증가로 지금은 영업 환경도 어려워지고 BEP 이상의 수익을 거두기도 쉽지 않습니다. 또한 본인이 기대한 것만큼의 연봉을 받지 못할 수도 있습니다. 그러나 채권은 금리와 밀접하게 관계되다 보니 경제 전반에 대한 관심과 공부를 게을리할 수도 없어 개인적으로 꾸준한 자기계발이 될 수 있습니다. 또한 채권은 종류도 다양하고 여러 분야로 진출할 수 있는 길도 많고, 직급이나 연공서열에 관계없이 본인의 성과에 따라 높은 연봉을 받을 수도 있다는 점에서 도전해볼 만한 직업이라고 생각합니다.

10

FX스왑시장의 1세대,
프런트에서 퇴임을 꿈꾸는
영원한 트레이더

박준섭

기존 원/달러 딜러는 비교적 쉽게 섭외했으나 스폿시장이 아닌 FX스왑 딜러의 섭외에는 다소 어려움이 있었다. 등잔 밑이 어둡다고 친하게 지내고 있는 후배가 외국계 은행 딜링 룸에 근무 중이라는 사실을 늦게야 알아채고 그 후배의 소개로 어렵게 인터뷰가 성사되었다.

첫 인상은 옆집 아저씨처럼 편하고 부드러웠으나 인터뷰를 10분 정도 진행하면서 논리적이고 분석적이며 트레이더 특유의 직설적인 면까지 보여주어 역시 17~18년 동안 트레이딩을 해온 베테랑 트레이더임을 새삼 환기시켜주었다.

13번째 인터뷰이로서 기존 인터뷰이들의 경우 인터뷰 시간이 평균 3시간 전후이며, 가장 짧은 인터뷰도 2시간 30분 이상을 진행했으나 그와의 인터뷰는 정확히 1시간 10분 만에 끝마쳤다. 짧게 인터뷰를 마치고 분량에 대한 걱정이 앞선 것은 사실이나 마치 준비해온 답변처럼 사족 없이 핵심적인 내용들만 얘기를 해주어 분량에도 차질이 없었다. 족히 3시간 이상 인터뷰를 진행한 것에 비하여 전혀 부족함이 없는 알찬 인터뷰였다.

외국계 은행이지만 국내 은행과 합병한 탓에 둘의 문화가 적절히 뒤섞였고 각 은행의 좋은 부분만을 취합하려고 노력했음인지 다소 개인적인 성향일 거라는 선입견을 깨고 인간적이고 푸근한 모습을 보여주었다.

다만 트레이딩에 대해 집중적인 질문을 하고 트레이딩과 관련된 많은 내용을 끄집어내려고 노력했지만 이미 산전수전을 다 겪으며 트레이딩에 대해 조금은 관조하게 된 탓인지 "인생이 다 그렇지요"와 같은 뉘앙스로 "트레이딩이 다 그렇지요"라는 말로 답을 대신하는 경우도 있어 자잘한 에피소드나 흥미를 유발할 만한 이야깃거리가 많지 않음은 다소 아쉬운 부분이다.

이 책의 주 독자층이 금융권에 관심이 있고 금융권 진출을 원하는 젊은이거나 금융권에 종사하면서 다양한 정보와 내용을 얻고 싶어 하는 주니어들인 만큼 헤드Head만 13년째 해오고 있는 그의 멘트 하나하나가 좋은 정보와 자료가 될 것이다.

딜링 룸에 입성하다

학창 시절대학에 딜링에 대해 구체적으로 알고 있었습니까?
■■■■ 제 대학 시절에는 딜링 관련 책들도 거의 없었습니다. 기껏해야 파이낸셜 엔지니어링financial engineering, 금융공학*에서 대학원생들이 보는 『선물은 무엇인가』 『옵션은 무엇인가』 등의 원론적인 책들과

시카고 CBOT[**] 저널 정도를 읽는 것이 전부였습니다. 제가 딜링을 업으로 할 거라는 생각은 대학 때에도 하지 못했습니다.

저희 때는 고등학교 때 과외도 많이 하지 않고 대학교 들어가서 적당히 공부하면 대기업에 취직하는 것으로 알던 시기로 자기만의 스펙을 만드는 사람도 없었습니다. 지금 학생들은 정말 더 힘들게 사는 거지요.

지금 대학생들하고는 차이가 많죠?

────── 지금 친구들은 정보도 구체적이고 수많은 매체와 인터넷 등을 통해 다양한 정보들을 쉽게 접할 수도 있어 자신의 스펙을 어릴 때부터 쭉 만들어오는 경우가 많습니다. 즉 "나는 국제 금융 딜러를 해야 하니까 이런 책을 봐야 하고, 이런 스펙을 갖춰야 하고, 어느 금융기관에서 인턴을 해야지"라는 등의 구체적인 계획들이 있는 것 같습니다. 다만 지금 친구들이 저희 때보다 구체적인 목표를 세우고 일찍 준비하여 한 분야의 일을 집중적으로 잘할 수는 있겠지만, 자기 스펙에만 갇혀 편협된 사고방식을 갖게 되는 우를 범할 수 있을 듯싶어 그 점이 좀 아쉽습니다.

---

*파이낸셜 엔지니어링(금융공학) : 금융(Finance)과 공학(Engineering)의 합성어로, 금융 및 경제 현상에서 일어나는 여러 문제들을 수학 및 통계이론의 접목을 통해 해결하고자 하는 첨단 학문이다. 금융공학은 과거 '금융경제학'과 '수학'의 융합학문으로 탄생하여 눈부신 발전으로, 오늘날 금융기관과 금융전문가의 글로벌 경쟁력을 결정하는 첨단 핵심기술이 되었다.

**CBOT(Chicago Board Of Trade) : 시카고 상품거래소로 세계 최초, 최대의 선물거래소이다. 미국의 시카고에 있으며 1848년 4월에 설립된 이래 곡물 중심의 선물거래를 주로 취급하면서 현재 전 세계 곡물 선물거래량의 80~85%를 점하고 있다.

딜링에 관심이 많았습니까?

▬▬▬ 딜링에 관심이 있었다기보다는 국제 금융에 관심이 많았습니다. 첫 직장은 ㈜대우였는데 그곳에서 조인트 벤처Joint Venture, 국적을 달리하는 2인 이상의 당사자가 특정 목적을 달성하기 위해 전개하는 공동 사업체 수출하는 일을 1년 반 정도 했습니다. 프로젝트 파이낸싱Project Financing, 은행 등 금융기관이 사회간접자본 등 특정 사업의 사업성과 장래의 현금흐름을 보고 자금을 지원하는 금융기법은 아니었지만 파이낸싱Financing과 메뉴팩처링Manufacturing이 결합된 형태의 업무로 그렇다고 국제 금융과 성격이 완전히 다른 업무도 아니었습니다. 그리고 우연히 한미은행 딜링 룸에서 사람을 뽑는다는 공고를 보게 되어 지원하게 되었습니다. 그때 국제 금융전문역을 뽑는다고 해서 지원하게 되었고 딜링 룸Dealing Room으로 오게 되었습니다.

FX시장에서
첫 딜링을
시작하다

그 당시 딜링 룸은 지금과 같은 모습은 아니었겠죠?

▬▬▬ 제가 1995년 가을쯤에 입사했는데 딜링 룸 내에서도 트레이딩에 대해서 대부분 잘 알지 못했고 IMF 이전이라 트레이딩 자체가 큰 의미가 없었습니다. 마크 투 마켓Mark To Market, 시가평가되는 상품이 원/달러 스폿Spot, 현물환시장하고 이종통화달러화에 대비되는 명칭으로 엔화, 유로화 등 다른 화폐를 가리켜 이종통화라 부른다. 과거에 이종통화는 엔화와 마르크화밖에 없었기 때문입니다.

국제 금융전문역으로 뽑힐 수 있었던 특별한 이유가 있었습니까?

▄▄▄▄ 그 당시에는 지금과 같은 금융 관련 자격증이 거의 없었습니다. 자격증보다는 수리학적 백그라운드background가 있으면 좋았고 외국어를 잘하면 우대를 해주는 정도였습니다. 응용통계학과를 졸업했고 외국어를 썩 잘했다는 점이 한미은행으로 갈 수 있었던 요인인 것 같습니다.

딜링 룸에 배치되면서 체계적인 교육을 받았습니까?

▄▄▄▄ 요즘에는 체계적인 교육기관도 있고 주니어를 뽑아서 탄탄한 교육을 통해서 양성하며 키우는 금융기관들도 많지만, 제가 금융기관에 입사할 당시에는 전혀 그렇지 못했습니다. 아무것도 없었다는 표현이 맞을 정도로 딜링에 대한 교육보다는 딜링 부서로 배치를 받으면 사수나 혹은 대리, 과장들이 하는 일을 옆에서 서포트Support하면서 독학하는 식으로 배우는 것이 일반적이었습니다.

처음에 배치받고 어떤 일을 했습니까?

▄▄▄▄ 현장에 투입되면 일단 바닥 일부터 차례대로 배워나갑니다. 처음에는 티켓 찍는 일부터 시작해서 전산화가 되기 전이니까 딜Deal 슬립을 찍게 되면 타임방이라는 것을 찍는데 그것을 백 오피스Back Office, 딜링 룸이 딜링 기능을 원활히 수행할 수 있도록 각종 업무 지원, 확인 및 사후 관리 서비스를 제공하는 기능을 수행하는 부서에 넘기는 허드렛일까지 모두 도맡아 했습니다. 그러나 국제 금융의 기본이 되는 ALM과 세일즈도 잠깐씩 경험해봤을 뿐 이 모든 딜링 외 업무를 두세 달 만에 끝내고 바로 원/달러 스폿 주니어

딜러와 프라이싱Pricing* 모델을 개발하는 일에 참여하기 시작했습니다. 그 당시에도 대부분의 딜러들이 금융 관련 여러 업무를 두루 거친 후 본격적인 딜링을 시작했다는 면에서 상당히 이례적이고 특이한 케이스이긴 했죠.

한미은행에는 얼마 정도 근무했습니까?

—— 2년 정도 근무하다 BNP파리바로 이직했습니다. 그곳에서도 2년 정도 원/달러 스폿 주니어 딜러로 활동하다 2000년도에 지금의 SC은행으로 옮겼습니다. 참고로 그 당시 외국계 은행 시니어는 대략 35살 전후였고, 시중 은행 시니어는 과장급으로 30대 후반에서 40대 초반 정도였습니다. 실질적으로 SC은행에 오면서 시니어로서 북을 운용하기 시작했습니다.

한미은행이 2004년도에 시티은행과 합병했으니깐 그 당시 시중 은행^{한미은행}에서 외국계 은행^{BNP파리바}으로 옮긴 거네요? 딜링을 상당히 잘했나 봅니다.

—— 딜링을 잘했는지는 모르지만 외국계 은행의 생리는 돈 들여 사람을 교육해서 키우는 개념이 아니라 잘 큰 직원을 데려다 쓰는 것이 일반적입니다. 그래서 시중 은행에서 원/달러 딜링 관련 일

---

*프라이싱(Pricing) : 가격 산정. 주식을 매도하는 가격이나 채권을 새로 발행할 때 그 채권의 수익률을 결정하는 것을 말하며, 포괄적으로 어떤 금융상품을 만들어 가격을 산정하는 것을 말한다.

을 하는 친구들 중 어느 정도 일을 알고, 뽑기 좋은 나이고, 인건비
가 저렴한 주니어 딜러들을 주로 스카우트했는데 저도 그 대상 중에
1명이었습니다.

그 당시에는 외국계 은행이 많지 않았죠?

━━━━ 은행의 숫자는 지금보다 조금 적은 듯한데, 외국계 지점
의 사이즈 및 업무 영역은 그때에 비하면 고무적으로 커지고 넓어
졌습니다.

SCstandard Chartered **은행으로 어떻게 옮기게 되었습니까?**

━━━━ 아는 분의 소개로 옮기게 됐습니다. 한 번 외국계 은행에 들
어오면 그 안에서 도는 경우가 많습니다. 비단 외국계 은행만의 속
성이 아니라 채권 전문가로 있으면 채권업계에서 돌고, 증권맨증권사 직
원이면 증권업계에서 도는 것과 같은 이치죠.

SC은행에 오고 나서 계속 원/달러 스폿을 매매했습니까?

━━━━ 스폿은 초기에 잠깐하고 SC은행에 포워드Forward, 선물환북을
처음 만들어서 포워드 중심으로 운용을 시작했습니다. 처음 FX스왑
북을 맡았을 때는 브로커도 참여 기관이 몇 군데 없었습니다. 스왑
마켓Swap Market 참여자 중 시중 은행은 거의 없었다고 봐도 무방하고,
외국계 은행도 3~4곳에서만 참여를 했습니다. 헤지 수요도 적고 참
여 기관도 많지 않아 시장 자체가 크지 않았지만 오히려 Bid/Offer사
자/팔자호가가 넓고 초창기 시장이다 보니 돈 벌기는 지금에 비하면 덜

힘들었던 것 같습니다.

시장이 커지면서 팀 내 인원도 늘어났을 것 같은데요. 딜링 룸에 딜러들은 몇 명 정도 있습니까?

━━━ 처음에는 FX스왑시장에서 혼자 매매를 하다가 시장이 커지면서 지금은 2명이서 매매를 하고 있습니다. 제일은행과 합병 전에는 딜링 룸 인원이 총 7~8명밖에 되지 않을 정도로 작았지만 합병 후에는 딜링 룸이 커졌고, 지금은 파견 간 직원까지 합쳐 FX 분야만 총 5명이 근무 중입니다.

합병 후 딜링 룸이 커진 거군요.

━━━ 합병 후 전사적인 차원에서 딜링 룸을 키우면서 비약적으로 커졌습니다. 북Book과 리미트Limit가 커졌기 때문에 거래 볼륨도 커졌습니다. 서울 지점만 있는 외국계 은행과 달리 시중 은행과 합병한 것이기 때문에 로컬 플랫폼에, 상품은 외국계 은행이다 보니 시너지 효과Synergy Effect*가 컸습니다. 구체적으로 커머셜 뱅크Commercial Bank, 상업은행를 베이스로 깔고 IB 프로덕트Product, 금융상품를 얹으니, 시너지 효과가 극대화된 거죠.

---

*시너지 효과(Synergy Effect) : 하나의 기능이 다중으로 이용될 때 생성되는 효과로서 상승효과라고 번역된다. 즉 '1+1'이 2 이상의 효과를 낼 경우를 가리키는 말이다. 예를 들어 경영 다각화 전략을 추진할 경우 이때 추가되는 새로운 제품이 단지 그 제품가격만큼의 가치만이 아닌 그보다 더 큰 이익을 가져올 때를 말한다.

1세대로서
FX스왑 전반에 대해
얘기하다

F/X스왑시장은 언제부터 확대되었습니까?

━━━━ 2004~2005년부터 비약적으로 성장했습니다.

확인되지 않은 내용을 전제로 모 FX 딜러가 다음과 같은 얘기를 했습니다. "그 당시^{2004~2005년} 정부가 수출 지향 정책의 일환으로 고환율 정책을 펼치고 있었는데 환율이 조금씩 내려가다 보니 정부가 스폿시장에 개입하기 시작했습니다. 그러나 스폿을 바이^{Buy}하면 외환 보유고가 늘어나게 되고 IMF 등의 기관에서 실시간으로 외환 보유고를 확인하는데 그 수치를 정부에서는 숨기고 싶어 했습니다. 그래서 고육지책의 하나로 스폿을 산 후 Sell&Buy해서 Forward^{포워드, 선물환}로 물량을 바꿔주면 스폿 물량을 숨길 수 있어 외환 보유고를 감출 수 있었습니다^{스왑시장에서의 Sell&Buy는 현물을 팔고 Forward를 산다는 의미다. 따라서 전체 포지션에는 변함이 없지만 현물이 Forward로 바뀌게 되면서 현물 외환 보유고는 그 물량만큼 줄어든 것처럼 보인다.}" 이런 식으로 정부가 Forward시장에 대거 참여하면서 FX스왑시장이 비약적으로 커졌다고 하는데, 어떻게 생각하십니까?

━━━━ 사견을 전제로 정치권에 대한 부정적인 시선이 순수하게 자신의 분야에서 최선을 다하고 있는 정책 담당자에게까지 이어지는 것은 바람직하지 않다고 봅니다. 그보다는 그 시기에 외국계 은행이 대거 국내 지점을 오픈하고 기존 외국계 은행들의 사이즈도 커

지면서 FX스왑시장이 새로운 비즈니스 모델로 각광을 받기 시작했고 수출입 업체들의 니즈^{Needs}도 그만큼 커진 탓이라고 해석됩니다. 볼륨도 커지고 마진도 늘어나도 보니 몇 군데밖에 참여하지 않았던 은행들이 대거 가담하기 시작한 거죠(저자 주_금융감독원의 통계를 분석한 결과 외국계 은행 지점과 외자계 시중 은행의 총자산 기준 점유율은 지난 1999년 8.82%(총자산 71조 5,764억 원)에 불과했지만 2004년 상반기 말 20.78%(258조 4,810억 원)로 약 2.36배 불어났다. 출처_〈한국금융신문〉 2004. 09. 13).

FX스왑시장에서는 1세대로 불려도 손색이 없겠네요?

━━━━━ 제 윗세대가 있긴 하지만 그 당시는 마크 투 마켓 트레이딩이 되지 않던 시기였기 때문에 FX 자체의 인스트루먼트^{Instrument}를 쓴다기보다는 쇼트 텀^{Short Term} 머니 마켓의 일부분으로 쓰던 시기였습니다. 헤지 자체도 달러 펀딩과 채권 바이^{Buy}식으로 이뤄졌고요. 저희는 그것보다는 조금 어드밴스^{advance}된 마크 투 마켓 개념의 매매를 처음 시작한 1세대라고 할 수 있습니다. 다만 굳이 초보적인 형태의 초창기 시장까지 포함한다면 저희가 2세대쯤 되겠죠.

주 수입원에 대해 알고 싶습니다.

━━━━━ 기관과 기관의 크레딧^{Credit} 때문에 라인이 있고 없고가 상당히 중요합니다. 라인이 둘 다 공유되면 아비^{Arbitrage, 차익거래. 어떤 상품의 가격이 시장 간에 상이할 경우 가격이 싼 시장에서 매입, 비싼 시장에서 매각함으로써 매매 차익을 얻는 행위를 말한다}가 나오는 경우도 있고, 채권시장의 PD가 시장조성을 하게 되면 그 실적에 따라 한국은행 등에서 싼 조달금리로 자금을 빌려오

듯, FX시장에서도 거래를 많이 하게 되면 외평기금^{외국환 평형기금}과 한국
은행의 개입 대행기관으로 선정되어 당국 물량을 소화하면서 시장
에서의 지위를 올릴 수도 있고 마진^{Margin}을 얻을 수도 있습니다. 그
러나 주 수입원은 예전이나 지금이나 방향성으로 베팅해서 트레이딩
으로 버는 거죠.

**FX스왑의 정의와 관련된 기본적인 질문입니다. 스왑의 경우 현물환–현물
환, 현물환–선물환 그리고 선물환–선물환의 매매 중 어느 비중이 가장
높습니까? 그 이유도 부탁합니다.**

━━━━━ 가장 보편적이고 일반적인 FX스왑거래는 '현물환거래와
선물환거래^{Spot+Forward}'입니다. 즉 일정 외환을 현물환시장에서 매입
^{또는 매도}하고 동시에 선물환시장에서 매도^{또는 매수}하는 거래입니다. 그러
나 질문처럼 단순히 거래량만을 기준으로 비중을 나누게 되면 '현
물환거래와 현물환거래^{Today-Tom, Tom-Spot}'의 비중이 가장 높습니다. 왜
냐하면 이런 O/N Swap^{OverNight Swap} 또는 T/N Swap<sup>Tomorrow/Nextworking,
One Day Swap</sup>을 통해 자금 결제일을 1~2일간 조정하기 위한 수단으
로 자주 사용하기 때문입니다. 세 번째 '선물환거래와 선물환거래
^{Forward+Forward}'는 보통 특별한 목적을 수반한 거래로 비중이 그리 높
지 않습니다.

구체적으로 설명을 드리면 최근^{2012년} FX스왑 거래량이 데일리
^{Daily}로 평균 80억 달러 정도 거래가 되고 있는데 현물환–현물환이
40~50억 달러 정도로 60%의 비중을 차지하고 있고, 나머지 현물환–
선물환과 선물환–선물환 비중이 40% 정도를 차지하고 있습니다.

FX스왑을 거래하는 주된 이유는 무엇 때문입니까?

━━━━ 세 가지 정도로 압축됩니다.

첫 번째는 위에서 언급한 현물환-현물환거래처럼 포지션의 결제일을 조정하기 위함입니다. 애초 포지션은 그대로 유지하면서 결제일을 앞당기거나 뒤로 미룰 목적으로 스왑거래가 활용됩니다.

두 번째는 타 통화표시 자금을 창출하기 위해서입니다. 현재 보유하고 있는 통화를 대가로 타 통화표시 자금을 차입에 의존하지 않고 조달하고자 할 때 현물환-선물환거래를 실시합니다.

세 번째는 일종의 금리 차익거래로 환리스크를 커버하면서 두 통화 간의 금리 차익을 확보하고자 할 때 스왑거래가 사용됩니다.

운용하는 상품^{FX스왑}**의 기간에 대한 질문입니다. 주로 1개월, 2개월, 3개월, 6개월물이 거래가 많이 되지 않습니까?**

━━━━ 일반적으로 스크린에 띄워놓고 매매하는 종목은 1개월, 2개월, 3개월, 6개월, 9개월, 12개월 등입니다. 그러나 장외거래이기 때문에 딜러들의 니즈^{Needs}와 시장 상황에 따라 37일물, 45일물, 85일물^{예로든 날짜들임} 등 기간은 특정하게 정해져 있지 않고, 다양한 기간물들이 거래됩니다.

현직 헤드가
말하는
외국계 은행

출퇴근은 자유롭습니까?

▬▬▬▬ 늘 회의를 8시에 하기 때문에 7시 30분까지는 출근합니다. 그러나 퇴근은 저를 포함하여 딜러들마다 제각각입니다. 자신의 포지션 정리가 일찍 끝나면 5~6시에 퇴근해도 뭐라고 하는 사람이 없습니다. 다만 포지션이 남아 있거나 세일즈 플로우Flow 받을 것이 있으면 늦게까지 남아 있는 경우도 있죠.

2000년 SC은행으로 이직하면서 헤드Head를 시작했으니 꽤 오래 헤드를 하고 있는데요. 밑에 직원들이 본인의 눈치를 보지 않습니까?

▬▬▬▬ 저희는 그런 것이 없습니다. 세일즈는 상명하복적인 성격이 강한데 인터뱅크Interbank, 은행 상호 간에 행하는 거래. 현장에서는 그런 업무를 하는 부서를 가리키기도 한다는 독립적인 성격이 강합니다. 주니어와 시니어를 떠나서 주니어가 시니어와 반대 포지션을 잡아도 그것을 지적하는 사람도 없고, 딜링 룸에서는 그런 것을 지적하는 것도 예의가 아닙니다. 딜러들 각자가 자신의 뷰관점대로 베팅하는 것이기 때문에 독립적일 수밖에 없죠. 물론 책임도 각각 져야 함은 물론입니다.

외국계 은행의 경우 매매 관련 이외의 인센티브를 비롯한 대부분의 전권이 보스에게 달려 있다고 들었습니다. 제가 주로 만났던 대상이 외국계

은행 팀원들이다 보니 윗분의 눈치를 많이 본다고 하던데 팀원과 보스의 입장 차이로 해석해도 되겠습니까?

━━━━━ 예, 그럴 수도 있을 것이나 눈치를 본다는 표현은 좀 과도한 면이 있습니다. 금전적인 부분은 보스가 책정하는 것이 맞습니다. 다만 위계질서는 시중 은행이 더 잡혀 있고 외국계 은행은 좀 더 자유로운 편입니다.

개인 실적제를 시행하고 있는 증권사 딜링 룸의 경우 자신이 번 만큼 자신이 가져가고 있습니다. 외국계 은행의 대부분이 금전적인 부분을 보스가 책정하는데 그것이 맞다고 하는 이유를 듣고 싶습니다.

━━━━━ 100% 독단적인 것은 아니고 더 상위의 빅 보스^{Big Boss}와 상의하여 정하나, 각각의 프로덕트^{금융상품}마다 가이드라인이 있어서 편향되는 경우는 많지 않습니다. 보스가 책정하는 것이 합당한 이유는 팀 매니저로서 전체 데스크의 버짓을 책임지고 거래의 전체 방향과 이견을 조율하기 때문입니다.

로컬 은행에 있다가 외국계 은행으로 옮기는 이유를 단적으로 얘기하면 첫 번째가 돈이고, 두 번째가 자유로운 분위기 때문입니다. 그런데 왜 윗사람 눈치를 많이 본다고 얘기를 하는 걸까요?

━━━━━ 기대치가 높기 때문으로 풀이됩니다. 시중 은행 딜러들 중 적지 않은 사람들이 외국계 은행에 대한 환상을 가지고 이직을 합니다. 그러다 보니 당연히 현실과의 괴리가 있을 수밖에 없습니다. 돈은 분명히 시중 은행보다 많이 받지만 그만큼 받기 위해서는 시중

은행 시절보다 더 열심히 일을 해야 합니다. 그리고 문화 자체가 시중 은행보다 자유롭지만 사람으로 구성된 조직이다 보니 완전히 자유로울 수 없다는 점도 감안해야겠죠.

외국계 은행마다 문화적인 차이가 있고 보스의 성향에 따라 지점 분위기도 달라질 수 있습니다. 하지만 외국계 은행 중 딜링 룸 인원이 4~5명밖에 되지 않는 작은 지점의 경우는 오후 3시 장 마감 후 대강 정리가 되는 오후 5시 정도면 퇴근하는 등 상당히 자유로운 분위기이고, 저희같이 로컬 은행과 합병해서 그 문화와 분위기가 남아 있는 경우는 오후 6~7시까지 남아 있는 거죠.

또한 운용하는 상품마다 차이가 있을 수 있습니다. 그리고 시중 은행이라도 팀장이 편한 스타일이면 밑에 직원들도 편할 것이고, 외국계 은행이라도 보스가 꼬장꼬장하면 군대처럼 타이트할 수 있겠죠. 다만 일반적으로 외국계 은행은 자유로운 분위기이고 시중 은행은 보수적인 분위기에 상명하복이 확실한 직장이라고 말하고 싶습니다.

금융시장의
변곡점 역할을 한
3대 금융사건

상당히 오랜 기간^{17~18년} **딜링을 해왔는데 특별히 기억나는 매매가 있습니까?**

━━━━━ 특별히 기억나는 하나하나의 매매가 있다기보다는 굵직굵직한 큰 흐름의 변화들이 많이 생각납니다. 저는 IMF 사태*를 딜링룸에서 겪은 세대이기 때문에 그때 기억이 가장 생생합니다. IMF 사태는 우리나라의 펀더멘탈을 완전히 바꿔버린 큰 사건이었고 금융시장의 패러다임Paradigm도 바꾼 사건이기 때문입니다.

두 번째는 9·11테러**로 쌍둥이 빌딩이 무너졌을 때입니다. 하루 만에 미 FOMC***에서 기준금리를 100bp 인하하며 시장에 큰 영향을 줬죠.

세 번째는 서브프라임 모기지로 대변되는 리먼 사태입니다. 금융 변곡점으로 이 세 가지 사건을 꼽고 싶습니다.

IMF 당시 딜링 포지션과 관련해서 구체적인 얘기를 부탁합니다.

---

*IMF 사태 : 대한민국의 IMF 구제금융 요청은 1997년 12월 3일 대한민국이 외환위기(국가부도위기)를 겪으며 국제통화기금에 지원 양해각서를 체결한 사건이다. IMF경제 위기, IMF외환위기, IMF환란, IMF관리체제, IMF시대, IMF사태라고 부르기도 하지만 엄밀히 말하면 IMF라는 명칭 자체가 외환위기의 의미를 담고 있지 않기 때문에 잘못된 표현이지만, IMF에 구제금융을 요청했다는 상징성으로 인해 내용이 압축된 단어로 대한민국 언론 등에서 자주 사용되고 있다. 당시 대한민국 대통령인 김영삼은 11월 10일 홍재형 당시 부총리와의 통화 이전까지 외환위기의 심각성조차 모르고 있었다. 이로 인해 대한민국의 경제가 큰 위기를 겪게 되었다. 이를 극복하기 위해서 국제통화기금에서 요구하는 조건들을 수행해야 했으며 이 시기에 신자유주의 논리가 급속하게 확산되었다. 이 과정에서 많은 회사들의 부도 및 경영 위기를 초래하였고, 대량 해고와 경기 악화로 인해 대한민국의 온 국민이 큰 어려움을 겪었다.
**9·11 테러 : 2001년 9월 11일에 발생한 항공기 납치 동시다발 자살 테러로 미국 뉴욕의 110층짜리 세계무역센터(WTC) 쌍둥이 빌딩이 무너지고, 워싱턴 D. C의 국방부 펜타곤이 공격을 받은 대참사를 말한다.
***FOMC(Federal Open Market Committee) : 미국연방공개시장위원회의 약칭으로 미국의 중앙은행인 연방준비제도이사회 산하에 있는 공개시장 조작 정책의 수립과 집행을 담당하는 기구로 한국은행의 정책결정기구인 금융통화위원회와 유사한 조직이다.

박준섭

━━━━ IMF 당시는 외국계 은행이 돈 벌기가 너무나도 편안했던 시기였습니다. 채권을 예를 들어 말씀드리면 그 당시는 Bid/Offer^{사자/팔자} 호가가 어디에 있는지도 몰랐고 호가 자체가 없을 때도 많았습니다. 또한 호가를 확인해볼 수 있는 블룸버그, 체크 단말기도 없어서 확인해볼 방법도 없었고요. 달러 본드^{Dollar Bond, 미국 채권}, 타이 바트^{Thai Baht, 태국 통화} 바스켓 등은 가격을 중개해주는 브로커만 가격을 알고 있을 정도였습니다. 한마디로 정상적인 시장이 아니었죠.

스폿을 예로 들면 IMF 막바지에 스폿 Bid/Offer 호가 갭이 100원이었고, 포워드시장의 경우는 Bid/Offer가 500~700원까지 벌어졌습니다. 가령 1,000만 달러 기준 누군가 포워드시장에서 Bid/Offer 호가 중 하나를 치게 되면 마크 투 마켓 중간가격이 체결가격이라고 봐도 300원 이상의 차익이 남는 것이고, 커버를 100원 수익으로만 해도 엄청난 수익이 가능했습니다. 1,000만 달러 기준 몇백 원의 수익이 가능할 수도 있었죠. 지금은 1~2원이 아니라 50전만 남아도 잘 남는 장사죠.

포워드시장에서 실제로 그 넓은 호가에서 위에서 예를 든 거래가 체결되었다는 말이죠?

━━━━ 예, 유동성이 안 좋아서 가능했습니다. 또한 시장이 안정된 시기면 호가가 좁혀질 수밖에 없지만, 그 당시 시장이 불안정하고 방향성이나 호가에 대한 자신이 없었기 때문에 호가를 넓힐 수밖에 없었습니다. 그리고 그런 호가도 감수하고자 하는 상대방이 있어서 거래가 성사되었습니다.

IMF 당시는 인터뱅크뿐만 아니라 세일즈도 수익을 내기가 참 좋을 때였습니다. 손님들의 크레딧 라인 등에 문제가 많이 생겼기 때문입니다. A 은행에서는 라인을 줬지만 나머지 은행에서 라인을 자르게 되면 그 손님은 A 은행밖에 거래할 수 없습니다. 그러면 요즘은 스폿 매수를 중개하면서 10전 정도를 받지만 그때는 1원이든 2원이든 마진율이 참 좋았습니다.

일반 기업들은 대부분 힘든 시기였지만 은행들은 그렇지 않았나요?

━━━ IMF 때 해외 투자를 잘못해서 손실 본 경우도 많고 충당금도 많이 쌓았습니다. 하지만 그 다음해부터 수익이 엄청나게 늘어났습니다. 은행들의 수익은 'V자 턴기술적 분석 용어 중 하나로 차트의 모양이 V인지, W(쌍바닥)인지에 따라 수익을 빗댄 말이다' 정도가 아니라 수직으로 낙하했다가 수직으로 급등했습니다. 은행들에게 힘든 시기이기도 했지만 돈을 벌 수 있는 기회가 많았던 시기였습니다. 트레이딩의 경우도 시장의 변동성이 워낙 좋아서 하루 손해를 봐도 다시 수익을 낼 찬스가 많았던 시기였습니다.

은행들 중에서도 시중 은행은 상당히 고생을 많이 했다고 들었습니다.

━━━ 머니 마켓을 예로 들면 시중 은행은 상당히 고생했던 반면 외국계 은행은 상당히 큰 수익이 났습니다. 당연했던 것이 외국계 은행은 달러를 공급하는 입장이었고, 시중 은행은 달러를 구하기 위해 12시까지 퇴근도 못하고 뛰어다녀야 했으니까요.

9·11 테러 당시 포지션 관련 얘기를 부탁합니다.

▬▬▬▬ 9·11 테러는 저를 포함해서 누구도 그런 상황이 연출되리라고 예상을 못했죠. 저희 팀의 경우는 다행히 오픈된 포지션이 많지 않아 크게 벌었거나 크게 터진 기억은 없습니다. 저희 말고 ALM이 굉장히 돈을 많이 벌었습니다. 플레이스Place해놓은 것은 이미 나가 있는데 펀딩 자체에서 100bp가 빠져버리니까 펀딩과 플레이스의 미스매치Mismatch로 큰돈을 번 거죠. 채권 파트도 돈을 많이 벌었습니다. 미국 채권이 100bp, 200bp가 빠지니까 당연히 동남아 금융시장도 금리가 빠질 수밖에 없었죠. 환율은 위기 상황이 강하게 인식되며 올라가는 분위기였습니다. 그래서 포지션을 Buy&Hold하면서 괜찮은 수익을 올렸습니다.

마지막으로 리먼 사태 때는 어땠습니까?

▬▬▬▬ 리먼 사태 때에도 은행에 또 다른 기회를 제공한 한해였습니다. 리먼 사태는 국가가 망한 것이 아니라 국가의 한 은행이 망한 거죠. 그리고 잘사는 나라라고 하는 미국에 대위기가 오면서 달러 유동성에 문제가 생겼던 거고요. 결국 펀딩하기가 힘들어졌다는 얘기입니다. 우리나라 같은 이머징 마켓Emerging Market, 신흥시장은 달러를 펀딩해서 그 자금으로 오퍼레이션Operation을 해서 수출을 하고 부를 창출하는 것이 기본입니다. 그런데 달러가 펀딩이 안 되니까 온 쇼어On Shore, 국내에서 Buy&Sell로 달러를 펀딩하든가 정말 안 되면 스폿시장에서 달러를 사는 수밖에 없었습니다. 그러면서 스폿은 올라가기 시작했고 베이시스Basis*는 벌어지기 시작했습니다. 그래서 펀딩에 대

한 소스가 조금 있거나 미스매치에 듀레이션을Duration을 조금만 견딜 수 있는 금융기관이라고 한다면 돈 벌기 좋았던 시절입니다. 서브프라임 사태**이후로 트레이딩 쪽에 퍼포먼스가 상당히 좋아졌습니다. 더불어 세일즈 파트도 다시 위기 상황에 편승해서 손님들에게 많은 피Fee, 수수료를 받게 되면서 좋아졌죠. 그래서 그 당시에는 제2의 IMF처럼 호황기를 다시 누리게 되었습니다.

그러나 외국계 은행이 전반적으로 다운사이징 Downsizing, 인원 축소**하면서, 외국계 은행 서울 지점들 딜러들도 힘든 시기를 보내지 않았습니까?**
────── 대부분의 외국계 은행들은 본사의 손실이 커서 구조 조정 등의 여파를 피해갈 수 없었죠. 다행히 저희 은행은 비즈니스의 메인 센터가 아시아권이었습니다. 직격탄을 맞은 유럽이나 미국에 깔아

---

*베이시스(Basis) : 선물과 현물가격의 차이를 말한다. 선물거래란 미래 일정 시점에 일정 가격으로 실물을 인도하는 계약을 말한다. 이 경우 선물가격은 현물가격에 현물을 미래 일정 시점까지 보유하는 데 들어가는 비용을 포함하기 때문에 선물과 현물의 가격 차이가 발생하게 되는데, 이러한 차이를 베이시스라 한다. 정상적인 시장에서는 현물가격이 선물가격보다 낮게 형성되므로 베이시스는 양(+)의 값을 갖게 된다. 선물거래에서 베이시스가 중요한 이유는 선물 계약 만기일에 다가갈수록 대개 선물가격은 현물가격에 접근하게 되지만, 선물시장과 현물시장 간 수급관계에 따라서 다르게 나타날 수 있기 때문이다. 이 경우 투자자들은 베이시스를 활용하여 가격 변동의 위험을 회피하거나, 오히려 비정상적인 순간을 포착해 매매 차익을 노리는 전략을 세우는 기준으로 삼는다. 즉 위험을 회피하려는 헤저(hedger)와 순간 매매 차익을 노리는 재정거래자(Arbitrageor) 양쪽에 중요한 판단 기준이 된다. 베이시스는 만기일에 다가갈수록 '0'에 가까워지다가 결국 만기일에 '0'이 되는 것이 정상적이므로 이러한 시장을 정상시장 또는 콘탱고(Contango)라고 한다. 이와는 반대되는 시장을 역조시장 또는 백워데이션(Back-Wardation)이라고 한다.
**서브프라임 모기지 사태(Subprime Mortgage Crisis) : 2007년에 발생한 서브프라임 모기지 사태는 미국의 TOP 10에 드는 초대형 모기지론 대부업체가 파산하면서 시작된 미국만이 아닌 국제 금융시장에 신용경색을 불러온 연쇄적인 경제위기를 말한다.

놓은 게 없으니 깨질 일도 없었던 거죠. 본사가 온전했으니 그만큼 서포트Support를 많이 받아서 비즈니스를 활성화시킬 수 있었습니다. 그런 점에서는 상당히 행복한 케이스입니다.

운도 좋고 돈도 쉽게 번 것처럼 말은 하지만 경륜과 연륜이 쌓여서 그렇지 실질적으로 트레이딩이 쉬운 것은 아니지 않습니까?

━━━━ 예, 그렇습니다. 서브프라임 사태가 터질 때 저희도 베이시스 때문에 무척 고생했습니다. 은행마다 플로우는 다 다릅니다. 쉽게 얘기하면 바이어Buyer 손님이 많으냐, 셀러Seller 손님이 많으냐에 따라서 은행 성격이 굉장히 많이 달라집니다. 굳이 구분하자면 미국계 은행은 전통적으로 MNCMultinational Company가 많아서 바이어 손님이 많습니다. 반면에 저희 은행은 셀러 손님이 많습니다. 셀러 손님이 많다는 것은 은행 쪽에서는 Bid사자 포지션을 가진다는 얘기인데 베이시스가 벌어지면서 점점 가격이 빠지니까 고생을 많이 했죠. 베이시스로 처음 터지니까 힘들었습니다. 베이시스가 벌어질 수 있다고 생각은 했지만 이렇게까지 벌어질 줄은 정말 아무도 몰랐던 거죠.

은행의 FX 딜링 룸은 대부분이 베이시스 때문에 고생하지 않았습니까?

━━━━ 은행은 바이어 고객보다는 셀러 고객이 많습니다. 왜냐하면 우리나라는 수출로 먹고 사는 나라이기 때문에 수출업자들이 수출을 해서 달러를 셀Sell하는 입장이기 때문입니다. 그래서 은행 입장에서는 바이 포지션을 가지게 되어 베이시스가 빠지면서 고생들을 했죠.

본인도 많이 고생했죠?

■■■■ 예, 어느 날은 아침부터 베이시스가 벌어지기 시작해서 좀 많이 터졌는데 아침, 점심, 저녁을 모두 굶었는데도 배가 고프지 않았습니다. 베이시스 확대에 따라 손실폭이 자꾸 커졌는데 어느 선까지는 죽을 만큼 힘들더니 어느 손실선을 넘어가서는 손실폭이 확대되어도 그냥 단순한 숫자로만 느껴졌습니다. 참 색다른 경험이었습니다. 물론 며칠 후에 모두 회복하긴 했지만 그런 기억에 남는 경험도 있었습니다.

시장 순응, 치밀한 전략, 리스크 관리 그리고 딜러 성향

본인만의 매매 원칙이나 기법에 대해 듣고 싶습니다.

■■■■ 첫 번째는 "시장에 맞서지 마라!"로, 시장에 순응하는 상태에서 트렌드Trend에 맞춰 자기만의 트레이딩 전략을 만드는 것입니다. 두 번째는 원/달러 딜러만의 특징일 수 있겠지만 손님의 플로우를 맥시멈 이용해야만 합니다. 세 번째는 내가 이 포지션에 들어가서 어느 가격대에 가면 프라핏 테이킹Profit Taking, 이익실현을 하고 어느 가격대까지 밀리면 스톱-로스Stop Loss, 손절매를 하겠다는 레인지는 마음속에 셋업Setup하고 있어야 합니다. 개인적으로 전략이나 시나리오 없이 매매하는 것을 좋아하지 않습니다. 네 번째는 트레이딩은 벌 때 많이

버는 것보다 터질 때 많이 터지지 않는 것이 롱런하는 길임을 늘 명심해야 합니다. 많이 벌려고 마음먹으면 많이 벌 수도 있습니다.

그러나 리스크 관리가 전제되지 않은 매매는 투기지 트레이딩이 아닙니다. 트레이딩은 합리적인 선에서 리스크를 관리하면서 수익을 추구하는 것입니다. 간혹 딜러들 중에서도 한 번의 매매로 인생을 바꿔보겠다고 마음을 먹는 경우도 있는데, 그것은 딜러들이 가장 경계하고 지양해야 할 태도입니다.

매매할 때 중요시하는 변수들은 어떤 것이 있습니까?

━━━ 펀더멘탈을 분석하고 수급 관계를 철저하게 파악해야 합니다. 스페셜 이벤트의 경우 달력에 체크를 하지 않더라도 머릿속에는 늘 숙지하고 있어야 하고요. 가령 일주일짜리 포지션이 들어가면 그 주에 예정된 영향력 있는 미국 지표들의 발표날이 언제인지, 유럽에서 큰 이슈 발표날은 언제인지 정도는 알고 있어야 합니다. 무작정 시장이 좋아 보인다거나 은행이 하는 "시장이 어떻게 움직일 것이다"라는 말들과 루머들에 현혹되어서는 안 됩니다.

정확하고 치밀한 분석 위주의 매매가 선행되어야겠지만 '직감'이라는 부분도 무시할 수 없지 않습니까?

━━━ 크게 딜러들을 두 가지로 부류로 구분할 수 있습니다. 모멘텀Momentum* 트레이딩을 하는 부류와 뷰 트레이딩View Trading을 하는 부류로, 이 두 부류의 성격은 완전히 다릅니다. 일종의 '직감시장에 대한 감각, 느낌'에 의존해 트레이딩을 하는 트레이더를 모멘텀 트레이더라

고 하고 이런 친구들은 시장에서 그때그때 느껴지는 감에 따라 매매를 하는데 샀다 팔았다를 빠르게 할 수 있는 젊은 친구들에게 적합합니다. 반면 펀더멘탈에 입각해서 포지션을 크게 가져가며 기간은 롱텀Long Term으로 잡는 트레이더를 '뷰 트레이더'라고 하는데, 이런 트레이딩은 주로 시니어들이 많이 하죠. 헤지펀드의 경우도 후자 스타일로 한 번 들어갈 때 '몇억 달러씩 지르고 적어도 기간은 얼마 이상, 스톱-로스는 몇백만 달러' 이런 식으로 큰 그림을 그리면서 매매를 합니다.

헤드로서 밑에 직원들을 채용하고 관리하는 입장인데 외국계 은행 딜러로서 갖춰야 할 자질이나 요건은 어떤 것이 있을까요?

━━━ 당연히 딜러의 성향을 갖추고 있는지를 제일 먼저 봅니다. 좀 더 풀어 얘기하면 로직컬logical한 머리가 있어야 합니다. 제가 시장에 대해 물어보면 "이런 논리에 입각해서 시장이 이렇게 보입니다"라는 답변이 바람직하지 "그냥 좋아 보입니다" 등의 대답은 개인적으로 좋아하지 않습니다. 추가적으로 수리적인 백그라운드Background가 있으면 좋다고 생각합니다.

두 번째는 성격적으로 액티브active한 것이 좋습니다. 다만 적극

---

*모멘텀(Momentum) : 원래 물리학 용어로 운동량 또는 가속도를, 기하학에서 곡선 위 한 점의 기울기를 뜻한다. 증권 용어로는 주가 추세의 속도가 증가하고 있는지, 아니면 감소하고 있는지를 추세 운동량으로 측정하여 나타내는 지표이다. 다만 여기서와 같이 시장 상황을 가리킬 때는 추세를 전환시키는 재료, 해당 상품의 가격이 변할 수 있는 근거를 모멘텀이라고 부르기도 한다.

적이라는 것이 덤벙덤벙 무조건 열심히 한다는 뜻은 아닙니다. 꼼꼼하면서 액티브해야 합니다. 또한 의욕만 넘치면 과유불급이라고 사고 칠 확률이 높아 선호하지 않습니다. 제가 직원들을 채용하며 인터뷰할 때 가장 무서운 대답 중의 하나가 "모르지만 열심히 하겠습니다"입니다. 모르면 가만히 있어야 하는데 뭘 열심히 하겠다는 것인지 이해가 안 될뿐더러 그런 태도는 딜러로서도 적합하지 않습니다. 정확히 얘기하면 "가르쳐주는 내에서 배운 대로 열심히 하겠습니다"가 맞습니다.

세 번째는 유창한 언어구사능력영어입니다. 국제화 시대이다 보니 외국 고객도 많고 저희가 줘야 할 인포메이션Information도 서울뿐만 아니라 런던, 홍콩 등 세계 각지에 있기 때문에 언어구사능력은 필수적입니다. 간혹 "저는 영어회화는 조금 부족하지만 영문 이메일은 잘 씁니다" 등의 대답을 하는 경우도 있는데, 이것 역시 딜러가 되기에는 한계로 작용할 수 있습니다.

일종의 노하우일수도 있겠지만 장기간 헤드를 해오면서 신입직원들을 몇 달만 데리고 있어도 트레이딩을 잘할지 못할지의 감이 옵니까?

━━━━ 신입직원들은 처음에 바로 트레이딩을 시키지 않습니다. 그러나 이러저러한 일을 시킨 후 일을 진행하는 앞뒤 상황들을 유심히 살펴보면 이 친구가 논리적인지, 감각적인지, 센스가 있는지 등은 알 수 있습니다.

딜러들도 체계적인 학습과 교육에 의해서 키워질 수 있다고 생각합니까?

━━━━━ 저는 50:50이라고 생각합니다. 딜러로서 타고 난 끼도 있어야 하고 후천적으로 체계화된 교육을 받는다면 훌륭한 딜러로 성장할 수 있다고 생각합니다. 다만 한쪽을 택하라고 한다면 딜러로서의 끼가 필요하다는 점을 높이 사고 싶습니다.

구체적으로 딜러의 끼는 어떤 것을 말하는 겁니까?

━━━━━ 한마디로 성향입니다. 포지션에 아무리 리미트^{Limit, 한도}를 주고 지르라고 해도 지르지 못하는 부류가 있습니다. 반면에 처음 딜을 시작하면서도 지를 줄 아는 부류가 있습니다. 전자는 아무리 잘 가르쳐줘도 한계가 있습니다. 다만 상품마다 차이를 두자면 스폿시장같이 액티브하게 매매를 해야 하는 경우에는 성향이 중요하지만 스트럭처링^{Structuring}이나 하이브리드^{Hybrid*} 등의 상품을 조합하는 팀에서는 교육이 더 중요하겠죠.

밑에 주니어들 교육을 많이 시킵니까?

━━━━━ 신입직원이 들어오면 처음부터 상세히 교육을 시킵니다. 기본적인 정의부터 시작해서 이런 변수는 이런 영향을 끼치고, 이런 현상이 나타날 때 후속 조치는 무엇이고 등등을 세세하게 가르칩니다.

---

*하이브리드(Hybrid) : 두 가지 이상의 요소가 하나로 합쳐지는 것으로 보통 여러 가지 기술이나 기능이 융합되어 더 높은 성능을 가진 제품을 일컫는 말로 가령 채권에서 하이브리드채권이라 함은 주식과 부채의 중간 성격으로 만기가 없고 은행이 청산될 때까지 상환 의무가 없는 은행의 자본조달 수단을 말한다.

일목요연하게 정리된 책으로 가르치는 것은 아니지만 자신이 아는 데일리 ^{Daily Job}을 순서대로 가르치다 보면 한두 달 후에는 대부분 커버가 됩니다. 즉 On The Job 트레이딩을 하는 거죠.

기본적인 사항부터 매매 전반에 대한 학습이 선행된다 하더라도 모두 딜러로 살아남을 수는 없지 않습니까?

──── 예, 서바이벌할 확률은 반 정도입니다. 다만 서바이벌한다 해도 성공한 트레이더냐, 월급만 받고 다니는 트레이더냐가 중요할 수 있겠죠. 살아남는 반 중에서도 우리가 생각하는 화려한 딜러들은 채 10%도 안 됩니다. 또한 조직마다 성격이 달라서 돈을 조금 못 벌어도 좀 더 기회를 주는 곳이 있는 반면, 가차 없이 내보내는 곳도 있으니 확률상 차이는 있겠죠.

시니어 딜러로서
금융 전반을
논하다

외국계 은행은 입행이 어려운 만큼 금융업종에서는 꽃 중의 꽃 아닙니까?

──── 예, 그렇죠. 그러나 질문과 상관없이 대한민국 시중 은행도 IMF 사태가 없었다면 지속적으로 성장해서 1~2곳 정도는 외국계 은행과 같은 메가뱅크^{Mega Bank, 초대형 은행}가 될 수도 있었을 텐데, 그 부분

이 제일 안타깝습니다. 또한 우리나라 원화가 아직 국제 통화가 아니다 보니 한계가 있습니다. 달러/엔 같은 경우는 이미 국제화가 되어 있어 엔으로 기체를 해서 달러를 가져오는 것이 가능합니다.

그러나 대한민국 은행들이 뭔가를 하려고 해도 그때마다 늘 발목을 잡는 것이 달러 펀딩Dollar Funding, 달러 자금조달, 달러 리미트Dollar Limit 등 달러 때문입니다. 지금 국내 시중 은행들은 사이즈만 커져서 직원들만 해도 몇만 명이지만 그 수만 많을 뿐이지 국제적인 경쟁력은 약한 편입니다. 그런 차원에서 하루 속히 원의 국제화가 시행될 필요가 있습니다.

대부분의 금융인들이 인정하는 부분이지만 현재로서는 원의 국제화가 힘든 것이 사실이죠?

━━━ 예, 요원합니다. 경제 규모 자체와 경쟁력이 부족한 탓도 있지만 정부의 스탠스도 바뀔 필요가 있습니다. 항상 원의 국제화, 대한민국의 동북아 금융허브 등을 외쳐왔지만, 아직도 그 방향국제화으로 가려면 매우 멀어 보입니다. 물론 우리나라의 특수한 현실이 다른 나라와는 다르다는 것을 인정합니다만, 국제화라는 대세로 볼 때 바꿔야 할 부분이 많습니다. 이것이 지금 우리나라 금융의 현실입니다. 그러나 더 안타까운 것은 세계 추세가 자유화 쪽으로 흘러가다가 리먼 사태 등으로 금융권의 모럴해저드* 문제가 크게 부각되면서 전 세계가 관치금융 쪽으로 흘러가고 있다는 거죠. 그래서 원의 국제화가 더욱더 요원해지고 있습니다.

FX 딜러만의 색깔을 얘기하자면 어떻게 표현할 수 있을까요?

━━━━ 트레이더들끼리 앉아서 얘기를 해보면 각자의 색깔이 상당히 강합니다. 가령 세일즈는 큰 업체의 갑을 담당하는 각 회사의 세일즈맨들과 자주 만나서 술도 마시고 형 동생 하면서 사적으로 친하게 지내는 경우가 많습니다. 물론 사람관계가 중요하다 보니 당연히 사람에게서 오는 스트레스도 가장 많습니다. 그러나 인터뱅크 딜러들은 개인주의적 성향이 강합니다. 학교 선후배들끼리는 친한 동료이긴 하지만 같은 팀이라도 자신이 롱^{Long} 포지션을 유지하고 있는데, 옆에서 공격적으로 쇼트^{Short} 포지션으로 베팅해도 반대 입장을 얘기할 수 없습니다. 굉장히 독특한 시장이면서 특이한 문화를 형성하고 있습니다. 다만 사람들한테 스트레스를 받지 않고 숫자^{성과}에서만 스트레스를 받는다는 점이 편하고 좋습니다. 물론 숫자가 좋지 않으면 사람으로부터의 스트레스도 같이 오기 때문에 숫자가 좋아야 하는 것은 전제조건이겠죠.

트레이딩 관련 책이나 평소 롤모델로 삼고 있는 트레이더가 있습니까?

━━━━ 국내의 경우 저자가 쓰고 있는 이런 트레이딩 관련 책은 시중에 1~2권 외에 전무한 것으로 알고 있습니다. 해외도 해지펀드나 펀드 매니저 관련 책은 많지만 트레이더 관련 책은 많지 않고요. 주

---

* 모럴해저드(Moral Hazard, 도덕적 해이) : 미국에서 보험 가입자들의 비양심적인 행위를 지칭하는 용어로 보험을 가입해놓고 보험금을 타기 위해 고의로 사고를 내는 것을 지칭한 것에서 비롯된 용어이다. 즉 원래 정보가 비대칭적으로 분포되어 있을 때 정보를 가진 측이 정보를 갖지 못한 측에서 보면 바람직하지 않은 행동을 하는 현상을 말한다.

식 부분 펀드 매니저 중에는 버크셔 해서웨이Berkshire Hathaway*의 워런 버핏Warren Edward Buffett**과 피터 린치Peter Lynch***를 좋아합니다. 그리나 사상 손경하는 트레이더를 1명 꼽으라고 한다면 주저 없이 한미은행 때 사수였고 지금은 시티은행 칩 트레이드로 근무하고 있는 분을 꼽고 싶습니다.

구체적인 이유를 듣고 싶습니다.

━━━ 트레이더 중에서는 나이가 많은 편에 속함에도 여전히 시티은행에서 액티브active하게 매매를 하고 있습니다. 그분을 존경하는 이유는 첫 번째는 다독을 합니다. 저널이나 칼럼도 빼놓지 않고 읽고 두루두루 모르는 것이 없습니다. 두 번째는 많은 트레이더가 다른 사람의 이야기를 귀 담아 듣지 않는데 반해, 이분은 남들의 이야기에 경청하고 집중하려 합니다. 세 번째는 매매에 있어 시장의 전체적인 히스토리History와 맥을 정확히 알고 트레이딩을 하기 때문에 수익률도 탁월합니다. 가령 매매 관련 규정에 대한 부분을 물어보면

---

*버크셔 해서웨이(Berkshire Hathaway) : 미국 네브래스카주 오마하에 본사를 두고 있는 지주회사이다. 주력 사업은 보험업으로 대표적인 버크셔 해서웨이의 계열사는 GEICO와 같은 보험회사들이 많으며 회장은 워런 버핏이다.
**워런 버핏(Warren Edward Buffett) : 1930년 8월 30일 생으로 미국의 기업인이자 투자가다. 뛰어난 투자 실력과 기부 활동으로 인해 '오마하의 현인'이라고 불린다. 그는 가치 있는 주식을 발굴해 매입하고 이를 오랫동안 보유하는 것으로 유명하다.
***피터 린치(Peter Lynch) : 1944년 1월 14일 미국 태생의 월스트리트 주식 전문가이다. 1969년 피델리티 인베스트먼트(Fidelity Investments)에 리서치 애널리스트로 입사한 후 펀드 매니저로 활동하면서 1977년 2,200만 달러에 불과했던 마젤란펀드(Magellan Fund)를 13년간 운용하면서 연평균 투자 수익률 29.2%를 기록해 1990년 무렵에는 140억 달러 규모의 세계 최대 뮤추얼펀드로 키워냈다. 1990년 4월 3일, 46세 때 가족과 더 많은 시간을 보내기 위해 은퇴를 선언했다.

이 규정이 어떤 이유로 어떻게 바꿨는지에 대해 구체적으로 설명을
해줄 수 있는 정도니까요.

적지 않은 나이에 외국계 은행 프런트 오피스^{Front Office, 딜링의 최전선에서 딜러 업무를} ^{하는 부서}**에서 액티브하게 매매하는 것이 이례적인 케이스처럼 보입니다.**

━━━━━ 그래서 제가 롤모델로 삼는 이유이기도 합니다. 참고로 성
격은 꼼꼼하고 섬세하지만 매매 스타일은 뷰 트레이더로 포지션을
크게 가져가는 선 굵은 매매를 합니다. 이분은 플로우^{Flow} 없이 프랍
^{Prop}만으로 소위 잘 나가는 트레이더만큼 벌 수 있는 분입니다.

플로우와 프랍에 대해 언급했는데 본인의 경우 이 둘의 수익 비중은 어
떻게 됩니까?

━━━━━ 먼저 은행마다 이 둘의 비중이 다릅니다. 저희는 프랍 비중
이 예전에는 더 적었으나 요즘 들어^{2012년}서는 더 많은 비중을 차지하
고 있습니다. 예전보다 시장이 슬로우해지고 커스터머^{Customer} 물량
이 줄어들면서 프랍 비중이 늘어나는 추세입니다.

외환시장의 경우 프랍 개념 외 캐리 수익이 담보될 수 있는 시장이라고
봐도 될까요?

━━━━━ 원/달러 스폿 딜러는 채권 딜러들과 다르게 캐리가 없습니
다. 순수하게 거래해서 수익을 내야 하는 거죠. 채권시장의 대표적
상품을 예로 들면 콜과 국고 3년물 수익률이 역전된 최근을 제외하
고는 대부분 콜금리가 낮아 조달금리도 상대적으로 낮았습니다. 즉

펀딩만 하고 채권을 들고 가기만 하면 캐리는 마이 프렌드My Friend여
서 어느 정도 수익이 확보된 상태에서 매매가 가능했습니다. 주 인(
단기 l링이 채권시장보다는 순수하게 거래해서 수익을 내야 하는
시장이라고 봅니다.

원/달러 딜러는 시장이 24시간 내내 오픈되어 있어서 계속 시장에 신경
을 쓰다 보니, 다른 시장의 딜러보다 평균 수명이 짧다는 얘기를 들었습
니다.

━━━━ 저는 그렇게 생각하지 않습니다. 그 이유보다는 장중에 워
킹 로드Working Load, 일의 강도가 가장 세기 때문으로 풀이됩니다. 정확히
얘기하면 수명이 짧다기보다는 체력적으로 부담이 돼서 젊은 친구
들이 잘할 수 있다는 거겠죠. 즉 장중에 지속적으로 시장에 집중하
다 보니 체력적으로 힘이 부칠 뿐이지 24시간 내내 시장이 열려서 늘
신경을 쓴다는 것은 조금 과장된 표현이라고 생각합니다.

스트레스는 주로 어떻게 풉니까?

━━━━ 초창기에는 술도 많이 마셨고 매매가 잘 안 되면 성질을 부
리기도 했었는데 지금은 그렇게까지 하지 않습니다. 아직까지도 스
트레스를 많이 받지만 이제는 이골이 난 편이죠. 미운 놈도 자꾸 보
면 예뻐 보인다고 이제는 그럭저럭 스트레스라는 놈과 같이 지낼 만
합니다. 참고로 딜러는 스트레스를 덜 받는 성격이면 좋고 스트레
스를 견디지 못하는 사람이면 이 업종에서 일하지 않는 것이 좋습니
다. 그런 친구들이 트레이딩을 하면 단명하는 경우가 많아서 차라리

스트레스를 견디지 못하는 사람들은 세일즈나 커버하는 딜러가 적합합니다.

스트레스를 적절히 푼다고 해도 성격이 나빠지는 것은 어쩔 수 없겠죠?

━━━ 문화 자체도 딜러들의 그런 면을 어느 정도 수용해줍니다. 딜러들은 어떤 식으로든 시장과 늘 싸우고 참고 때론 타협해야 하기 때문에 성격이 유해지기도 쉽지 않습니다.

본인은 체력적으로 어떻습니까?

━━━ 다행히 체력은 선천적으로 타고났습니다. 물론 다양한 운동을 즐기고 일주일에 2~3일 정도 규칙적으로 운동도 하고 있습니다.

후배 딜러들에게 해주고 싶은 얘기가 있다면 한마디 부탁합니다.

━━━ 자신이 하기에 따라서 무척 기회가 많은 시장입니다. 스트레스도 많이 받지만 일을 즐겁게 하면 부수적으로 돈이 따라옵니다. 즉 외국계 은행 딜링 룸은 자신이 즐겁게 일을 해서 수익을 창출하면 자신의 스테이터스Status, 지위도 좋아지지만 금전적인 부분이 같이 따라옵니다. 정말 좋은 직장이죠. 뜻이 있는 분들은 열심히 노력해서 꼭 들어오라고 얘기하고 싶습니다.

언제까지 딜링을 하고 싶습니까?

━━━ 정년이 몇 살인지는 모르지만 그때까지 트레이딩만 하다가 퇴직하고 싶습니다. 마지막 퇴사 날까지 보이스 박스Voice Box, 브로커와 딜

 잡고 치열하게 거래를 하다가 은
퇴하고 싶습니다. 간혹 나이가 들면 후선 부서로 배치되거나 관리직
으로 올라가는 경우도 있지만 저와는 체질적으로 맞지 않습니다. 근
20년 동안 기안을 해보지도 않았고 리포트 등을 작성해서 올리는 일
들도 해보지 않았는데 지금 와서 하고 싶지도 않습니다.

트레이딩을 사랑하나 봅니다.

────── 트레이딩을 무척 사랑하고 천직이라고 생각하고 있습니다.

박준섭 상무는 트레이딩 부서에서 IMF 사태를 맞았고 9·11 테러
와 리먼 사태 등 수 많은 금융 사건을 직접 경험한 외환시장의 산 증
인이며 지금도 액티브하게 트레이딩을 하고 있는 현직 트레이더다.
산전수전을 다 겪은 그이기에 매매 원칙이 다소 간결하고 축약되었
음에도 시사하는 바는 여느 트레이더 이상일 것이다. 그의 매매 원칙
은 세 가지 정도로 정리된다.

첫째, 시장에 맞서지 말고 순응하라. 그것이 펀더멘탈이든, 수급
이든, 정부 정책이든 자신의 뷰와 다르다고 할지라도 있는 그대로
시장 흐름을 인정하고 순응하라는 것이다.

둘째, 세부적인 전략과 시나리오를 갖추고 트레이딩하라. 시장의
흐름과 이슈를 파악하고 포지션 진입과 동시에 목표가격과 손절가
격을 설정하고 시장의 변화에 늘 준비하고 있어야 한다는 것이다.

셋째, 리스크 관리를 철저히 하라. 이는 시장에서 롱런하기 위해

서는 반드시 필요한 자세다. 즉 트레이더로서 살아남아 있다 보면 언젠가는 기회가 오는 것이니 많이 벌려는 태도보다는 크게 터지지 말고 시장에서 계속 살아남아야 함을 강조하는 것이다.

위와 같은 매매 원칙들이 있었기에 변화무쌍한 금융시장에서, 그것도 외국계 은행에서 15년 이상을 트레이더로 활약할 수 있었다고 생각한다. 또한 FX 헤드로 13년 동안 근무하며 밑에 직원들을 채용하고 오랜 기간 생활을 해본 경험을 바탕으로 그가 말하는 트레이더의 자질은 외국계 은행에 취업하기를 갈망하는 예비 취업생들에게 큰 도움이 될 것으로 생각된다. 그가 말하는 외국계 은행 트레이더가 되기 위한 요구 조건은 다음의 네 가지다.

첫째, 선천적으로 액티브한 성격이 트레이더로 적합하다.
둘째, 후천적으로 로지컬한 사고방식과 수리적인 백그라운드를 갖추어야 한다.
셋째, 외국계 은행에 오기 위해서는 유창한 영어구사능력이 필요하다.
넷째, 트레이딩이라는 직업이 체력적으로 상당히 부담이 될 수밖에 없으므로 꾸준한 자기 관리가 필요하다.

금융 역사가 짧은 만큼 정년까지 프런트에서 트레이딩을 하다 은퇴를 하는 사례가 많지 않으나 그의 바람대로 정년까지 사자, 팔자를 외치다가 시장에서 정년퇴임하기를 바란다. 더 나아가 은퇴 후에도 그의 실력과 노하우를 높이 사는 곳이 있어 다른 금융권 프런트에서 트레이딩하는 모습을 봤으면 하는 바람이다.

이 글을 읽으면서 영어식 표현이 많아 다소 불편해하는 독자도 있을 것이다. 독자를 배려하는 차원에서 인터뷰 중에 사용했던 인터뷰이의 영어 단어들을 모두 한글로 표기하려는 마음이 있었다. 그러나 외국계 은행 현장에서 실질적으로 대화하고 사용되는 언어들인 만큼 오히려 여과 없이 그대로 인용함으로써 현장감과 생동감을 배가시키고자 했음을 이해해줬으면 한다.

FX 스왑

외환스왑이라고도 한다. FX스왑은 거래의 양 당사자가 현재의 계약 환율에 따라 서로 다른 통화를 교환하고 일정 기간 후 최초 계약 시점에서 정한 선물 환율에 따라 원금을 다시 교환하는 거래다.

매매 원칙

- 시장에 맞서지 마라. 시장에 순응하는 상태에서 트렌드에 맞게 트레이딩을 해야 한다.
- 가상 시나리오를 수립하고 세부적인 가격 및 시나리오 전략을 수립해야 한다.
- 리스크 관리가 무엇보다 중요하다. 많이 버는 것보다 깨질 때 적게 깨지는 것이 중요하다.

외국계 은행 딜링 룸 입성을 위한 자질

- 성향 : 로지컬한 머리와 수리적인 백그라운드 그리고 베팅할 수 있는 감각이 필요하다.
- 성격 : 액티브하면서서 꼼꼼한 성격이 바람직하다.
- 언어 : 유창한 언어구사 능력은 필수다.

부록

OJT 교육용 자료
현/선물 차익거래

채권시장

1. 채권시장 개요

(1) 채권시장 규모 : 1,200~1,300조 원(국내 GDP 규모 1,200조 원)

(2) 채권시장 세분 : 국채, 통안채시장이 약 600조 원 시장이고, 그 외 회사채, 공사채, 금융채, 지방채, 외화표시채 등으로 구분한다.

(3) 채권 수요 : 은행, 보험, 투신, 증권, 연기금 등

- 수요에서의 유동성은 한국은행의 본원통화에 통화승수를 곱한 것이다.
- 우리나라의 경우 본원통화보다 통화승수의 영향이 더 크다.
- 따라서 본원통화를 늘려 금리는 오르는데 시중금리는 빠지는 현상이 나타나기도 한다.

(4) 본원통화

- FED(미국)는 Asset의 약 90%가 채권으로 구성되어 있어 능동적인 유동성 공급이 가능하다.
- 반면 우리나라는 해외 자산이 80% 내외, 국내 자산이 20% 내외로 구성되어 있어 능동적으로 유동성을 공급하기 힘들다.
- 최근에는 기준금리가 시중금리에 크게 영향을 못 미친다.
- 초기 은행산업에서는 통화정책이 통했으나 현재는 그렇지 않다.

2. 국채시장

(1) 국채선물시장 : 국채선물시장의 규모는 약 20조 원(미결제약정×1억 원)

(2) 국고 3년

- 10조 원 규모, 6개월 통합 발행
- 10조 원 규모 중 외국인이 6~7조 원을 가져가고 캐리 물량(이자 수익을 위한 보유 물량)이 1조 원 정도 잡히고 나면 실제 유통되는 물량은 2~3조 원 정도이다.

3. 스왑시장

(1) 외화자금

- 우리나라에 외화 자금이 들어오기 위해서는 무역과 대외 차입이 있다.
- 이 중 무역으로 들어오는 달러 규모는 작고 대부분 대외 차입으로 유입된다.
- 대외 차입 규모와 스왑 규모는 거의 비슷하다.

(2) IRS(금리 교환)

- IRS receive : 변동금리 지급, 고정금리 수취
- IRS pay : 변동금리 수취, 고정금리 지급

(3) CRS(통화 교환)

- CRS receive : 달러 차입자 / FX buy and sell
- CRS pay : 달러 대여자 / FX sell and buy

(4) Swap Basis : CRS-IRS

- 달러 차입 수요가 많을수록 IRS rate가 빠진다.

- 달러 자금 수급이 안 좋아질 때 CRS rate가 빠지면서 Swap Basis가 빠진다.

4. 채권가격

(1) 매출 이후 채권가격 움직임(시중금리 고정으로 가정 시)

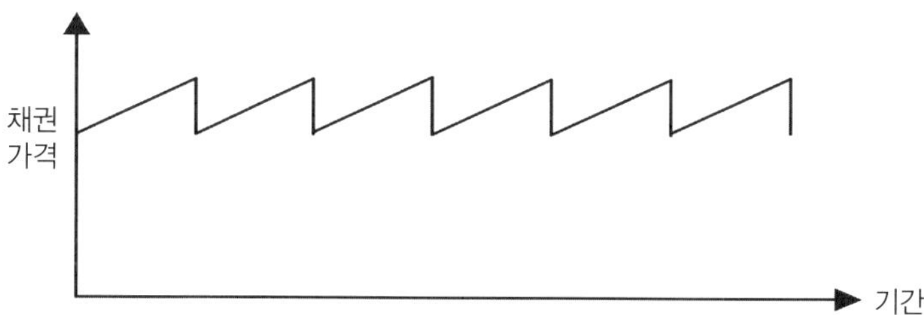

(2) Fair value

- Fair value = Funding cost + 가격

- 4% 3년만기 채권을 3%에 funding한다면 4%-3%=1%가 캐리마진이 된다.

- 이 채권을 기초자산으로 선물을 만든다면 실제 선물가격은 103에 형성된다.

- Funding cost가 4%가 된다면 선물가격은 104로 결정된다. 따라서 금리가 같은 수준이라도 선물가격은 같은 수준일 수 없다.

<u>외환시장</u>

(1) 외환거래는 한 통화를 매입하고 다른 한 통화를 매각하는 것

(2) 외환거래 발생 형태

- 무역 거래에 의한 외환거래

- 국제 자본 거래에 의한 외환거래

- 단순히 매매 차익을 얻기 위한 순수 외환거래(대부분의 외환거래)

(3) 가격 제시자는 항상 매입률(bid rate)과 매도율(offerd rate)을 함께 제시한다

- 매입률 : 가격 제시자가 기준통화를 매입하게 될 때 적용하는 환율

- 매도율 : 가격 제시자가 기준통화를 매각하게 될 때 적용하는 환율

- 스프레드 : 매입률과 매도율의 차이

(4) 크로스 레이트 : 어느 한 통화의 환율을 제3의 통화에 대하여 구하는 것

(5) 수도일 : 자금의 수취/지급이 일어나는 날(밸류 데이트/머튜어리티 데이트)

- 모든 외환가격은 모두 2영업일 후 수도를 원칙으로 표시

- 선물환 : 계약일로부터 2영업일 이상 경과한 수도일의 거래

- 역물환 : 계약일로부터 2영업일 이전에 수도일이 도래하는 거래

(6) 스왑 포인트(두 통화의 이자율 차이)=선물환율-스팟환율

(7) 스왑 포인트 27-32에서 절댓값이 작은 27에 거래를 하면 가격

추종자의 이득에 거래를 하게 되고, 32에 거래를 하면 가격 제시
자의 이득에 거래를 하게 된다.

(8) 통화스왑의 형태

- 장기 단순 선물환 : 기존의 외환시장에서 거래되는 단순 선물환
  의 머튜어리티 데이트가 1년 이상의 기간으로 길어진 것과 선물
  환율 계산에 복리의 개념이 도입한 것을 제외하고는 단순 선물
  환과 똑같다고 볼 수 있다.
- 파 밸류 선물환 : 일정 기간(통상 1년 이상) 동안 약정된 금액의
  외환거래를 계속 반복하면서 매번 같은 환율을 적용시키는 것
  이다.
- 통화 이자율 스왑 : 현재의 통화 스왑 형태 가운데 가장 빈번히
  일어나는 거래이며, 일반적으로 서로 다른 통화 간의 이자금액
  을 교환하는 이자율 스왑 가운데 한 가지로 볼 수 있다.

(9)투기거래

- 수급 : 수입업자(정유사), 수출업자(조선사)에 따라 판단
- Swap 1년짜리가 하락시 조선업자가 달러를 판다고 판단

(10) 환율에 영향을 미치는 요인

- EUR/USD : USD가 약세이면 USD/원 하락
- 주식시장 : 외국인 투자자 순매수면 달러를 판다고 판단
- 금리

(11) 달러 스프레드=원원물−근월물

(12) Swap cost의 하한선은 어찌보면 없다. 달러를 빌려주는 사람이
    없으면 마이너스(−)가 될 수도 있다. / 상한선은 원화금리

(13) 달러거래

월　　　　화　　　　수　　　　목　　　　금

- 월요일(spot) 1,120원 달러 매수 100만 달러

- 화요일(spot) 1,120원 달러 매도 100만 달러

- 수요일(value) 결제 달러 +1 원화 −1

- 목요일 결제 달러 −1 원화 +1(수요일 것으로 바꿔서 포지션 스퀘어로 만든다)

- *달러거래 예시(수수료 10전 가정 시)

- 월요일 현물 1,120원 buy, 선물 1,122.80원 sell

- 화요일 현물 1,120.60원 sell, 선물 1,122.80원 buy

- 60전 이익−수수료 10전 = 50전 순이익

트레이딩의 기초

1. 트레이딩의 의미

- 트레이딩 : 리스크를 사고 파는 행위

- 투자 : 물리적인 대상을 사는 행위

- 트레이더 : 리스크를 거래하는 사람들(리스크 : 유동성 리스크, 가격 리스크 등)

2. 트레이딩 유형

- 해저(Hedger) : 리스크 제거를 목적으로 하는 트레이더
- 투기자(Speculator) : 가격 리스크에 초점을 맞춘 트레이더
- 스캘퍼(Scalper) : 유동성 리스크에 초점을 맞춘 트레이더

3. 트레이딩과 심리

- 트레이딩 유형
- 희망 : 가격 상승 확신
- 걱정 : 더 이상의 손실은 안 됨
- 탐욕 : 이익 실현 전에 포지션 확대
- 절망 : 트레이딩 부적절, 손절

모든 사람들에게는 체계적이고 반복적인 비합리성이 내재돼 있고 성공적인 트레이더는 여기서 비롯된 시장 변동을 토대로 트레이딩을 하게 된다.

- 트레이딩에 영향을 미치는 인지적 편향(왜곡 현상)
- 손실회피 : 이익을 얻는 것보다 손실을 피하는 것을 더 선호하는 경향
- 매몰비용 효과 : 장래에 지출할 수도 있는 비용보다 이미 지출한 비용을 중시
- 처분 효과 : 현재의 이익을 보전하는데 급급해하는 경향
- 결과편향 : 의사결정 시 결과를 기준으로 판단하는 경향
- 최신편향 : 과거의 자료나 경험보다 최근의 자료나 경험에 더

큰 비중을 두는 것

-닻 내리기 : 손쉽게 입수할 수 있는 정보에 과도하게 집중하는
경향

-밴드왜건 효과 : 다른 사람들이 믿는다는 이유로 같이 그것을
믿는 경향

-소수의 법칙에 대한 믿음 : 극히 적은 정보를 바탕으로 결론을
도출하는 경향

위의 인지적 편향의 영향을 받지 않는 트레이더가 훌륭한 트레
이더이다.

3. 트레이딩 기법

- 추세 추종(trend following) 기법 : 시장이 신고가 혹은 신저가를
기록할 때 트레이딩 트레이더들은 추세의 시작과 끝을 알아낼
수 있는 방법 개발

- 역추세(countertrend) 기법 : 추세 추종과 반대되는 전략 시장이
현 추세를 거스를 때 기회 포착 / 지지, 저항이 트레이딩 중요
포인트

- 스윙(swing) 기법 : 추세와 무관하게 단기간의 가격변동에 치중
가격변동이 커질 가능성이 높은 데서 수익 기회

- 데이(day) 트레이딩 : 초단기 트레이딩 총칭. 오버나잇 리스크 회
피 포지션 트레이딩, 스캘핑, 차익거래의 트레이딩 스타일

4. 성공적인 트레이더

- 승산이 있는 트레이딩에 임하라.
- 리스크를 관리하라.
- 일관성 있는 태도를 유지하라.
- 단순성에 초점을 맞춰라.
- 성공적인 트레이더는 절대 시장 추세의 방향을 예측하려고 하지는 않는다. 다만 시장이 특정 상태에 있을 때 그것이 의미하는 것이 무엇인지에 관심을 갖는다.

시스템 트레이딩

1. 기술적 분석

1) Market action discounts everything

2) Price moves in trend

3) History repeats itself
- ATR지표를 활용해 고점과 저점에서 시장 급변동에 대비
- 기술적 분석을 통해 내일 장을 분석

2. 시스템 트레이딩

1) 시스템 트레이딩의 정의와 특성
- 시스템 트레이딩의 정의 : 다양한 기술적 지표의 조합으로 만들어진 원칙을 이용한 기계적인 매매

•시스템 트레이딩의 세 가지 종류

-Trend following

-Box trading

-High frequency

3. 시스템 트레이딩의 위험 관리

•각각의 시그널은 여러 가지 필터에 의해 걸러진 정보를 바탕으로 시장 상황에 따라 리스크 금액에 대비하여 시장 진입가격 및 수량을 알려준다.

•주관적인 매매 판단과 반대되더라도 신호에 맞춰 진입해야 한다.

•모든 시장에 비슷한 수익률이 나와야 좋은 시스템이다.

•5분봉, 10분봉, 60분봉에서 모두 비슷한 수익률이 나와야 좋다.

•그 시장에 최적화된 시스템인 경우 다른 시장에 잘 맞지 않게 된다면 오류이다. 이런 함정에 빠지지 말아야 한다.

•실제 잘 만든 시스템이라도 승률은 그다지 높지 않다.

•Trend following은 낮은 승률은 가진 대신 추세를 탔을 때 큰 수익을 내고 Box trading은 승률은 높은 대신 큰 수익을 내기 힘들다.

개념

1. 매수 차익거래

선물가 > 이론가 → 선물 매도 & 현물 매수

실제 선물가격이 현물채권의 이론가격에 비해 과도하고 상승한 경우 상대적으로 낮은 가격의 현물채권(국고채 바스켓 종목)을 매수하고 고평가된 국채선물을 매도한 후 차익 기회가 해소된 후 반대 매매를 통하여 이익을 얻는 거래 형태

2. 매도 차익거래

선물가 < 이론가 → 선물 매수 & 현물 매도

실제 선물가격이 현물채권의 이론가격에 비해 과도하고 하락한 경우 상대적으로 높은 가격의 현물채권(국고채 바스켓 종목)을 매도하고 저평가된 국채선물을 매수한 후 차익 기회가 해소된 후(일반적으로 선물 만기일) 반대 매매를 통하여 이익을 얻는 거래 형태

기본 정리

1) KTB 3년물 : 3년 국채선물은 표면금리 8%, 잔존만기 3년의 가상 국고채를 거래 대상으로 하는 장내 채권선물

2) KTB 3년물 바스켓 종목 : 국고채 3년물 2개 종목과 국고채 5년물 1개 종목을 혼합하여 세 종목으로 구성됨

3) 국채선물 차익거래의 기본 개념 : 선물거래와 현물거래는 매매 대상물이 바스켓 종목으로 같고 선물 계약은 최종 결제일에 최종 현물지수로 결제되므로 선물가격은 만기 근접 시 현물가격에 수렴하는 현상을 나타낸다. 그러나 선물시장의 그때그때의 수급 상황에 따라 일시적으로 선물가격이 현물가격과의 정상적인 관계에서 벗어나는 경우도 발생한다. 이때 선물과 현물 중 상대적으로 가격이 높은 것을 매도하고 동시에 가격이 낮은 것을 매수한 후 양 가격이 정상적인 관계에 되돌아왔을 때 이들을 반대 매매함으로써 위험부담 없이 이익을 얻을 수 있는 매매 형태를 차익거래라고 한다.

- 저평가 : 현물가격과 선물가격의 괴리도

  저평가 확대는 현물시장과 선물시장의 괴리도가 그만큼 증가하고 있다는 것으로 그 이유를 살펴보면 저평가라는 것은 시장의 심리가 녹아 있는 일종의 센티멘트 지표로 불안한 시장 상황으로 인해 추가 비용(저평가 폭)에도 불구하고 매도 헤지에 대한 욕구가 그만큼 높다는 것을 의미한다.

3. 비용 구조 및 전략

1) 매도 차익거래 : 진입 저평가 폭이 최소비용 이상일 경우 그 차이
   만큼 무위험 차익거래 수익 획득 가능(만기 청산 가정 시)

선물가 〈 이론가 → 선물 매수 & 현물 매도

구조

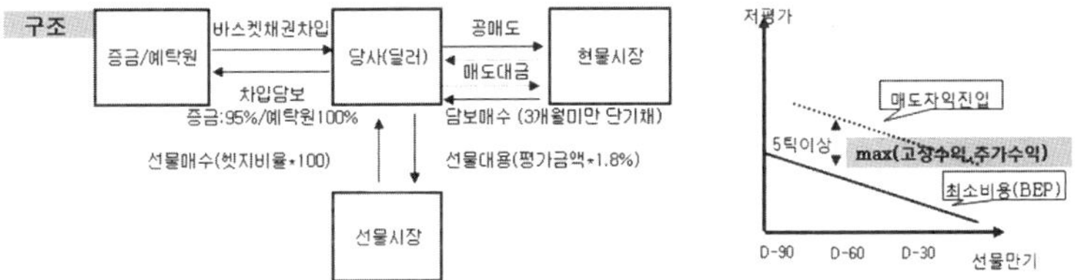

비용

(기준 KTB812/바스켓채권 → 국고 7-7 : 5.77%, 8-3 : 5.81% /
CD91 일몰 : 5.85%, call : 5.25%(10월 1일 종가))

- 대차비용 −0.070%=(0.26%+0.02%)/4 (차입 수수료 : 26bp / 중개 수수료 :
  2bp)

- 역마진 0.081%=(5.776%−6.10%)/4 [바스켓 채권 매도금리
  (5.77%+5.75%+5.81%)/3]−[운용금리, 3개월 은행채(6.10%)]

- 매매 수수료(현/선물)−0.015%=0.005%+0.01% (선물 수수료 : 1계약당
  2,500원×2=0.005%/현물 수수료=0.01%)

- 이론가 상승(이익)−0.020% [3개월당 −5틱(yield curve flat)~20틱(yield
  curve steep) 상승]

- CD금리(5.85%) 대비 바스켓금리평균(5.77%) 역전폭이 클수록 이론가 상승폭 감소, (-) 가능

  매도 차익 포지션(선물 매수 & 현물 매도) 보유 시 이론가 상승분만큼 만기 청산 후 이익 발생

총비용(3개월)	현물 기준	-0.02% 손실	손실
	선물 기준	-2틱	

- 총비용 의미 : 국채선물 만기 3개월 전 저평 2틱 → 매도 차익 진입 후 만기 청산 시 BEP에 해당

수익률 곡선 기울기의 영향

- 가파를 경우(steep) : 이론가 상승(이익)폭↑ + 역마진(손실)폭↑ → 상쇄
- 평평할 경우(flat) : 이론가 상승(이익)폭↓ + 역마진(손실)폭↓ → 상쇄

전략

- 만기 청산 가정 시 BEP손익분기점에 해당하는 최소 진입저평(일일 자동계산) 산출 후 BEP 포인트 이상으로 저평가 확대 시 진입함 → 시중 금리 변동에 관계없이 진입 저평과 최소 비용 간의 차이만큼 무위험 차익거래 수익 고정시킴(매매 진입 시 최소 이익 규모가 확정됨)
- 금리 상승 추세 진입 시 불안정한 시장 심리로 인해 일중 저평가 변동폭이 5~10틱 이상으로 확대되는 경우가 발생함 → 해당 매매에 대한 최소 이익 확보 후 방향성이 아닌 변동성에 대한 베팅으로 장중(선물 만기 이전) 선물 저평가폭이 진입 수치 대비. 5~10틱 이상

으로 하락할 경우 중도 청산함 → 추가 수익 획득

-리스크 요인

현물채권과 선물금액 간의 반대 포지션 100% 매칭으로 위험 노출 없음. 단 차입 담보로 매수한 채권의 금리 변동 리스크에는 노출됨 → 선물 만기와 담보 채권의 만기를 근사시킴으로써 위험 요인 해소

2) 매수 차익거래 : 해당 매매의 이익폭이 비용 부분을 상회할 경우 무위험 차익거래 수익 확대 가능

선물가 〉 이론가 → 선물 매도 & 현물 매수

구조

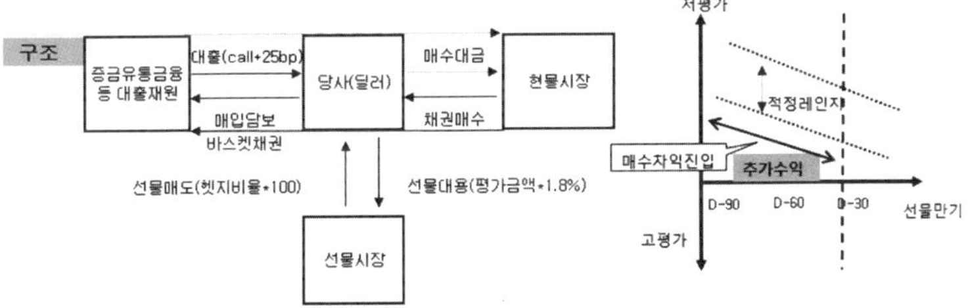

비용

(기준 KTB812/바스켓채권 → 국고 7-7 : 5.77%, 8-3 : 5.75% / CD91 일몰 : 5.85%, call : 5.25%(10월 1일 종가))

-자금조달 캐리 수익 0.069%=(5.776%-5.50%)/4 [바스켓 채권 매수금리(5.77%+5.75%+5.81%)/3]-[자금조달금리 5.50%]

−매매 수수료(현/선물)−0.015%=0.005%+0.001%(선물 수수료 : 1계약당 2,500원×2 →0.005%/현물 수수료 →0.01%)

−이론가 상승(손실) 0.020% [3개월당 −5틱(yield curve flat)~20틱(yield curve steep) 상승]

- 매수 차익 포지션(선물 매도 & 현물 매수) 보유 시 이론가 상승분만큼 만기 청산 후 손실 발생
- 자금조달금리 : 증권사 자금조달비용(call+@), 증금유통금융 대출 재원 이용 시 낮은 이율(call+25bp)로 국채 매수 대금 결제 가능

총비용(3개월)	현물 기준	0.03%	이익
	선물 기준	3틱	

- 총비용 의미 : 국채선물 만기 3개월 전 저평 3틱 → 매수 차익 진입 후 만기 청산 시 BEP에 해당

수익률 곡선 기울기의 영향

−가파를 경우(steep) : 이론가 상승(이익)폭↑ + 캐리(손실)폭↑→상쇄
−평평할 경우(flat) : 이론가 상승(이익)폭↓ + 캐리(손실)폭↓→상쇄

전략

−만기 청산 가정 시 BEP에 해당하는 최소 진입 저평(일일 자동계산) 산출 후 BEP 포인트 이내로 저평가 축소 시(→ 고평가 발생 시) 진입함
−하지만 만기까지의 기일(D−day)에 따라(D−90, 60, 30일) 구간별로 적정 저평 레인지가 형성된다는 점을 감안하면 레인지 폭에 비해 과

도하게(D-60, 레인지 : 10~40틱→15틱 이내로 진입) 저평가 폭이 축소된 경우 진입 후 적정 레인지 복귀 시 청산으로 추가 수익 획득

4. 전략 수립

1) 금리 하락기(콜금리 인하 기대감이 유지)

콜금리 인하 기대감이 상존하는 시기에는 강세 추이 지속에 대한 시장참여자들의 컨센서스 형성으로 상품을 보유한 기관들(은행, 증권, 보험사 등)의 국채선물을 통한 매도 헤지 수요가 감소한다. 외국인을 비롯한 대규모 투기적 매수 세력들이 유입되어 국채선물 저평가폭은 금리 상승기에 비해 현격히 축소되는 양상을 나타내며 좁은 범위(고평 5틱~저평 20틱) 안에서 등락하는 모습을 보인다. 따라서 그만큼 차익거래(특히 매도차익)의 진입 기회를 포착하는 것이 어려울 수밖에 없기 때문에 수급 및 해외 부분의 일시적(마찰적) 악재 요인으로 인해 순간적으로 저평가가 확대된 경우 또는 실제 저평이 최소 비용곡선보다 10틱 이상 확대된 경우 적극적으로 진입 포지션을 확대하는 것이 바람직하다고 판단된다.

2) 금리 상승기

경기 회복에 대한 기대감 및 물가 상승에 따른 통화 당국의 긴축 스탠스 유지로 불안심리가 우세하면서 상품을 보유한 기관들(은행, 증권, 보험사 등)의 국채선물을 통한 매도 헤지 수요가 증가하고 국채선물시장에서 외국인들의 대규모 차익 실현 매물 출회로 인해 기관의 매도 헤지 수요를 받아줄 만한 세력이 부재하면서 지수

의 급락세를 초래하여 국채선물 저평가폭은 금리 하락기에 비해 현격히 확대되는 모습을 나타낸다.

특히 악재에 대한 민감도가 증가해 있는 상태에서 돌발악재로 인한 시장충격 발생 시 저평가가 순간적으로 40틱 이상 확대되는 상황까지 연출되기도 한다.

따라서 금리 상승기에는 매도 차익거래의 진입 기회 포착이 쉽고, 저평가 확대도 상당기간 지속되기 때문에 수급 및 해외 부분의 일시적(마찰적) 악재 요인으로 인해 순간적으로 저평가가 40틱 이상으로 확대된 경우 또는 실제 저평이 최소 비용곡선보다 25틱 이상 확대된 경우에만 적극적인 진입 포지션을 취하고 그 외에는 순차적으로 포지션을 확대하는 것이 바람직하다고 판단된다.